The Power Law

ザ・パワー・ロー

ベンチャーキャピタルが変える世界

［上］

セバスチャン・マラビー

村井浩紀＝訳

Venture Capital and
the Making of the New Future

日本経済新聞出版

THE POWER LAW

by Sebastian Mallaby

ザニーへ

ほとんどの人々は、
実現しそうにないアイデアを重要ではないと考える。
しかし、重要なことはただ一つだけ、実現しそうにない何かだ。

—— ビノッド・コースラ

シリコンバレーでは特定の個人が熱烈に崇拝される。
しかし、その個人たちが体現しているのは、
ネットワークの勝利である。

—— マット・クリフォード

ベンチャー企業に投資するパートナーシップにとって
大きな課題は、身内での殺し合いを慎まなければならないことだ。

—— マイケル・モーリッツ

出費はできるだけ切り詰めなさい。
投資家から集めたお金はいとも簡単に消えてなくなるから。

—— ポール・グレアム

ジョン。ベンチャーキャピタルは本物の仕事じゃない。
不動産仲介業のようなものだ。

—— インテルのアンディ・グローブがジョン・ドーアに

The Power Law

ベンチャーキャピタルが変える世界 ｜ 上

目次

下巻　目次

日本語版へのまえがき

本書『*The Power Law*』の日本語版のまえがきを記すことができてうれしい。私が社会の近代化（モダニゼーション）と進歩について自分なりに考えをまとめるにあたり、日本に助けられたからだ。

私はエコノミスト誌の東京支局長として1992年から95年まで日本で暮らした。築地の魚市場の喧騒や京都の庭園の静寂はもちろん、この国の科学とエンジニアリングにおける卓越性も尊敬するようになった。私は金沢で着物職人の家庭に滞在し日本語を学んだ。東京では神楽坂の魅力的な界隈にアパートメントを借り、支局のある大手町の読売新聞本社まで通った。冬の週末に時間があれば、水上高原でスキーを滑り、冷たい外気の中、蒸気が立ち込める熱い温泉で体を整えた。

その3年間は日本の重要な局面と重なっていた。ちょうど戦後の経済的な奇跡が終わり、「日本株式会社」は金融・不動産市場崩壊の後遺症と闘っていた。このつまずきは一時的なものだと予想する人々と、減速がもっと長く続くと恐れる人々の間で激しい論争が展開された。

最初の（つまずきは一時的とする）陣営は、政府による産業の調整、強固なケイレツ、そして大企業の終身雇用からなる日本の経済モデルはライバルのアメリカより優れていると主張した。

やがて、金融バブルが残した混乱が解消された暁には、優位性が明白になると言い張った。1995年になっても『見えない繁栄システム――それでも日本が2000年までに米国を追い越すのはなぜか』（早川書房）という楽観的なタイトルの書籍（邦題、著者はエーモン・フィングルトン）が出版されていた。

第二の（減速は長く続くと恐れる）陣営は、日本の産業政策は不発に終わるだろうと反論した。ケイレツは慢心のもとになりかねず、また終身雇用はアメリカの流動的な労働のパターンに比べて経済を順応性の低いものにする可能性があると指摘した。この第二の説によれば、日本のモデルは経済発展のキャッチアップの段階ではうまく機能したが、最先端のテクノロジーと科学が特徴となる豊かな社会には不向きだった。

現在の社会通念では第二の陣営が論争に勝利したことになっている。不運にも悲観派が懸念していたとおりに日本では経済的な低迷が続いた。しかし、私が1990年代を振り返り、とりわけ本書の取材・執筆に5年間取り組んだ今、強く感じるのは、双方が重要な点を見落としていたことだ。

日本の経済不振が長く続いてしまったのは、私が東京にいたときに強調されていた危険性、つまり強引な産業政策や柔軟性を欠く終身雇用が理由ではなかった。むしろ、主因はマクロ経済的なもの、具体的には社会の高齢化（公平を期すなら、高齢化は過小評価されていたものの、予想はされていた）や、物価上昇率を1999年から2005年にかけてゼロ％より下に沈ませてしまった失敗（これは誰も見通せていなかった）にあった。

　しかし、もっと驚かされるのは、日本のモデルにミクロ経済的な観点でも欠陥があったことではないだろうか。それは産業政策とも、終身雇用とも、そして友人たちと私が意見をぶつけ合ったその他のトピックとも本当のところは関係がない。何か別のもの、すなわちベンチャーキャピタルが支援するスタートアップのネットワークのために道を開けることに関してだった。

　今の私はより明確に理解している。１９９０年代前半の日本の経済モデルに突きつけられていた疑問は、現実には太平洋の反対側でほぼ同時期に起きていた途方もない事態の進展が持つ意味ほどには、重いものではなかった。私が東京にいたときに、シリコンバレーは地球上で最も先端的なテクノロジーの中心地としての地位を固めた。そのことを通じて、この小さな地峡――一つの国の、一つの州の、一つの小さな地域――は世界の残りのすべての先進国・地域に向けて絶対的に重要な教訓をもたらした。

　１９９０年ごろまで、シリコンバレーはグローバルなテクノロジーの頂点を目指す三つの候補地の一つにすぎなかった。60年代と70年代にはボストン周辺のエンジニアリングの中心地に後れを取っていた。ボストンは第二次世界大戦後のアメリカの軍産複合体の拠点であり、レイセオンをはじめとする航空機・兵器分野のメーカーや、ディジタル・イクイップメント（ＤＥＣ）、ワング・ラボラトリーズといったコンピューター企業の集積を誇っていた。続く80年代にシリコンバレーはボストンを追い抜いたが、日本にいた、より強力な挑戦者たちに直面することになった。

東芝やソニーなど多くの企業が半導体メモリー、テレビ、そして音響機器で世界をリードした。シリコンバレーのリーダーたちは現地の半導体メモリーのメーカーを守ろうとして、独自の産業政策の実験を試みたが、挫折した。

しかし、インターネットの出現を受けてシリコンバレーは全力疾走に転じた。マルチプロトコルのルーター（シスコ）、ウェブ・ブラウザー（ネットスケープ）、検索エンジン（グーグル）、そしてソーシャル・メディア（フェイスブック）といった製品・サービスを世に送り出した。日本で最も有名なインターネット関連ビジネスの大物で、本書の主要登場人物でもある孫正義がこの時期に照準を合わせる先をカリフォルニアに切り替えたのも不思議ではなかった。

では、なぜシリコンバレーはほかの地域を凌駕したのだろうか。そして、ほかの豊かな世界にとっての教訓とは正確には何だろうか。実は科学とエンジニアリングでほかの地域をリードしてきたのは北カリフォルニアではなかった。かなり最近までマサチューセッツ工科大学（ＭＩＴ）が科学の基礎研究でスタンフォード大学よりも上位にランクしていた。また、日本の産業界はほかのどのライバルよりもエンジニアリングの卓越性を体現していた。シリコンバレーは国防支出のおかげで繁栄していたわけでもなかった。冷戦期にはボストンにより多くの国防関連のお金が流れ込んでいた。誰もが認める世界のテクノロジーのリーダーとしてシリコンバレーが台頭したのは冷戦が終わったあとのことだ。

むしろ、シリコンバレーがテクノロジーの競争を制したのは、本書で示すように、科学とエンジニアリングを収益の上がる企業に転換することに長けていたからだ。アイデアやイノベーションがシリコンバレーではなく、どこかよその場所で沸き立っていても構わなかった。マーク・アンドリーセンはイリノイ大学の大学院生の時期にウェブ・ブラウザーを開発したが、その商用化のためにシリコンバレーに移った。マーク・ザッカーバーグはマサチューセッツのハーバード大学の学部生のときにフェイスブックを考案したが、会社はパロアルトで立ち上げた。起業家たちを引き寄せる何かが北カリフォルニアにはあった。そのミステリアスな要因とは何だろうか。

私は本書のために何百回ものインタビューを行った。そして繰り返し言われたのは、答えはシリコンバレーの「文化」にあるということだった。しかし、私は日本での経験から、この種の漠然とした主張を疑うようになっていた。私は東京にいたとき、日本の大企業の終身雇用はこの国の「文化」に由来すると人々が言うのを何度も耳にした。ところが、より詳しい説明を聞けば、終身雇用は戦後の数十年間続いた急成長と労働市場の逼迫の結果にすぎなかった。要するに、労働者に有利な売り手市場が続き、よりよい条件を求めて毎年離職率が高まっているときに、企業が従業員を解雇する理由などなかった。また、終身雇用が本当に「文化」に由来するとしたら、日本の中小企業がアメリカと同様に柔軟に従業員を採用・解雇している現実とは整合しなかった。

私はこのような日本での実例を踏まえ、シリコンバレーが優越している理由を文化に求めるあいまいな説明を拒否し、より説得力のある要因を探した。そして、最終的にシリコンバレーの優位性、すなわち地球上のあらゆる場所からやり手の起業家たちを吸引する能力は、そこに集まるベンチャーキャピタルによるところが大きいと見なすようになった。ベンチャー企業向けの投資資金は、特有の性質を持つお金で、リスクを取ることと親和性があり、一般にその企業の経営に非常に深く関与する形で提供される。

私には、ベンチャーキャピタルがシリコンバレーの成果を左右するほど中心的な位置を占めているからには、それを資本主義の第三の柱のような存在だと認識すべきように思われた。ちょうどブームの絶頂にいたときの日本と同じように、研究に値する経済モデルとして私の目には映った。

本書の序章で触れるように、経済学を生業とする人々は現代の資本主義には二つの重要な柱、すなわち制度や機関が存在すると理解してきた。一つは市場である。そこでは価格のシグナルや公正な契約によって調整が進む。もう一つは企業である。そこでは、トップダウン型の経営者が率いる大規模なチームを編成して活動が繰り広げられる。しかし、経済学者やエコノミストたちはその二つの中間領域に位置するベンチャーキャピタルのネットワークにあまり焦点を当ててこなかった。

このネットワークこそもっと注目されるべきである。それを通じて資本や、才能のある従業員、多くの顧客が有望なスタートアップへと導かれ、チームの組成、資源の配分、戦略的ビジョンの策定といった企業に見られる機能が複製される。このネットワークは同時に市場と同じ柔軟性を備えている。ベンチャーキャピタルはスタートアップに投資し、支援するが、手元の資金が尽きたとき、スタートアップは一種の市場が突きつける試練に直面する。ベンチャーキャピタルのネットワークを経由して資金調達のラウンドがもう一度進められても、熱心な資本の提供者が現れない場合には、ベンチャーキャピタリストはそのスタートアップを閉鎖し、資源の浪費を回避する。つまり、ベンチャーキャピタリストは、企業の戦略を練り、市場のシグナルを尊重しているわけで、この融合の機能こそ、市場と企業に続く現代の資本主義の第三の重要な柱である。

これがまさに私の得た洞察であり、本書の英語版が出版されて以降、私が世界各地での講演で強調してきた点である。しかし、私がヨーロッパやアフリカ、アジアの一部を訪れ、聴講者にこの話をすると、自分たちの地域ではシリコンバレーの成功に匹敵するようなことなどかなわないとしばしば言われる。彼らはシリコンバレーの「文化」には何か奇妙で魔術のようなものがあると受け止めている。「シリコンバレーではスタートアップが失敗したとき、創業者はそれを学習体験と見なす」が、これはアメリカ以外の人々にとっては、畏れと驚きの対象でしかない。「私の国ではスタートアップが失敗したとき、単純にそれを失敗と評価する」というのが彼らの反応だ。

読者に覚えておいてほしい本書からのメッセージは、文化は静的なものではないということだ。文化を変えることは可能だ。シリコンバレーでテクノロジーのセクターが立ち上がった1950年代にさかのぼれば、失敗が学習経験だという発想はなかった。起業を尊ぶ文化もほとんどなかった。アメリカを支配していたのは、大胆なスタートアップではなく、巨大な組織だった。ビッグビジネス、ビッグガバメント、そしてビッグレイバー（労働組合）だった。その時代の官僚的で、アンチ起業の文化をとらえた有名な本のタイトルは『組織のなかの人間――オーガニゼーション・マン』（東京創元社、邦題、著者はW・H・ホワイト）だった。

西海岸のベンチャーキャピタルの父、アーサー・ロックのおかげで、この階層的な産業文化に対して異議が申し立てられた。画期的なプロジェクトを夢見るエンジニアたちにロックが資金とアドバイスを提供し始めたとき、輝かしい才能を持つ人々が実験し、繁栄し、失敗し、そして自分自身を再発明することが可能になった。私が「解放の資本」とも呼ぶベンチャーキャピタルによって、イノベーターたちがそれまで所属していた階層的な組織を辞めて、自分のスタートアップを興せるようになったのである。

ベンチャーキャピタルの威力を理解するため、一つの場面を想像してみよう。大企業の研究部門にいるエンジニアが素晴らしいアイデアを思いつく。ところが、彼の上司はそれを進めることに乗り気ではない。エンジニアには不満だが、これまでは、夢をあきらめるしかなかった。しかし、ベンチャーキャピタリストが大勢いる世界では、そのエンジニアはカフェやパーティ、スポーツのイベントで自分を解放してくれる人に出会うだろう。そして、次のように会話が進行する。

エンジニア（E）「私は大企業で働いている。実に魅力的なアイデアを持っているのだが、上司は気に入ってくれない」

ベンチャーキャピタリスト（V）「その大企業を辞めて、スタートアップを立ち上げるべきだ」

E「しかし、そのための資金が私にはない」

V「心配は無用だ。私が出資する」
E「しかし、私は一度も会社を興したことがない」
V「それについても心配は無用だ。私は何十人もの起業家が会社を始めるのを手伝ってきた。何をすべきか、あなたにお見せしよう」
E「しかし、製品を作り上げるには、私が思うに6人の優秀なエンジニアに助けてもらわなければならない。どこで彼らを探したらよいのか分からない」
V「私のベンチャーキャピタルにはデータベースがあって、この街のすべてのエンジニアの名前が登録されている」
E「しかし、優秀なエンジニアたちがリスクを取って私の小さなスタートアップに参加することなど考えられるだろうか。結局のところ、スタートアップにはリスクがあり、大半が失敗する」
V「それは本当だ。しかし、問題ではない。私がエンジニアたちに伝えてあげよう。あなたの会社と雇用契約したものの、経営がうまくゆかなかった場合には、私の出資先のスタートアップの中から仕事を見つけてあげると」

この想像上の会話は何を教えてくれるだろうか。答えは、ベンチャーキャピタリストがかかわると、どれほど起業は困難ではなくなるかということだ。グーグルで長年、最高経営責任者（CEO）を務めたエリック・シュミットは、この若い会社に参加するという、リスクを取るつもりはほとんどなかったと私に明かしてくれた。特にラリー・ペイジとセルゲイ・ブリンの創業者2人が、30歳を超えたすべての人の知性を軽視していたように見えたからだという。シュミットがCEOのポストを引き受けたのは、ベンチャーキャピタリストのジョン・ドーアの保証があったからだ。ドーアは、もしグーグルで良い結果が出ない場合には、自分の別の投資先でCEO職に就けるとシュミットに約束した。言い換えるなら、シュミットが失敗のリスクを許容したのは、シリコンバレーの「文化」が理由ではなかった。ベンチャー投資家が作り出した具体的なインセンティブこそが理由だった。

要するに、シリコンバレーの起業のダイナミズムをベンチャーキャピタルが全面的に支えているということだ。そして、本当に興奮させられるニュースは、この教訓が今、世界の各地域に広がりつつあることだ。本書の第10章で説明するように、最大のサクセス・ストーリーは中国である。シリコンバレーのモデルを忠実に踏襲して侮り難い競争力のあるテクノロジー産業を構築した。中国のデジタル経済における勝者の第一陣は、すべてアメリカ式のベンチャーキャピタルから資金を得た。シナ（新浪）、ソウフ（捜狐）、ネットイース（網易）然り、バイドゥ（百度）、アリババ（阿里巴巴）、テンセント（騰訊）然りである。

また、中国の各社はアメリカで経験を積んだ人材を雇い入れるために、アメリカ式の従業員向けのストックオプションを利用した。アリババはイェール大学で教育を受けた法律家のジョー・ツァイを採用し、後に彼は同社の最高執行責任者（COO）に就任した。同じくアリババにはジョン・ウーがヤフーの最高技術責任者（ＣＴＯ）を退任して参加した。

成功は中国に限らず、ほかの場所でも繰り返されている。シリコンバレーのベンチャーキャピタルはインドや東南アジア、ヨーロッパに殺到している。ラテンアメリカを開拓する事例が出ているほか、アフリカでも活動している。

そして私が１９９０年代以来ぞっこんの日本は、容易にこのグローバルな変革を主導できると信じている。２０２１年までの10年間で日本におけるベンチャー投資はおよそ10倍に膨らんだ。日本勢のパートナーシップ、一例を挙げればＷｉＬはシリコンバレーの手法を習得して本国（例えば、電子商取引の大手メルカリ）およびカリフォルニア（同じくソフトウエアのアサナ）の両方で目覚ましい投資を進めている。日本の公的年金基金はベンチャーキャピタルへの資金投入を開始した。岸田文雄政権にはスタートアップを後押しすると決意している様子がうかがえる。

本書の日本語版がこのトレンドを促進することができたなら、私にとって喜びである。そして、ベンチャーキャピタルがいかにして文化を変え、人材を解放し、起業の勇気を作り出す装置となっているかについて、日本の読者が理解を深める助けになることを願っている。

２０２２年12月８日

セバスチャン・マラビー

序章

合理的ではない人々

Unreasonable People

シリコンバレーのベンチャーキャピタルの本拠地と言えば、各社の本部が集まるパロアルトのサンドヒル・ロード沿いである。そこからあまり遠くないスタンフォード大学のキャンパスの小高い丘の上に建つ自宅の庭をパトリック・ブラウンは大股で歩いていた。もじゃもじゃ頭でTシャツ姿の54歳の教授は、両手と両膝を地面につけると、丸眼鏡で植物を覗き込んだ。まるで探偵がサンプルを収集して重要な手がかりを得ようとするかのように、ブラウンは野生のクローバーの根を慎重に掘り起こし始めた。[1] そのクローバーの根がやがて300万ドルもの価値を生み出すと知ったなら、普通の園芸家は感動したことだろう。

ブラウンは世界有数の遺伝学者の1人だった。1995年、彼の研究室は正常な組織とがん組織を識別するのに役立つDNAマイクロアレイについての先駆的な研究成果を発表した。彼は全米の科学アカデミーと医学アカデミーの両方のメンバーに選出され、無条件で研究資金を提供してくれるハワード・ヒューズ賞も受賞した。もっとも、丘の上での作業の目的は遺伝学とは何の関係もなかった。2010年のこのとき、ブラウンは本来の職務を一定期間離れるサバティカル（研究休暇）の制度を利用して食肉産業複合体の打倒を企てていたのである。

この道に進むきっかけは友人の一言だった。環境問題の重大さを強く意識していたブラウンは、畜産業が世界の土地面積の3分の1を使い、温暖化ガスの排出や水質の劣化、生物多様性の喪失という深刻な事態を引き起こしていると憂慮していた。21世紀の増大する人口を養うために、地球には明らかにより良い食糧が求められていた。ブラウンの友人は「牛肉のバーガーよりもおいしいベジタリアンのバーガーを開発できたなら、自由市場のメカニズムが魔法のようにこの問題を解決するだろう。冒険心あふれるレストランが提供し、マクドナルドがそれに続き、たちまち食品流通から食肉が排除されていくだろう」と話した。[2]

ブラウンは考えれば考えるほど、興奮した。〈もっとおいしいベジタリアン・バーガーが作れたらだって？　もちろんできるさ。なぜ誰もこれを解決可能な問題として扱わないのだろう〉。そしてブラウンはいら立った。「人々はこれ（食肉の生産・流通の仕組み）が正気とは思えないほど破壊的なシステムだと分かっている。しかし、消えてなくなるわけでもないと思っている。『残念だが、そういうものさ』と割り切っている」

ブラウンに下ったひらめきは、ここと は別の大半の場所では、また人類史のほかの大半の場面では、実を結ばなかっただろう。後にブラウン自身が振り返っているように、「ベンチャーキャピタルの活動の中心地に住んでいることは本当に幸運だった」[3]。スタンフォード大学はシリコンバレーの真ん中に位置し、そのゴルフコースはサンドヒル・ロード沿いにある。ブラウンが庭を掘っていたのは、クローバーの根には、ヘモグロビンの中にある鉄を運ぶ分子で、血液を赤くする「ヘム」が含まれているからだった。この植物性の分子が、血の滴る肉の構成物質を再現できるなら、ベンチャーキャピタリストが植物バーガーの会社に出資してくれるチャンスは広がると考えられた。

ブラウンはクローバーの根を剃刀の刃で切り刻み、混ぜ合わせて液体を抽出・培養した。間もなく、１００％Ａグレードの牛肉のような匂いとジューシーな食感を備えたベジタリアン・バーガーに必要な成分が手に入った。「あまりデータはそろっていなかったものの、シリコンバレーにごまんとあるベンチャーキャピタルの一部を訪問し、説明して、彼らにお金をせがむには、十分な水準だった」

ブラウンの友人の科学者がビノッド・コースラの名前を挙げた。自分自身の名前を冠したコースラ・ベンチャーズを経営し、環境に優しい「クリーンテック」のプロジェクトに関心を持つベンチャーキャピタリストである。ただし、この友人は、コースラがシリコンバレーを最も強く支えている信条を説く人物でもあることを伝えてはいなかった。発明家が突き上げられるような思いで野心的に行動するだけで、ほとんどの社会問題は技術的な打開策によって改善されるという信条である。コースラはジョージ・バーナード・ショーとマーティン・ルーサー・キング・ジュニアの言葉を折衷的に引用しながら主張した。「すべての進歩は合理的ではない人物や創造的な意味で適応障害のある人物にかかっている」[4]。また、「ほとんどの人々は、実現しそうにないアイデアを重要ではないと考える」とした上で、好んで次のように加えた。「しかし、重要なことはただ一つだけ、実現しそうにない何かだ」。新しく発明した技術をコースラに売り込むときには、彼が「2枚重ねではない、1枚で済むトイレットペーパー」[5]と呼ぶような、漸進的な発明のカテゴリーに分類されないようにすることが望まれた。コースラは過激な夢を求めた。より大胆で、より実現しなさそうなほうが、より評価された。

ブラウンが自転車で向かったコースラのオフィスは、著名な設計者が手がけ、ガラスと木材でできた洗練された建物だった。彼は「今から思えば、ばかげた内容だった」と認めるスライド集を用意していた[6]。1枚目のスライドには、食肉産業を不要にするという目標を記した。ブラウンがかけていた丸みを帯びた眼鏡は、ジョン・レノンやスティーブ・ジョブズのように先見の明がある印象を与え、まったくもって適切だった。

大きな目と彫りの深い顔立ち、そして刈り上げた灰色の濃い髪が特徴のコースラは、訪問者をいたずらっぽいまなざしで見つめた。

「そんなことはあり得ない」。彼はうれしそうに言った。

コースラは静かに自問した。「うまくゆく確率が100分の1なら、やってみるに値する」[7]

ブラウンはどのようにして牛肉産業を打ち負かすつもりなのかを説明した。まず、彼は課題を細分化して提示した。本物のビーフ・バーガーの匂い、噛みごたえ、味わい、そして見た目のそれぞれをどのように再現するかである。これらの問いを一つずつ分析していくと、それまで実現できないと思われていた野心的な計画が、解決可能なひとまとまりの問題に変わった。例えば、クローバーの根から取った液体は、熱い炭火の上に血のように滴り、バーベキューの上でジュージューと音を立てながら赤から茶色に変化していけばよい。このプレゼンテーションは、フランケンシュタイン博士とマクドナルドのチェーンを拡大させた経営者のレイ・クロックが出会う場面を想像させた。もう誰も牛のひき肉を再び口にしなくなるかもしれない。

コースラは一つのテストを行いながら聞いていた。出資を求めてくる案件に適用しているものだった。テストにあたり、このアイデアが必ず成功すると証明する責任はブラウンにはない。むしろ、このアイデアが失敗する理由をコースラが見つけることができるかどうかが問われていた。そして、コースラは訪問者の話に耳を傾けるうちに、自分が何か大切なことに気づいたと確信した。

次にブラウンという人物の品定めに移った。コースラには「ヨーダの投資アプローチ」と呼ぶ好みの判断基準があった。ＳＦ映画『スター・ウォーズ』の登場人物たちのような、強い意志から発する物事を動かすエネルギー「フォース」を感じさせる起業家には力を貸し、その魔法を実現させよ、というものだった。[8]ブラウンが頭脳明晰であることは、遺伝学者としての経歴からも明らかだった。ゲートを突き破って新しい分野へと進出する彼の姿は、社会通念や先入観にとらわれていないことを物語っていた。しかも、ブラウンからはその賢さと同じくらい明確に、決意の固さが見て取れた。彼は、名誉あるスタンフォード大学での教授職も、ハワード・ヒューズ財団からの自由に使える資金も手放して、アカデミズムを離れようとしていた。すべてを合わせれば、ブラウンはコースラが思い描く理想の起業家のまさに典型だった。まばゆいばかりの知性、自分自身を大きなリスクにさらす覚悟、輝かしいほど過剰な自信と無邪気さを彼は持ち合わせていた。[9]

最後にもう一つ、コースラには気になるテスト項目があった。ブラウンがおいしい植物バーガーを何とか作り出せたとして、彼は相応の利益を上げることができるだろうか。コースラは非常に困難だが、達成できれば大きなインパクトをもたらすムーンショット型の投資に常々取り組んできた。失敗する確率は10分の9で、月面到達の可能性は低い。それでも、投資先の会社が成功した場合に、多額の見返りが期待できるのであれば、釣り合う。コースラとしては、投資額の10倍、望むらくはそれ以上のリターンを得たかった。成功が価値のあるものでなければ、ギャンブルしても意味がないからだ。

ブラウンはスライドの最後の1枚に進んだ。そこには、科学者の興味は引かない、ありふれた市場データを貼りつけていた。「前時代的な技術で支えられた世界全体で1兆5000億ドルの市場です」と彼は淡々と説明した。[10]

これにコースラは注目した。植物由来のパテで顧客が牛肉に期待する体験——味わい、嚙みごたえ、焼き色、そしてグリルの上で裏返したときの汁気——を再現できたなら、もたらされる利益は、月どころか、宇宙の規模になる。

ブラウンはコースラの目を見て言った。「約束します。私に出資してくれたなら、あなたを今以上に、とんでもないお金持ちにしてみせましょう」[11]

このときコースラは、ブラウンがそのものずばりな社名にしたインポッシブル・フーズに300万ドルを賭けることにした。[12]この話を振り返ってくれた2018年、コースラは2010年以降のインポッシブル社の発展ぶりを楽しげに筆者に語った。同社の年商は近く1億ドルを超すまでになり、全米チェーンのバーガー・キングが「インポッシブル・ワッパー」という名前で新バーガーを取り扱う可能性も出てきたという。

しかし、コースラが強調した主題は、金額の多寡も、食料システムも超越していた。「パット（ブラウン）がもし失敗したなら、畜産業をなくせるという発言の傲慢さを人々が嘲けるのは、目に見えている」。それでも、コースラに言わせれば、ブラウンを笑いものにするのは的外れだった。[13]挑戦して失敗することと、挑戦すること自体に失敗することのどちらが望ましいだろうか。合理的な人々、すなわちうまく順応している人々や傲慢でも無邪気でもない人々は、人生における重要な任務に取り組もうともせずに、いつも失敗している。これがコースラの見立てだった。それゆえ、ブラウンは彼の会社がどのような結末を迎えようとも、英雄として称えられるべきだった。本当に世の中を変えるアイデアは、救世主のような発明家たちが、最初に頭の中に思いついたときには、とんでもないものに見えるものだ。これに対し、成功の可能性が高いと見込まれているプロジェクトに栄光はない。言葉の定義からして、人類の苦境を変えそうにないからだ。

*

コースラ自身は合理的な人間ではない。創造的な意味で適応障害だった。少年時代、母国インドで暮らしていた彼は、両親が信じていた宗教に反発し、父親と同じ陸軍に勤務することを拒み、周りが決めたお見合いの結婚も断った。後に別の相手と結婚式を挙げた際には、自分の腕時計のアラームをセットし、式の宗教的な部分を30分以内で終わらせなければならないと宣言した。エンジニアリングの学位を得るとすぐに、アメリカに渡り、カーネギー・メロン大学でさらにエンジニアリングを修めた。その後、スタンフォード大学のビジネススクールを目指した。入学には2年間の実務経験が必要だと知ると、二つの仕事を掛け持ち、1年後に条件を満たしたと主張した。1982年にMBA（経営学修士号）を取得すると、コースラは3人のコンピューター科学者と共にサン・マイクロシステムズを設立した。同社の強力なワークステーションはコンピューターの進化に大きな足跡を残した。ところが、自信満々で鼻持ちならないコースラはやがて排除され、ベンチャーキャピタリストになった。

クライナー・パーキンスという名高いベンチャーキャピタルに加わったコースラにとって、そこは本当に自分に向いた職場だった。不可能なことなどおそらくない、すべて思いどおりになると決めてかかっている彼は、理不尽なほど性急であり、それが彼を暴君にも、先見の明があるビジョナリーにもしていた。後年のことだが、次のようなエピソードがある。彼はカリフォルニアの海岸に47軒のコテージが並ぶ小さな村を個人的に購入した。自分自身は一晩も泊まることができなかったが、ビーチに一般の人々を入らせない、締め出すと決めて、何度敗訴しても、法廷闘争を続けた。既成概念にとらわれない彼は、ベンチャーキャピタリストとして華々しい投資を展開し、しばしば損失を出し、時には大成功を収めた。パトリック・ブラウンに会ったときには、旺盛なリスク選好、傲慢への愛着、かないそうにないアイデアの追求といった彼の特徴のすべてが、一つの法則を体現していた。それはベンチャーキャピタルの世界に最も広く浸透している、べき乗則（パワー・ロー）である。[14] 少し詳しく説明しよう。

生活にかかわる多くの現象は正規分布しており、観測値のほぼすべてが平均値の周囲に集まっている。例えば、アメリカ人男性の平均身長は5フィート10インチ（1メートル78センチ）で、全男性の3分の2は平均値の前後3インチ（8センチ）以内に収まっている。横軸に身長、縦軸に男性がその身長になる確率を置くと、釣鐘形の曲線（ベルカーブ）が描ける。つまり、男性が

［正規分布］

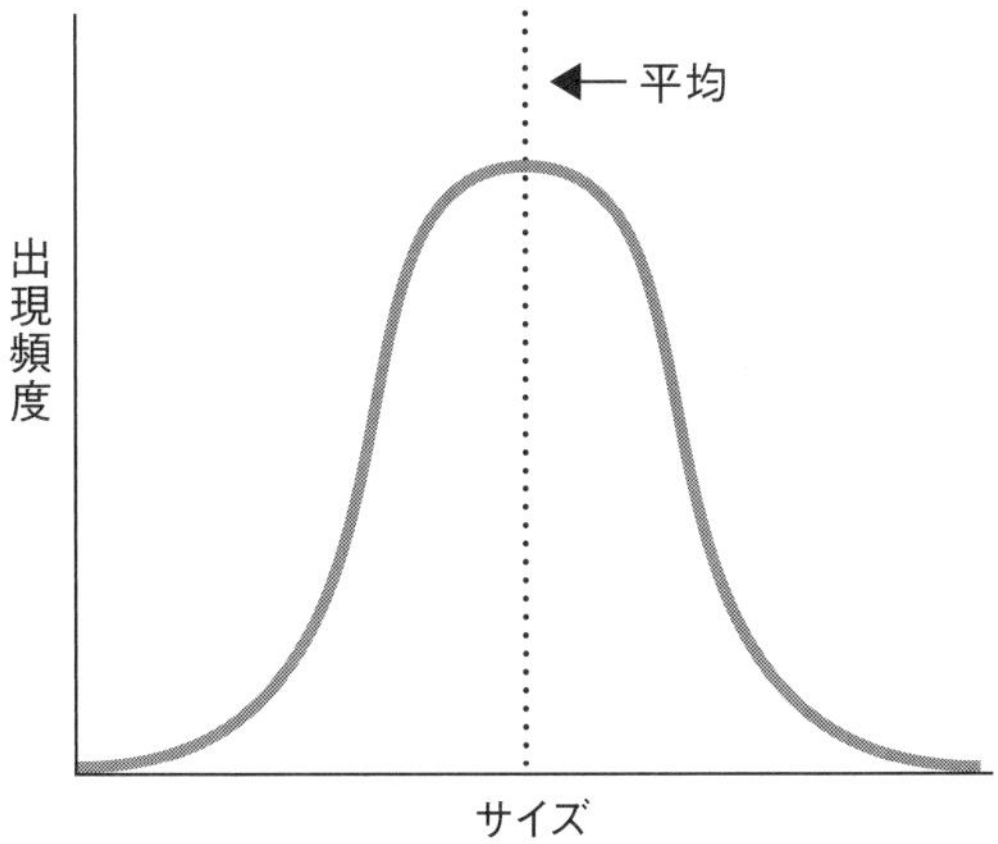

最もそのようになる確率が高い身長は平均値で、そこから離れていくと確率は下がっていく。平均値と10インチ（25センチ）以上の身長差がある男性、つまり5フィート以下、もしくは6フィート8インチ以上の男性と出会う確率は極めて小さい。さらに遠ざかると、曲線と横軸の間の尾（テール）は細くなってゼロに近づいていく。

しかし、すべての現象がこのパターンに当てはまるわけではない。アメリカ国民の富の分布を図表に示すと相当違って見える。中央値よりも富める人々は、しばしば莫大な豊かさを手にしている。このため、図表は右端に向かって曲線と横軸の間に太く伸びた尾を持つ。また、大金持ちは国民全体の平均値に影響を与えるほど数が多く、しかも裕福であるため、平均値は中央値よりも高い。また、正規分布の場合、最も

［べき乗分布］

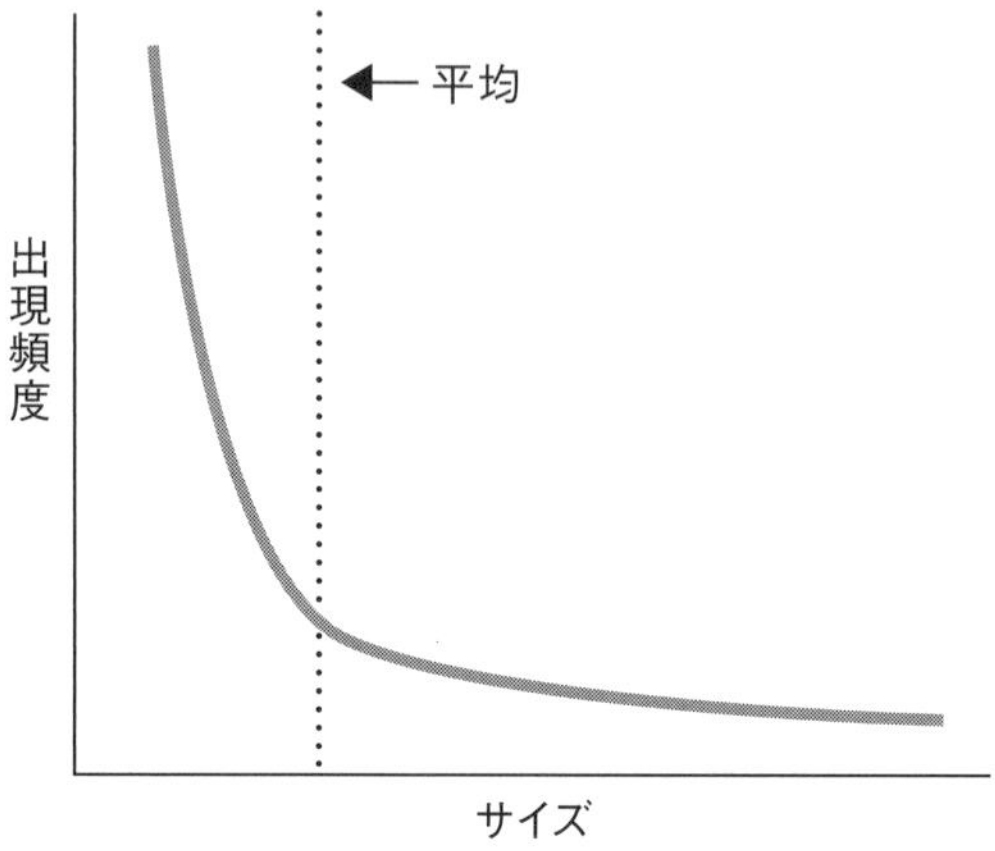

値の大きな外れ値（アウトライヤー）を標本から取り去っても、平均値に影響を与えない。仮に7フィート（2メートル13センチ）のNBAのスター選手が映画館から出ていっても、残った99人の男性の観客たちの平均身長は5フィート10インチから5フィート9・9インチに縮む程度だ。ところが、正規分布ではない、偏った分布では、外れ値が劇的な影響を及ぼす。もし、アマゾン・ドット・コム創業者のジェフ・ベゾスが映画館から退出したなら、残った観客たちの富の平均値は激減する。

この種の偏った分布は、80対20の法則と呼ばれることがある。全体の富の80%を全体の20%の人々で占めている、人口の80%は数ある都市のうち20%に集中している、科学論文の総引用件数の80%を20%の論文で獲得している、という具合だ。現実には80も、20も、摩訶不思議な数字ではなく、分布の根拠はない。実際には10％の人々で全体の80％の富を、あるいは90％の富を持っているかもしれない。しかし、具体的にどのような値を取るのであれ、これらの分布はべき乗則の実例である。勝者は加速度的に、別の表現では指数関数的な変化率で、前進してゆき、直線的な進行よりもはるかに急な勢いで飛躍を遂げる。これが、パワー・ローと言われるゆえんである。いったん、ジェフ・ベゾスが巨万の富を築いたなら、その何倍にも豊かになるチャンスを得る。ある科学論文は引用されればされるほど、より広く知られるようになり、ますます引用される可能性が出てくる。このように成功が成功を呼ぶ外れ値が存在する場合にはいつでも、それまでの正規分布の領域が、べき乗則が支配する領域へと切り替わる。物事がわずかに変化する世界から、極端なコントラストを持つ世界への転換である。この危険なフロンティアを超えたなら、違う考え方を始めたほうがよい。

この見直しの作業は、とりわけ金融分野で要請される。通貨や債券、株式の市場に注力している投資家たちは、概ね正規分布の価格変動を想定している。つまり価格は上下に揺れ動くが、極端な変化は普通は起きないというものだ。もちろん、相場の大暴落のような極端な変動は存在する。しかし、代表的な株価指数であるS＆P500種の場合、1985年から2015年までの7817営業日のうち、1日の変動幅が3％未満だったのは、7663営業日を数える。対象期間中の98％で値動きは実に安定していたということだ。[15] このように取引が活発な市場での価格変動は正規分布に近づくため、投機家もその日、その日の値動きから利ザヤを稼ぐことに集中する。[16]

予想外の価格の急騰・急落は、映画館に身長7フィートのNBAのスター選手が現れることに似た事態で、平均値に影響を与えない程度にまれにしか起きず、起きても穏やかと言える。

次に、これとは対照的なベンチャーキャピタルのリターンを確認してみよう。ホースレイ・ブリッジの場合、ベンチャー企業を対象とした多数の投資ファンドに資金を投じ、これらを通じて実に計7000社に上るスタートアップを1985年から2014年の間に支援してきた。運用成績を詳しく分析してみると、全体のわずか5%相当の限られた数のファンドが、この間のリターンの総額の60%を稼ぎ出していた[17]（同様の分析をS&P500種株価指数で行ったところ、2018年の株価上昇率で上位5%に入った業種の、同年の指数全体の上昇への寄与度は9%にとどまった）[18]。ほかのベンチャーキャピタルでは投資のリターンがもっと偏っていた。起業したてのテクノロジー系のスタートアップを支援するYコンビネーターの場合、2012年に得たキャピタルゲインの総額の4分の3を、全投資先280社のうちの、わずか2社からのそれで占めた[19]。「ベンチャーキャピタルで最大の秘密は、成功したファンドの最良の投資先が、残りのファンド全体と同等か、それ以上のパフォーマンスを示すことだ」とベンチャーキャピタリストのピーター・ティールは書いている[20]。また、ベンチマーク・キャピタルのビル・ガーリーはかつて「ベンチャーキャピタルはホームランを狙うビジネスではない」と述べている。「満塁ホームラン（グランドスラム）を狙うビジネスだ[21]」という。

要するに、ベンチャー企業向けの投資を担うベンチャーキャピタリストは野心的である必要が、い、あるということだ。ヘッジファンドを率いた著名投資家で、株式の銘柄選定で優れた手腕を発揮したジュリアン・ロバートソンは3年後に株価が2倍になりそうな、「とても素晴らしい」結果を期待できる銘柄を探すと話していた。[22] しかし、ベンチャーキャピタリストが同じことをスタートアップを相手に試みても、ほぼ確実に失敗する。なぜなら、べき乗則が支配する世界では、そもそも企業価値が2倍程度の増加でとどまるスタートアップは比較的少ないからだ。そして、大半のスタートアップは完全に挫折し、株式の価値はゼロになる。これは株式市場を相手にする投資家にとっては、考えられない、壊滅的な事態である。しかし、ベンチャーキャピタルの領域では、毎年一握りの外れ値のようなスタートアップが登場し、誰もが知る存在になる。この満塁ホームランを打つ新興企業の一部を所有すること（出資）がベンチャーキャピタルにとって、極めて重要なのである。[23]

今、ベンチャーキャピタリストが空飛ぶ車や宇宙旅行、映画の脚本を書く人工知能システムなどのプロジェクトを支援するとき、彼らはこのべき乗則に従っている。彼らの仕事は、将来を見据えて、大半の人々が到達不可能だと信じているハイリスクだが、莫大なリターンのある取り組みに触手を伸ばすことである。ピーター・ティールは、漸進主義的なアプローチに価値を認めない。「我々には、がんや認知症、そして老化と代謝の衰えに由来するあらゆる病気を治療できるはずだ」と熱く語る。「我々には、地球上のある場所から別の場所へより高速で移動する方法を発明できるし、地球から完全に離れて新たなフロンティアに住み着く方法を学ぶことさえ可能だ[24]」。

決定的に不可能なことへの投資は、当然ながら資源の無駄遣いである。しかし、それよりも一般的で、人間的に陥りやすい間違いは、あまりに臆病に構えた投資である。言い換えるなら、他人が真似でき、その結果、利益は出にくい、分かり切ったアイデアを支援することである。

ここまでくると、再びビノッド・コースラの出番である。自分のベンチャーキャピタルを始めるまでの20年間、クライナー・パーキンスで過ごした彼は、ゼロになってしまう賭けを気にしなくなった。全部失っても、自分の持ち金の1倍相当だけである。[25] コースラにとって大切なのは、本当に儲かる賭けだった。彼は１９９０年代の半ばに大胆で、しかも逆張りのアイデアに執着した。来たるべきインターネットの時代には、消費者は従来型の電話回線上で情報処理能力が2倍や3倍になった程度では満足しない。彼らは回線容量の抜本的な拡大を求めて騒ぎ立て、１０００倍以上のデータを扱うルーターなどが必要になると見た。既存の通信業界は、このＳＦめいた話を鼻で笑ったが、コースラは変革を担う会社の立ち上げに着手した。

コースラが当時、支援したスタートアップの名前はほとんど忘れられている。ジュニパー、シアラ、そしてセレントである。しかし、3社をめぐる経緯は、ベンチャーキャピタリストが何を最も得意とし、どのようにして富と進歩をもたらすかを示してくれる。既存の通信会社は漸進的なアップグレードを計画していた。これに対し、コースラは回線容量の拡大を受けて人々が何をするかについて詳細な展望を持たないまま、大きな飛躍を目指すアイデアに賭けた。まだ誰もソーシャルメディアやユーチューブの登場を想像していなかった。デジタル写真は概念の段階を過ぎた程度だった。

コースラは堰を切ったように普及していく数々のブレイクアウト・テクノロジーをこれまで目の当たりにしてきた。半導体の発明や、パソコンを結びつけるイーサネット・ケーブルの考案のあとに、それらの使用は徐々に増え、やがて指数関数的な上昇を見せて爆発的に普及した。これこそベンチャーキャピタルのポートフォリオを支えるイノベーションのべき乗則である。コースラはインターネットが同様のパターンをたどると考えた。１９９０年代の前半は着実に採用され、やがてべき乗則の曲線はほぼ垂直になり、息をのむような加速を遂げると見立てた。

結果的にコースラの企業群は、単なる成功以上の成果を上げた。回線容量を広げるハードウエア、ソフトウエアを開発して、すさまじい勢いで成長する市場の大部分を獲得した。コースラの最初の大当たりであるジュニパー・ネットワークスはインターネットのルーターを製造した。彼は５００万ドルを投資し、70億ドルという途方もないリターンをクライナー・パーキンスのファンドにもたらした。１４００倍という空前の倍率は当時、ベンチャーキャピタル業界で過去最高の水準だった。[26] コースラはネットワーク機器のシアラ・システムズにも数百万ドルを投じ、15億ドルのリターンを獲得した。[27]

セレントの事例では、コースラは当初、ルーターの巨人であるシスコシステムズに共同投資を持ちかけた。セレントの技術は音声データの取り扱いを容易にする効果などが見込まれたが、シスコが期待値はかなり低いとして共同投資を拒否すると、コースラは単独で８００万ドルを投じ、第一弾のエンジニアたちを雇い入れ、自らCEOに就いた[28]。やがて彼は胸のすくような復讐を果たす。セレントの技術が有効だと証明されると、シスコは買収を提案した。1998年12月に3億ドルを、翌99年4月には7億ドルを提示した。べき乗則を信じるコースラは、勝者はしばしば勝ち続けることを知っていた。シスコの提案を却下するリスクを取ると、セレントの売り上げは指数関数的に増えていった。その4カ月後の8月、コースラはシスコが新提案を準備していると知らされた。今度は70億ドルだった。彼がペルーのマチュピチュ、アンデス山脈の標高2500メートルの地で休暇を過ごしているときにこのニュースが飛び込んできた。コースラはヘリコプターに搭乗し、旅客機に乗り換えて、翌朝サンノゼで朝食を取りながらシスコ側と握手した。

コースラはいくつかの指標でシリコンバレーで最高のベンチャーキャピタリストである。彼自身、巨万の富を得ることに何の抵抗もなかった[29]。スタンフォード大学近くの自宅のために世界中から建築家を探し出し、自宅の周りのブドウ園にも惜しみなくお金を使った[30]。しかし、コースラを最も特徴づけているのは、慣習や大多数の見方に異を唱える逆張りの姿勢であり、それは青年時代から表れていた。なぜ両親は寺院に行くのか、なぜ自分はどこで働き、誰を愛するかを選べないのか、なぜすべてが違ってはいけないのかと疑問視した。パトリック・ブラウンが食肉産業を丸ごとなくそうとしたように、コースラも自分の仕事に並々ならぬ思い入れがあった。

ベンチャーキャピタルは単なるビジネスではない。それは一つの思考パターン（マインドセット）であり、哲学であり、進歩の理論だった。コースラは口癖のように、70億人が望むライフスタイルを7億人しか享受できておらず、このギャップを埋めることが、世界的な貢献になると語った。大胆なイノベーターが、もっと大胆なベンチャーキャピタリストに急き立てられて人類の願望を満たすための最善の手段を提供するのである。[31]

＊

もっとも、本書で間もなく取り上げるように、ベンチャーキャピタリストは往々にしてこの高揚感あふれる主張に沿った行動をできていない。また、コースラの繰り返す言葉が重要だからといって、鵜呑みにする必要もない。それでも、ベンチャーキャピタルのハイリスク・ハイリターン型のアプローチは、世界のあり方を理解する独特な方法を示しており、シリコンバレーの外の人々にも学ぶべき点があるかもしれない。政府や金融機関、企業では未来を予測するために膨大なエネルギーが費やされている。大半は過去のパターンを統計的に分析しているにとどまるが、予測の作業を怠れば、無責任な資源投入と見なされてしまうのも事実である。

ところが、ベンチャーキャピタリストの見方は異なる。従来型の社会科学的な規律のある調整作業は、望遠鏡の役目を果たさず、かえって目隠しとして働く可能性がある。そもそも、先行きをほとんど見通せないときに限って、過去のデータを持ち出して未来を推定する作業を行うのがおかしい。明日が単に今日の延長線上にあるなら、わざわざ予測する必要などないからだ。重大な革命的な出来事とは、過去のデータから先読みできるものではない。発明家に富をもたらし、労働者に不安を与え、地政学的なバランスを崩し、人間関係を変えるような大規模なディスラプション、すなわち根本的な変革をもたらすイノベーションとは、徹底して分断や破壊を進めるものだ。むしろ、それらはあまりに複雑すぎて予測できない力が集まった結果として現れる。機械いじりやコンピューターの操作が根っから好きな人や、傲慢な夢想家らの集合の中から出現する。確実に分かっているのは、10年後の世界が興奮するほど違っていることだけだ。あらゆる蓋然性を分析し、あらゆるリスクを管理する人々に支配された成熟した快適な社会は、予見できない明日と折り合いをつけなければならない。未来はベンチャーキャピタルが支援する企業が繰り返し実験することによって発見できる。[32] 予測することなど不可能である。

　では、どのような種類の実験が実を結びやすいのだろうか。ここでもまた、イノベーションの中心地の外にいる人々がコースラから学べることがある。我々の多くは、それぞれの分野の専門家が知のフロンティアを切り開くと考えてしまいがちだ。しかし、コースラがパトリック・ブラウンに賭けた事例から分かるように、そのような見方はあまりに常識的すぎる。専門家は漸進的な進歩を最ももたらしそうであり、抜本的な見直しはアウトサイダーが持ち込む傾向にある。「もし私が医療関係の会社を立ち上げるなら、医療業界のＣＥＯは要らない」とコースラは話す。「もし私が製造業の会社を興すなら、製造業のＣＥＯは不要だ。私は、本当に賢い人に仮定を根本から考え直してもらいたい」

コースラによれば、小売業のイノベーションはウォルマートからはもたらされなかった。アマゾンがそれを引き起こした。メディアのイノベーションはタイム誌からもCBSテレビからも生まれなかった。ユーチューブ、ツイッター、フェイスブックなどが実現した。宇宙のイノベーションはボーイングやロッキード・マーティンが主導しなかった。イーロン・マスクのスペースXが切り開いた。次世代の自動車の牽引役はGMでもフォルクスワーゲンでもなかった。マスクのもう一つの会社、テスラだった。「私は過去30年、40年の間に専門家がもたらした主要なイノベーションを一つも思いつかない」とコースラは強調する。「考えてほしい。驚くべきことではないか」

未来が慣例にとらわれないムーンショット型の試みによって発見されるのだとしたら、もう一つの洞察が必要である。ノーベル賞受賞者のロナルド・コースの研究によって、経済学者やエコノミストたちは、現代の資本主義には二つの重要な制度や機関（インスティテューション）があると長年、認識してきた。それらは、価格のシグナルと法的な精査に堪える公正な契約によって調整する市場（マーケット）と、トップダウン型の経営者が率いる大規模なチームを編成して活動する企業（コーポレーション）である。

しかし、経済学者たちは、コースラのいる中間領域、すなわち市場と企業の間に位置するベンチャーキャピタルのネットワークにはあまり焦点を合わせてこなかった。このネットワークこそもっと注目されるべきである。コースラ流の実験によって、科学の応用という点では、どのようなライバルたちよりも多くの進歩を成し遂げてきた。中央集権型の企業の研究開発部門よりも、独力でガレージであれこれ工夫する個人よりも、助成などを通じてテクノロジーの勝者を選ぼうとする政府の試みよりも成果を上げてきた。ベンチャーキャピタルが支援するスタートアップは、豊穣の源であることが証明されている。人々の働き方、他人との交流、買い物、娯楽を変えてしまった。人々の情報へのアクセス、情報の操作、そして穏やかなひらめきへの到達、つまり思考法を一新させたのである。

ベンチャーキャピタルがこのような不釣り合いなほどの影響力を持つようになったのは、企業の強みと市場の強みを融合したからである。ベンチャーキャピタルは資金、優れた人材、大口の顧客を有望なスタートアップに提供し、企業の骨格であるチームの編成、資源の調達、戦略的ビジョンの策定をスタートアップの中で再現する。[33]また、ベンチャーキャピタルが持つネットワークは流動的で不定形であるため、市場の柔軟性を備えている。サンドヒル・ロードのやり手たちは、斬新なビジネスのアイデアを持っていたり、科学的な突破口を開く可能性を秘めていたりするスタートアップを後押しし、組織・事業を形づくり、拡大し、その社名を正しい取引相手の耳元でつぶやくことができる。

そして、スタートアップの当初の資金が尽きると、市場のテストにさらす。増資に応じる熱心な出資者が現れなかったなら、その企業の価値の下落という価格シグナルが点滅したことを意味し、ベンチャーキャピタルはその企業を廃業させ、資源の浪費を避ける。成功が不可能だったと判明するまで投機的な研究開発を支える必要はない。このように定期的に価格シグナルという規律を働かせることで、ベンチャーキャピタリストは投資先が失敗に傾いていることを認識し、あるいは成功の兆しを2倍の感度でつかみ取る。企業戦略と市場原理を重視し、融合するベンチャーキャピタルは、ロナルド・コースが強調した二つに加えて、現代資本主義の第三の制度・機関として位置づけることができよう。

　ベンチャーキャピタルのネットワークの役割が正しく評価されていなかったことは、ここ数年、業界の発展が三つの側面から進むなか、特に顕著になった。第一に、ベンチャーキャピタルは歴史的な本拠地であるシリコンバレーを超えて広がり、アメリカの主要都市に加えて、アジアやイスラエル、ヨーロッパに拠点を築き、成長している。[34] 第二に、投資対象の産業分野も拡大している。ベンチャーキャピタルの支援を得たテクノロジーが自動車からホテル・ビジネスまでより広範囲に使われ、新しい産業を植民地化している。第三に、ベンチャーキャピタルが関与するのは企業のスタートアップ段階にとどまらなくなった。一般株主からの出資の受け入れを遅らせているうちに、企業価値が数十億ドル規模に膨らむケースが続出している。振り返れば、アマゾンは創業から3年後、１９９７年に株式公開に踏み切った。上場時の株式時価総額は4億３８００万ドルだった。

　本書を執筆している２０２０年の時点では「ユニコーン」として括られる企業価値の評価額が10億ドル以上と推定される未上場企業が４８０社余りあり、株式公開を急いではいないように見える。[35] 世界で最もダイナミックで、破壊的なイノベーションをもたらす多くの企業がベンチャーキャピタリストや、もっぱらテクノロジー分野の未公開企業を専門とする投資家たちによって所有されたままであり、それゆえ彼らによってきちんと、もしくは、誤った形で統治されている。

本書には二つの大きな目的がある。一つ目はベンチャーキャピタルの思考パターンを説明することである。発明家や起業家を主役に据えてシリコンバレーの歴史を描いた書籍は何十冊も刊行されている。ところが、ベンチャー企業に資金を提供し、しばしばその会社を形づくるところまで手がける人々に迫る試みは少ない。本書ではアップルやシスコからワッツアップ、ウーバーまで著名な投資取引を注意深く再現して、ベンチャーキャピタリストとスタートアップが結びつくと何が起き、ベンチャーキャピタルはほかの金融の担い手となぜ大きく異なっているのかを描写していく。

多くの資金提供者は定量的な分析に基づいて希少な資金を配分する。これに対し、ベンチャーキャピタリストは人々と会い、魅了するが、相手を表計算ソフトで煩わせることはめったにない。[36] 多くの資金提供者は相手の企業をキャッシュフローの見込みに基づいて評価する。これに対し、ベンチャーキャピタリストは分析対象となるキャッシュフローを生み出すようになる以前の段階でスタートアップを支援することが多い。また、多くの資金提供者は、瞬く間に数百万ドルのペーパー・アセット（預貯金や有価証券）の金融取引を手がける。これに対し、ベンチャーキャピタリストは実物のスタートアップの比較的少ない持ち分（もっぱら株式）を出資に合わせて受け取り、そのまま保有する。最も根本的な違いは、ほかの資金提供者が過去のトレンドから推定し、めったに起きない「テール」のイベントを無視することだ。これに対し、ベンチャーキャピタリストは過去から著しく逸脱した動きに着目する。テール・イベントこそが関心事である。

本書の二つ目の目的は、ベンチャーキャピタルが社会に及ぼす衝撃について評価を下すことである。ベンチャーキャピタリストは自分たちが「世界をより良い場所にしている」としきりに主張する。確かに当たっている場合がある。インポッシブル・フーズは好例だろう。しかし、ビデオゲームやソーシャルメディアは、娯楽や情報を提供し、祖母に遠くにいる孫たちの写真を眺めることを可能にする一方で、人々を画面に縛りつけ（いわゆるスクリーン依存症にし）、フェイクニュースを広める。ベンチャーキャピタリストが並べるきれいごとと、実際の行いの落差は容易に嘲笑の的となる。

2020年4月、新型コロナウイルスの感染症の大流行のさなかに、ベンチャーキャピタリストのマーク・アンドリーセンは自分たちには備えや行動力が欠けていたとして、今こそ「構築のとき」だと呼びかけた。「高速列車、そびえ立つモノレール、ハイパーループ（空気抵抗のない真空のチューブ内を効率的に移動する輸送手段）、そしてそう、空飛ぶ車はどこにあるのだ」と訴えた。[37]ところが、翌月、アンドリーセンのパートナーシップが出資したのは、招待者だけが参加できるソーシャルメディアアプリ「クラブハウス」のアプリ開発・運営会社だった。

また、この業界は包容力のある物言いとは対照的に、現実はモノカルチャーで狭量だ。女性の登用はかなり後れを取っており、投資業務に従事するパートナー（幹部）の場合、女性比率は2020年時点で16％にとどまる。人種面での多様性はさらに限定的で、黒人のパートナーはわずか3％である。[38] ベンチャーキャピタルは社会の形成に大きく寄与している以上、雇い入れている投資担当者、資金の投入先であるスタートアップの両方で多様性を高めなければならない。そして、何といっても、ベンチャーキャピタリストはテクノロジー企業の監督者としての自らのこれまでの記録を見直さなければならない。これはベンチャーキャピタルという産業の中核的な機能の、しかも心臓部にあるものだ。ベンチャーキャピタルには、設立間もない企業を育てる誇り高い伝統がある。ところが、オフィスレンタルのウィーワークや配車サービスの巨人のウーバーのような数十億ドル規模のユニコーンの統治にはあまり成功していない。

端的に表現するなら、ベンチャーキャピタリストは完璧にはほど遠い。それでも、世間一般がハイテク産業複合体に対する反発を強めるなかで、ベンチャーキャピタルの肯定的な部分の魅力はより高まっている。最近まで経済学者やエコノミストたちは、ある国の特定の地域が別の国の比較対象の地域よりもなぜ豊かなのか、その理由を国レベルの違いで説明してきた。成功している地域は健全な法の支配、安定した物価、教育を受けた人々の存在、その他の要因の恩恵を受けていると指摘した。

しかし、より重要なのは、なぜ一部の地域は同じ国のほかの地域を、イノベーションの中心地として、また繁栄を生み出す場所として大きく引き離すのかという問いである。シリコンバレー自身が示しているように、ある地域がほかの地域に勝ることが可能なのは、かねて明らかなものの、法の支配や価格の安定を理由にして、シリコンバレーがモンタナやミシガンよりイノベーションが盛んなことを説明できない。[39]正しい答えを与えるために、我々にはロナルド・コースの分析の枠組みをアップデートする必要がある。我々はベンチャーキャピタルのネットワークを、市場および企業と同じくらい深く研究しなければならない。地経学的（ジオエコノミック）な競争が激化する世界では、最も創造的なイノベーションの中心地を抱える国が最も繁栄し、究極的には最も強力になる可能性が高い（そして、所得格差が深刻化する世界では、イノベーションの中心地を通じて地域的な多様性を促進できる国が、より幸福になり、より安定化するだろう）。したがって、政府は巨大なテクノロジー企業（ビッグテック）に対する規制を強化するとしても、それとは別にテクノロジー系のスタートアップを育成するためにあらゆる手段を講じなければならない。この政策課題については、本書で改めて論じる。

そして、ひとまず一言だけ触れておけばよいだろう。それは、ベンチャーキャピタリストの欠点が何であれ、彼らはイノベーションを牽引するダイナミックなスタートアップの集団には欠かせない構成要素だということである。シリコンバレーでは毎日、何百人ものベンチャーキャピタリストが、Tシャツ姿の若者たちを追いかけ回している。彼らはくだけた会話で人々を説得し、結びつける。警戒心の強いプログラマーを雇い入れようとする、あるスタートアップのために保証人になる。そして、また別のスタートアップのために、同社の製品は信頼できると話して懐疑的な顧客を安心させる。

本書では、このにぎやかな熱い活動を通じて、地域間の創造性の違いの大半を説明できると主張する。起業家やアイデア、顧客、資本を結び合うことで、ベンチャーキャピタルは単なる賢い人々の集まりを発明のネットワークに転換する。従来型の経済成長の説明では、この現象が考慮されていなかった。中国がテクノロジーの大国として浮上したのも、この現象に根差しているからだ。今日のテクノロジーの競争で、アメリカが中国に立ち遅れるリスクがあるとしたら、それはまさにシリコンバレーに触発された中国のベンチャーキャピタルが現地のデジタル経済を始動させたからである。しかも、中国のベンチャー産業にはライバル・アメリカのそれよりも優位に立っている点がある。女性に対してより開放的なことだ。

これでは、話が本書の結末まで飛んでしまう。ベンチャーキャピタリストを理解するためには、そして彼らがどのように考え、彼らの存在がなぜ重要なのかを認識するために、物語の最初から始めなければならない。起業家に資金を提供するこの奇妙な種族がいなかったなら、サンタクララ渓谷の果樹園がシリコンに連結することも、驚異的な規模の富が創造されることもなかったかもしれない。

第1章

アーサー・ロックと才能を解き放つための資本

Arthur Rock and Liberation Capital

成功には多くの父親がいる。シリコンバレーも例外ではない。このイノベーションが生まれる奇跡的な場所の起源を探った人々の一部に言わせるなら、スタンフォード大学の工学部長だったフレッド・ターマンが、名高いリサーチ・パークを創設した1951年が成功の始まりだ。ほかの人々は、その5年後だと特定する。半導体の父、ウィリアム・ショックレーが東海岸に見切りをつけ、ターマンの施設で会社を立ち上げたときだ。初めてバレーにシリコンが持ち込まれた。

しかし、最も説得力のある物語――シリコンバレーをシリコンバレーたらしめている力学にしっかりとスポットライトをあてようとしている解説――は1957年の夏が起点である。この年、ショックレーのもとにいた博士号を持つ若き研究者8人が反旗を翻して独立した。ショックレーとの長幼の序の存在、彼の名声、そして彼がノーベル賞受賞者であることさえ、8人の決起をとどめる効果はなかった。「8人の反逆者」はショックレーの高圧的な指導に嫌気がさし、新しい快適な場所を求めた。この離反行為こそがシリコンバレーの魔法のように新しいものを作り出す文化を創出した。ヒエラルキーと権威に対する伝統的な思い込みや、金時計を持って退職するまで忠実に働くという考え方を打ち砕いた。

この1957年の離反劇は、当初アドベンチャーキャピタルと呼ばれた新たな資金提供の形態によって可能になった。一か八かの危うさを抱え、お金のやり繰りに汲々としている技術者は通常の銀行融資を受けられない。しかし、大胆な発明に興味がある投資家に対して、大きな見返りのチャンスを約束するなら、その技術者を金銭的に支援するという発想だった。8人の反逆者と彼らの会社、フェアチャイルド・セミコンダクターへの出資は、ほぼ間違いなく西海岸で初めてのアドベンチャーキャピタルの供与に相当する出来事であり、この地域のその後の歴史を変えてしまった。

フェアチャイルドが140万ドルの資金を得て以降、シリコンバレーでは、スケールの大きなアイデアと、野心の実現への強いこだわりを持つチームであれば、独立・起業して、自分たちの好みに最も適した組織を創出できることが明確になった。エンジニア、発明家、精力的な実業家、そして芸術家肌の夢想家たちがこの新しい金融のおかげで、出会い、結合し、別れ、また同時に協力し合う。アドベンチャーキャピタルは、ときには離反するための資本であり、チームを作り上げる資本であり、また、ほとんど実験のための資本だった。[1] いずれの側面に注目するにせよ、才能は解放され、革命が進行していったのである。

この新しい解放の資本（リベレーション・キャピタル）の発明は、ほとんどの人々が今、認識している以上の意義を持っている。何がシリコンバレーの卓越性の基礎にあるかを説明するほかの理論――スタンフォード大学の本拠地であること、軍との契約の恩恵を受けていたこと、主流の文化的慣習に異を唱える西海岸のカウンターカルチャーに根差した不遜さがあったことなど――には特段の説得力はない。結局のところ、スタンフォード大学はマサチューセッツ工科大学（MIT）に比べて際立って優れた研究・教育機関だったわけではなかった。ハーバード大学から車ですぐの場所にあるMITは、シリコンバレーがその初期に形成したものよりも強力な研究クラスターを作り出していた。[2]

確かに、スタンフォード大学は軍の研究資金で潤い、U2偵察機が撮影したフィルムは近隣のNASA（航空宇宙局）エイムズ研究センターで処理され、潜水艦発射型の武器を生産するロッキード社のミサイル・宇宙部門はキャンパス内にあった。[3] しかし、かの有名な1950年代の軍産複合体は主として東海岸におけるペンタゴン（国防総省）とマサチューセッツ州ケンブリッジ（ボストン近郊でハーバード大学やMITがある場所）の同盟関係を指していた。その体現者がMITの工学部長にして、ケンブリッジに本社を置く防衛企業レイセオンの創設に加わり、第二次世界大戦期にはフランクリン・ルーズベルト政権で最高位の科学担当の行政官を務めたヴァネヴァー・ブッシュだった。何百万ドルもの連邦政府の資金がペンタゴンの支援するボストン周辺の研究機関に流れ込み、１９６０年代末までには１００社を超えるテクノロジー系のスタートアップが各機関の研究室から誕生した。[4] もし、軍事との結びつきが応用科学の立地を左右するのなら、ケンブリッジがその世界の中心であるはずだった。[5]

　スタンフォード大学の存在も、国防関連の受注も、シリコンバレーが卓越した地位を確立した理由を説明できないとしたら、西海岸のカウンターカルチャーではどうだろう。まだ誕生していないテクノロジーを人々が自由に想像する文化が、この地域を特徴づけているという仮説である。初期のパソコンのマウスやグラフィカル・ユーザー・インターフェイス（ＧＵＩ）を考案し、パロアルトのオーグメンテッド・ヒューマン・インテレクト（増大化された人間の知性）研究所を率いたダグ・エンゲルバートという人物がいる。彼は、幻覚剤ＬＳＤの実験に参加し、ペンタゴンからの資金をエスト（est）と呼ばれる自己啓発の訓練手法の研究に流用した。若き日のスティーブ・ジョブズも同じく東洋の神秘主義に魅せられていた。裸足で歩き、会社の便器で足の汚れを落とした。自分は肉などを摂らない果実食主義者（フルータリアン）だから、日常的に体を洗う必要はないという立場を続けた。「21世紀を発明した人々は、スティーブのように西海岸からやってきたマリファナを吸い、サンダルを履いたヒッピーで、彼らは物事を異なる視点で見ていた」。これがスティーブ・ジョブズの友人だったロック・ミュージシャンのボノによる観察だ。

シリコンバレーではこの手の物語が、自分のことをお金持ちで、影響力があるだけでなく、クールでもあると思いたがる住民たちの間で広く受け入れられている。ヒッピーに特有の大企業に批判的な空気があったからこそ、彼らは発明やアイデアを囲い込むために近くの特許弁護士のもとに走ったりせずに、それらを積極的に共有したというストーリーである。そのような彼らの平等主義がボサボサ頭の新参者たち――すべてを変えてしまう可能性を秘めている何かを目にし、感じ取っているかもしれない者たち――を受け入れさせたというわけだった。

シリコンバレーにはこのカウンターカルチャーの痕跡がまだ残っている。サンダルは、素材こそ擦り切れてしまう皮革から次世代型のナイロンに切り替わったものの、いまだに多くの人々に履かれている。政治的には左寄りのリベラルのままで、しばしば個人の自由を徹底して追求するリバタリアンの色彩が濃くなってしまうほどだ。ＬＳＤの微量の投与によって仕事の生産性は高まると固く信じられてもいる。

しかし、西海岸を文化的に優れた例外であるかのように扱うことは問題だ。シリコンバレーに肩入れする人々が想像するほど、ほかの地域はボタンで留められ、きちんと管理された場所ではない。例えば、ハッカーの倫理は実はＭＩＴが発祥の地だった。プログラムの開発に没頭しつつも、それでお金を稼ぐことを基本的には良しとしない共同体主義のオタクたちが支持した考え方である。当初の舞台は、鉄道模型を支える技術に夢中になった学部生たちの集まりであるテック鉄道模型クラブで、後にメンバーたちの関心は初期のコンピューターＴＸ－０へとそれていった。[6]

彼らはすっかりTX－0のとりこになってしまい、大学当局が撤去を検討したほどだった。「入浴をやめ、食事をやめ、社会生活をやめ、もちろん勉強もやめた」との証言があったほどだ。[7]

イギリス生まれでジュネーブを拠点にワールド・ワイド・ウェブ（WWW）を開発したティム・バーナーズ＝リーも、事業化の損得勘定を嫌うアンチ・マテリアリストの側面をあわせ持つ独創的な人物である。発明を公表した際には「このコードの利用に関心があったら、メールを」と記し、利益を得ることを拒否した。さらに、ボノがあまりライブ演奏をする場所ではないフィンランドでは、リーナス・トーバルズがリナックスのOS（基本ソフト）の骨組みを作り上げ、無償で提供した。要するに、シリコンバレーの外側の世界が創意工夫を欠いているわけでも、アンチ・ビジネスのカウンターカルチャーのこだわりを持たないわけでもなかった。

本当のところ、シリコンバレーの非凡さは、その発明の能力によっているのではなく、カウンターカルチャーの要素にも関係ない。[8] 最初のトランジスターは1947年にシリコンバレーではなく、ニュージャージー州のベル研究所で創り出された。最初のパーソナル・コンピューターのアルテアは、ニューメキシコ州で開発された。WWWの先駆けとなった最初の仕組みは、ネットワーク管理のプロトコルのゴーファーであり、ミネソタ州で生まれた。最初のブラウザーはマーク・アンドリーセンがイリノイ大学在学中に開発した。最初の検索エンジンのアーチーは、モントリオールのマギル大学のアラン・エムテージが発明した。インターネットを利用した最初のソーシャル・ネットワーキング・サイトはシックスディグリーズ・ドット・コムで、ニューヨーク市のアンドリュー・ワインリッチが立ち上げた。最初のスマートフォンであるサイモン・パーソナル・コミュニケーターは、フロリダ州ボカラトンにあるＩＢＭの研究部門のフランク・カノーヴァが開発した。[9] シリコンバレーにもあてはまることだが、特定の地域が発明を独占してしまうことなどない。しかし、これらの画期的な製品には一つの共通点がある。アイデアが大ヒットの製品に変わる魔法のような現象は、シリコンバレーで起きているということだ。

ではこの魔法をどのように説明したらよいだろうか。１９９５年のタイム誌に掲載されたエッセーのタイトルは、ボノの答えに共鳴していた。「すべてはヒッピーのおかげだ」[10]。しかし、シリコンバレーのほかの地域との際立つ違いは、カウンターカルチャーが経年変化して、富への率直な欲望と融合したことにあるだろう。ボノと交流のあるマリファナを吸い、サンダルを履いた発明家たちは莫大な財産を得ることを決して恥じない。そして、シリコンバレーではキャリアの梯子を一つ一つ昇っていくことは蔑みの対象でしかない。型にはまることを嫌うボヘミアンたちはそれをブルジョア的だと退ける。人並み以上の力を持つやり手たちに至っては、それを嘆かわしいほど遅くしか先に進まないと、一層厳しく批判する。

スティーブ・ジョブズはこの矛盾した文化の両方の側面を体現する多くの１人だった。穏やかな平等主義者である彼は会社の駐車場に、ボスとして自分専用のスペースを要求することはなかった。しかし、空いている障害者優先のスペースに車を停めて、傲慢に駐車の権利を主張した。[11] 共同体主義者である彼は協力を重んじ、自らの知的財産権をライバルに見える企業とも共有した。

その一方で資本主義の競争を追求し、偏執的で、支配にこだわった。このおおらかな創造性と、激しい商業的な野心の組み合わせこそがシリコンバレーをシリコンバレーたらしめているのであり、たくましい想像力が社会と文化に多大な影響を及ぼすビジネスを生み出す場所にしている。

この矛盾した文化の起点を正確に指摘することは当然ながら困難である。一部の人々は、19世紀のゴールドラッシュ期にサンフランシスコの開拓者たちの間で広がった熱狂的なまでの経済最優先の機運に起源を見る。それが、リーバイ・ストラウスのジーンズの商品化をはじめとして、爆発的な勢いで起業を広げ、古い階層的な秩序の外側にいた個人主義的で精力的に行動する人々を富ませたという。別の説は、カリフォルニアの教育水準の高さと繁栄が、進歩的で開放的な姿勢や仕事へのひたむきさなどの必要な要素をすべて培ったと指摘する。

しかし、これまで以上に注目されるべき見方がある。それがさきほど触れた、才能を解き放つ資本が投下されたことである。この独特な形態の資金提供によって、人材は自由にアイデアを製品に結実させ、型破りな実験を明確な商業的目的と結びつけるようになり、シリコンバレーの肥沃なビジネス風土を育んだ。

かつてジョン・ピアポント・モルガンの金融は、アメリカの産業界に市場を支配するほどの力を持つ寡占型の企業群を生み出した。１９８０年代にはマイケル・ミルケンのジャンク・ボンド（低格付け債券）が企業買収を激増させ、徹底したコスト削減の動きを加速させた。同じようにベンチャーキャピタルもアメリカの産業文化に刻印を残している。シリコンバレーをどこよりも、そしてどの時期よりも、高い生産性が持続する応用科学のるつぼにした。ベンチャーキャピタルの後押しで8人の反逆者はウィリアム・ショックレーのもとを去り、フェアチャイルド・セミコンダクターを創設し、奇跡を起こした。2014年の時点で、シリコンバレーのテクノロジー系の上場企業のうち実に70%が何らかの形でフェアチャイルドの流れを汲んでいた。[12]

＊

8人の反逆者が解放の資本に目を向ける前年に遡ってみる。半導体開発会社のショックレー半導体研究所に所属する若き研究者たちは、ボスが天才科学者であると同時に猛り狂う暴君であることに気づきつつあった。ショックレーから採用されたとき、彼らは自分が選ばれたことを光栄に感じた。偉大な科学者からかかってきた電話は、「受話器を取って神と話すような経験だった」[13]。ハンサムで眼鏡をかけ、髪の生え際が教授らしく後退したショックレーは、半導体の父であるだけでなく、見る側を楽しませる優れたショーマンでもあった。彼は人前で技術解説を行う際にその冒頭で、話題のホットなテーマを取り上げると約束し、おもむろに本を開いて、実際に煙を出すといった演出まで披露した。[14]しかし、神格化されたこの人物との接点が増えるにつれて、新入社員たちは彼の欠点を実感するようになった。ショックレーは同僚たちの目の前で解雇を告げたり、会社の掲示板に給与の一覧を貼り出したりした。あまりに少ない給与で働くことに同意した科学者を笑いものにすることまであった。[15] 彼は最も優秀な研究者を探し出して雇い入れては、すぐに見下し、「本当に博士号を持っているのか」となじることも多かった。あるとき、研究者数人が学術論文を公表したいと言い出すと、ショックレーが見せた反応は侮辱と自分本位の考えに満ちたものだった。彼は自らの理論として手早くメモにまとめ、彼らに告げた。「これに肉づけして、発表したまえ」[16]

後にある若手の研究者が語っている。「ショックレーが『圧制者』の本当の姿を現し始めているとは思っていなかった」[17]

1957年5月、ショックレーが事業を開始してから15カ月後、彼を資金面で支援していた人物が会社を訪れた。ショックレーが資金を必要としていたとき、ベンチャーキャピタルは存在していないに等しい状態だった。[18] そこでショックレーはアーノルド・ベックマンに頼った。南カリフォルニアでベックマン・インスツルメンツという自分の名前を冠した会社を経営していた人物だった。ベックマンはショックレー半導体研究所を同社の1部門として立ち上げ、迅速で収益性の高い発展に期待をかけていた。そしてこのとき、より多くの商業的な成果と、管理面の機能不全の改善を要求するためにやってきた。

ショックレーは反抗的な態度を示した。「我々がここで行っていることをあなたが好まないのなら、私はこのグループを連れて出ていく。ほかの場所で支援を得ることは可能だ」と毒づいた。[19] そして怒って部屋を飛び出した。

若い研究者たちは、自分たちのボスがベックマンに向かってわめく姿を見て、選択を迫られていることを認識した。この1950年代は、大企業、強大な労働組合、そしてホワイトカラーにとっては何層にも積み重なった大きなヒエラルキーの時代だった。1956年のベストセラーのタイトルが新しいタイプのアメリカ人、すなわち、従順な『組織人』(邦題は『組織のなかの人間——オーガニゼーション・マン』)の登場を宣言していた。研究開発の分野でも同書の一つの章として掲げられた「科学者の官僚化」が着実に進んでいた。[20] このときショックレーのもとにいたエンジニアたちには、時代の精神に身を任せて、息苦しい管理下で非生産的に無気力にやり過ごすことも、反対に、ショックレーが感情を爆発させたことで生まれたチャンスをつかみ取ることも可能だった。ショックレーとベックマンの対立のあと、昼食を摂りながら話し合った彼らは、腹を固めた。ベックマンに苦情を訴え、ショックレーに勝手な行動をさせないよう要請することにした。「何といまいましいことよ」と反逆者の1人が語気を強めた。「行動を起こす、それとも話をこれでおしまいにする、そのどちらかしかないなんて[21]」

後にフェアチャイルドで研究開発部門を率いることになるゴードン・ムーアがグループの代弁者に選ばれた。頭が禿げ上がり、1950年代の最新流行の眼鏡の後ろに、ふさふさした眉毛を隠したムーアは、気取ったりしない穏やかさと、揺るぎない自信の両方を備えていた。彼は反逆者たちの昼食会が終わると、同僚の自宅で電話を借り、ベックマンにダイヤルした。[22] ムーアは伝えた。ショックレーは暴言を吐いたが、ベックマンにとって「深刻な脅威ではありません」と。「この期に及んでは、たとえショックレーが望んでも、グループを連れて出ていくことなどかないません」。ムーアたちはショックレーと進退を共にしないと説明した。

ベックマンは神経質に尋ねた。「そちらでは、物事がうまく運んでいないということだね」

「ええ。本当にうまくいっていません」[23]

ベックマンはムーアと同僚たちに直接会うことに同意した。そして数回議論したあとに、彼らの味方になってボスに対抗すると約束した。ショックレーは科学的な才能にあふれていたが、進歩の妨げにもなっていた。資本主義の前進には、ときには良い意味で、何かを捨て去ることが求められる。ベックマンはショックレーをマネジメントから段階的に退かせると反逆者たちに保証した。今後、彼はこの会社で顧問の立場に徹することになった。

しかし、数日も経たずにベックマンは怖気づいてしまった。彼は自分の会社を経営しており、自分が望む決断を下すことができる。現在のベンチャーキャピタリストとは異なり、ファンドが投じた資金のリターンについて説明責任を果たさなければならない相手、つまりほかの出資者がいない。[24] それゆえ、居心地の悪い決断の履行をやめても支障はなかった。ある東海岸の有力な科学者からは抗議の電話が寄せられた。降格はショックレーにとって身の破滅だという。ベックマンの心変わりには、この情報で十分だった。ショックレーは暴君かもしれないが、ノーベル賞を受賞した暴君だとベックマンは自分に言い聞かせた。若き反逆者たちには、ボスと和解しなければならないと告げた。

会社を内部から変えることの難しさを体験した反乱部隊は、自分たちにできることを考えた。全員が優れた能力を持ち、どこでも簡単に雇ってもらえる。しかし、彼らはチームとしてまとまっていたほうが、何かを成し遂げるには最適だと考えた。ところが、チームのままでいることは、ショックレーのもとで苦しむことであり、好ましい展望ではなかった。最近も暴君はスタッフに嘘発見器のテスト結果を提出するよう要求したばかりだった。[25]

窮地を脱する術について思いをめぐらす反乱部隊は、ある晩、解決策につながりそうな案に行き着いた。チームで唯一、30歳を超えていたユージン・クライナーにつてがあった。父親が資産運用で利用しているニューヨークの証券会社にクライナーが手紙を送り、支援を要請することになった。ショックレーのエンジニアのチームには退社の用意ができていると、伝えることにした。広く関係先を持つ金融機関であれば、反乱部隊を丸ごと抱えてくれる雇用主を見つけることができるのではないかと想像した。

＊

この時点で反乱部隊の中に起業を発想した人物はいなかった。ベンチャーキャピタルが無名の若い科学者集団を支援することなどほとんど先例がなかったからだ。しかも、戦後の金融の精神に反していた。１９２９年の株式相場の大暴落とその後の大恐慌で、投資家のリスク志向はすっかり失われ、その状態が1世代続いた。フィデリティやプルデンシャルなど資金運用の大手は、チャンスをものにすることよりも、抱えているものを守ることに関心があった。機関投資家は株式を購入する場合、安全で確立された企業を選好した。できれば、十分なワーキング・キャピタル（ビジネスを回すための運転資本）を保有していて、たとえ事業の継続を断念する事態に陥っても、株主にお金が戻ってくると期待できる企業を好んだ。伝説的な投資家のベンジャミン・グレアムは、ウォーレン・バフェットという名前の若き従業員の助けを借りながら、株式の時価総額が現金、在庫、売掛金の合計額の3分の1以下の割安な水準で推移し、会社売却時に利益が見込めそうな銘柄を探した。

あるときバフェットは、マサチューセッツ州ニューベッドフォードのユニオン・ストリート鉄道の株式をまとめて購入した。1株につき120ドル相当の現金が銀行にありながら、株価は45ドルという大当たりの銘柄だった。[26]このように安全で巨額の利ザヤを稼げる掘り出し物がある間は、リスクの大きなテクノロジー系のベンチャー企業への投資は、確実に評価が低くなる。1952年、フォーチュン誌は次のように指摘した。「例えば、ジョン・ハンコックの生命保険に加入して、安心し切っている人が、自分のお金は（機関投資家である同社を通じて）科学技術を用いた小物類づくりにも回っていると知ったなら、ショックを受けるだろう[27]」

もちろん、この慎重な投資にあてはまらない動きもあった。それでも、散見される程度にとどまり、明確な流れを作り出すほどではなかった。例えば、1949年にアルフレッド・ウィンスロー・ジョーンズという情熱的な元マルクス主義者が最初の「ヘッジド・ファンド（現在のヘッジファンドの原型）」を組成した。しかし、1960年代を迎えて当時流行のもみあげを伸ばした投資家の一群がハイリターンを狙って、彼の手法を後追いし始めるまでは、気づかれることなく活動していた。ジョーンズの3年前には、ホイットニー・ファミリーとロックフェラー・ファミリーという1組の東海岸の富豪たちがリスクの大きな新興企業に素人なりに手を出し始めた。その動機はむき出しの商業的なものというよりは、愛国心や社会奉仕の姿勢に根差したものだった。西海岸では、サンフランシスコの証券マンの集団が起業家たちを招き、昼食会の場で短いプレゼンテーションを求めた。ショックレーの会社の分裂騒動のときには、ちょうどこの活動が始まったばかりだった。

最も本格的な初期の実験は、言い換えれば、ベンチャーキャピタルの先駆者と見なされることを本当に意識した取り組みは、アメリカン・リサーチ・アンド・デベロップメント（ARD）によるものだった。しかし、ARDはボストン一帯に焦点を絞っていたため、ショックレーに対する反乱部隊はその名前を耳にしたことはなかった。ホイットニー、ロックフェラーの両家と同じく、ARDにも公共奉仕の動機が浸透していた。後述するように、ベンチャー企業向けの投資のモデルとなったわけではなかった。

これらのうちジョン・ヘイ・ホイットニーの試みは、大胆で冒険的な資金提供という点では初期の典型例だった。[28] ニューヨーカー誌に掲載された略歴紹介の記事によれば、第二次世界大戦での経験を経て彼の内面に「社会に対する打ち震えるような意識」が宿った。[29]ドイツ軍の捕虜になった彼は、捕まえた側に向かって、自分は自由のために戦っていたのだと告げた。ドイツ兵がアメリカはヒトラーのドイツより決して自由ではないと言い返すと、同じく捕虜となっていたアメリカの兵士たちの一部が、同意するようにうなずく姿をホイットニーは見た。愕然とした彼は、戦後に帰国すると、社交界向けの名士録『ソーシャル・レジスター』への登録を取り下げ、社会問題に立ち向かうための基金を創設した。その一端が500万ドルで設立したファンドで、目的は起業家に投資資金を提供し、自由な企業活動の精神を守ることにあった。[30]もっとも、その後の5年間の活動で、J・H・ホイットニー&カンパニーの投資は計18件にとどまった。成功事例には、パーライト（真珠岩）を使った建築資材のメーカーや「ミニッツメイド」のオレンジ・ジュースなどを手がけるバキューム・フーズがあった。この間のホイットニーのリターンは、より安全なS&P500種に投じた場合に比べて僅差で上回った。[31]しかし、資金提供者たちが自己評価に用いるリスク調整後の指標を物差しにした場合、ファンドは存在理由を正当化できない、物足りない運用成績だった。[32]

ホイットニーのエゴのせいであるのはもちろんだが、社会貢献を強く意識していたこともあって、彼は自分の行動を一般的な銀行家とひとまとめにするコメンテーターたちの言葉遣いにむっとした表情を見せた。ニューヨーク・タイムズ紙が彼のファンドを「ニューヨークの投資銀行」と形容すると、これにいら立った家長は仲間たちにもっとふさわしい表現を要求した。

その1人が「我々の会社を説明するにあたり、リスクを取っている意味合いを盛り込むべきだ」と言った。

別の1人は「我々のビジネスで最も興味深い側面は、これが冒険であることだ」と口にした。

3人目は「プライベート・ベンチャーキャピタル・インベストメント・ファームではどうだろうか」と提案し、略称の候補として既に一部で使われている「アドベンチャーキャピタル」を挙げた。[33]

「それだ」とホイットニーは同意した。この慈善家が希望する言い回しがニューヨーク・タイムズ紙の編集者たちに正式に伝えられた。同紙は1947年にはたまに「ベンチャーキャピタル」と言及するようになった。[34] しかし、ホイットニーの努力にもかかわらず、言語表現のイノベーションは広く普及することはなかった。1962年になっても、開拓者魂を持つテクノロジー分野の投資家たちが、ベンチャーキャピタリストと自称すると、ぽかんとした表情で迎えられた。[35]

1946年4月、ロックフェラー・ファミリーはホイットニー・ファミリーと並行して、新興企業の資金不足という、広く認知されている問題を解決するための取り組みに着手した。「旧システムでは新しい分野やアイデアに対して、損失のリスクがまったくないと証明されるまで資本が提供されない。それとは反対のことを我々は進めたい」と主導者のローランス・ロックフェラーは主張した。「我々はまだ十分に発展していない多くの領域にお金を投じつつある」[36]。彼のファンドはアフリカの紡績工場や、ペンシルベニア州のヘリコプター会社、ニューヨーク州ロングアイランドでの映画制作プロジェクトを支援した。あるときロックフェラーは「資本はもはや利益を上げるためだけに使われるのではない。それは最も善良なことを成し遂げる場所に投じられる」と意気軒昂に語った。[37] おそらく、そのためだろう。収益性は高くなかった。1961年にバロンズ誌は、ロックフェラー・ブラザーズ社は15年の活動期間中に900万ドルを投資し、4000万ドルのリターンを得たと報じている。[38] この間にS&P500種株価指数は7倍になった。[39]

西海岸にいた同じく新興企業には素人の投資家たちのほうは、少なくともいくつかの案件で目を見張るようなリターンを獲得することができた。先に挙げたサンフランシスコでの昼食交流会に出席した半ダースの資金提供者の1人、リード・デニスはテープレコーダー製造で先駆けたアンペックスに早くから賭けていた。同社には歌手のビング・クロスビーが注目していた。彼は日曜日の午後には、ラジオの生番組に出演するよりも、ゴルフに興じたかったからだ。デニスは「私はテープ録音について何も知らなかった」としつつも、「このテクノロジーはビング・クロスビーの声を収録することだけでなく、もっと多くの用途で役立つと思った」と後に振り返った。[40] 1952年、デニスはビジネススクールを修了するとすぐに、貯金の全額1万5000ドルをアンペックスに投じた。妻を安心させるために、「きみの人生はこれまで十分にうまく運んでいて、僕と結婚した。もし何かが起きても、ほかの誰かに助けてもらえるはずだ」と話したという。[41] アンペックスへの賭けは大成功だった。同社は1958年に株式を公開し、デニスはおよそ100万ドルを得た。後のベンチャーキャピタリストたちの言い方では、67倍のリターンだった。[42]「これは生計を立てるかなり良い方法だと気づいた」と懐かしむように語った。「そこで私は、この地域にあるほかのハイテク企業を物色し始めた」[43]

アンペックスで勝利を収めたデニスはサンフランシスコの証券マンたちの間で評判になり、「ザ・グループ」という名前の非公式の昼食交流会を立ち上げることになった。1957年以降、「舌平目がいつもおいしく、焼き立てのサワードウのパンが出てくる」として人気の金融街のレストラン、サムズないしジャックスズに5人か6人が集まり始めた。[44] 合板で仕切られたブースのあるサムズが特に彼らのお気に入りだった。8インチ（20センチ）ほどの厚みしかないものの、プライバシーが保たれているように感じられた。[45] 起業家が自分のストーリーを語る間、男たちはサワードウを頬張る。出資を求めるその人物は決定が下るまで、外の歩道で待つよう指示される。すべてがうまくゆけば、握手となり、出資が約束される。金額はたいてい8万ドルから10万ドル。ザ・グループの陣営の判断を支持する投資家や、単に後追いするだけの一派からの出資も期待できた。[46]「我々は基本的にこのビジネスで成長した。そして名前をベンチャーキャピタルに変更した」とデニスは振り返った。[47] サンフランシスコでの昼食交流会は一定の成功を収めたものの、実際には1950年代の後半から60年代の前半にかけて20社余りに出資したにとどまる。この試みの真価は、西部ベンチャーキャピタリスト協会として正式に組織が発足したあとに発揮されることになる。[48]

このように、ベンチャーキャピタル的な取り組みは各地にあったわけだが、戦後間もない時期の主導的な活動は、驚くことではないだろうが、ボストンで繰り広げられた。ＭＩＴが軍産複合体の中心部に位置していることを踏まえれば、自然に次のような発想が生まれる。ＭＩＴの研究室から出てくるテクノロジーに資金を投じて、この地域の経済発展を加速させることができるはずだ――。ＭＩＴの学長やボストン地区連邦準備銀行の総裁を含むニューイングランドのエリート層は、この試みを率いる人物としてジョルジュ・ドリオに白羽の矢を立てた。こざっぱりとした身なりのフランス移民で、口ひげも振る舞いも軍人風なハーバード大学ビジネススクールの教授である。ボストンの名士たちに認められたドリオは１９４６年、アメリカン・リサーチ・アンド・デベロップメント（ＡＲＤ）のトップに就任した。

ドリオはまさに軍産複合体を体現する人物だった。第二次世界大戦期には、ペンタゴンのクオーターマスター・コープ（戦闘後方支援部門である米陸軍需品科）で技術力が問われる装備品の調達の監督責任者となった。彼はこの立場を利用してイノベーションを促進した。寒冷地仕様の軍靴、撥水性の生地、軽量なプラスチック製の胴体防護具――ドリオにちなんで「ドロン」と命名された――などが挙げられる。ボストン周辺のペンタゴンが支援する研究室から生まれるハイテク企業に出資するという任務に、彼は誰よりもうってつけだった。[49] 彼は投資担当チームに定期的に研究室を訪れるよう口を酸っぱくして勧め、のんびりと座っている若手には、机の上に地下鉄のトークンを置いて、「ＭＩＴまではトークン１枚で行ける近さだぞ」と諭した。[50] 初期の成功事例はハイ・ボルテージ・エンジニアリングへの投資だった。ＭＩＴからのスピンアウト組の１社で発電機や粒子加速器を製造して既存企業のゼネラル・エレクトリック（ＧＥ）などに挑戦していた。[51]

１９５７年、ドリオはＡＲＤのその後の運命を変える賭けに出た。ザ・グループが昼食交流会を開始し、ショックレーに対する反抗が起きたのと同じ年である。彼はディジタル・イクイップメント・コーポレーション（ＤＥＣ）に資金を提供した。米軍が支援するリンカーン研究所でＴＸ－０コンピューターの開発を手助けした２人のＭＩＴ教授が興した企業である。ＴＸ－０の成果はトランジスターが真空管よりも高性能なことを米軍向けに実証したことだ。ＤＥＣが示そうとしていたのは、トランジスターが民生用途のコンピューターでも画期的な変革を起こせるということだった。この売り込み方は、現代のベンチャーキャピタリストにも極めて魅力的である。最先端の研究室から出てきた創業者たちが、実証済みのテクノロジーの商業利用を提案しているからだ。

しかし、１９５０年代の金融環境では、人々の視線を集めて放さないような科学者であっても資金調達には苦労した。ドリオはこの状況を最大限活用し、後の基準なら侮辱と見なされるような提案をＤＥＣの創業者側に突きつけた。ＡＲＤは7万ドルの出資と3万ドルの融資を提供し、引き換えに会社の持ち分の70％を取得する。これは「そのまま受諾するか、拒否するか」の提案であり、交渉には一切応じないとした。代替案がないなかで、ＭＩＴの教授たちは受け入れた。ドリオが出資比率を77％にまで引き上げた際にも抵抗しなかった。[52] これだけ多くの株式を手に入れた結果、教授たちが首尾よく成功したならば、ドリオには膨大な利益が転がり込むことになる。実際にARDは独立企業としての活動を停止する1972年までに、DECに対する賭けで3億8000万ドル、現在の貨幣価値で23億ドルを獲得した。[53] この大当たりはARDが設立以来、四半世紀の間に上げたキャピタルゲインの総額のおそらく8割に相当する。[54] ベンチャーキャピタルを支配するべき乗則の初期の実例である。

ドリオはしばしばベンチャーキャピタルの父と見なされる。これは彼の伝記を著したスペンサー・アンテの主張でもある。[55] ジョン・ヘイ・ホイットニーと同様に、ドリオも自分自身の行動を一般の資金提供者と区別するのに苦心した。しかし、ビジネススクールの教授だけあって、彼はベンチャーキャピタルの役割を、もっと深く理解してもらえるように、説得力のある形で定義した。強いフランスなまりの講義で彼は次のように強調した。最大の報酬は最も野心的で、最も人々が考えつかないプロジェクトからもたらされる。投資家はリターンが成熟して大きくなるのを長期間、辛抱強く待たなければならない。最も見込みがあるのは先端技術に関連した案件であり、オレンジ・ジュースやアジアの漁業に関連したものではない。[56] 後のベンチャーキャピタリストたちの活動を見越して、彼は自分の役割が単にお金を提供することにとどまらず、経営上の助言や人材採用の支援、そしてマーケティングから財務に至るまであらゆるヒントを提供することだと理解していた。

また、ドリオは技術展示会を開催した。自分たちが出資している企業の製品を宣伝するためだった。DECには回路基板の見本を紫のベルベットの生地の上に置き、さながら宝石商がブローチを顧客に見せるときのように、展示することを助言した。庇護下にある企業をARDのネットワークにつなぐことは、ドリオのサービスの一部だった。ある創業者は毎年開かれた技術展示会を「会社そのものが展示品になり」、多くの起業家と投資家が一堂に会する機会だったと位置づけた。「交流の場が生まれ、紹介しあうことが可能になった。それらすべてが非常に重要だった。自信を持つ理由がないときでも、確信して道を進み続ける。そのために役立つものは何であれ貴重だ」と指摘した。[57]

ARDと投資先の創業者との協力関係についてのドリオの語り口は、恐ろしいくらいに今日的だ。創業者は若くて、意志が強く、勇気がある。ベンチャーキャピタリストの役割は、そのような彼らに知恵と経験を提供することだ。創業者は才気にあふれ、風変わりで、しばしば情緒的に不安定である。「ベンチャー投資家はいつでも（彼らに）助言し、説得し、思いとどまらせ、励ますために待機していなければならず、それでいて常に（事業の）構築を支援しなければならない」[58]。そして、ドリオは後のベンチャーキャピタリストのように、創業者こそが起業のドラマの主人公だと断言した。彼は「なすべきことについて先見の明がある創造的な人物を探し出す」よう促し、「アイデアとそれを先導する創造的な人物に対する忠誠」を示すよう求めた。[59] 言うまでもないことだが、「先見の明がある創造的な人物」への敬愛は、ドリオがその人物が上げた成果の77％を手にすることを妨げなかった。この点でもドリオは、その後のベンチャーキャピタリストが折に触れてのぞかせる偽善を先取りしていた。
しかし、別の見方をすれば、ドリオはベンチャーキャピタルの創始者というよりも失敗した預言者だった。未開の地を開拓したリーダーだったが、間違った領域に進み、付き従う者たちを迷わせた。この分野で初めて機関投資家から資金を集めたＡＲＤは、ベンチャーキャピタルで一般的になるパートナーシップの組織形態を選ばず、株式会社として上場した。ドリオのこの決定は複雑な規制の網にとらわれる結果を招いた。[60] ＡＲＤは、従業員へのストックオプションの付与、投資先企業への追加投資、投資価値の算定方法などで規制を受けた。[61] １９６４年には証券取引委員会（ＳＥＣ）がボストンのジョン・ハンコック・ビル内にあったＡＲＤの事務所を予告なしで訪れ、立ち入り調査した。「我々にはほかにすることが何もなく、ただ彼らを受け入れ、次の２日間、一緒に時間を過ごすとでも思っていたようだ」とドリオは憤った。[62]

この急襲のあと、ＳＥＣは取得コストの１００倍としていたＤＥＣ株の評価額の見直しが必要だと主張した。「評価額は高すぎるのか。それとも低すぎるのか。一体どこが間違っているのだ」とドリオは猛烈に抗議した。[63]「腹立たしい。私は20年間経験を積んできた。それなのに（ＳＥＣの担当者）2人を迎え、ここで2日間過ごしたあとに、我々は自分が何をしているのか分かっていないと言われた」。ドリオは規制当局宛の書簡をファイルにしまっていた。その一つには「法律顧問の助言により未送付」というラベルが貼ってあった。

組織形態についてのお粗末な選択のほかにも、ドリオはＡＲＤの先行例としての魅力を損ねる判断を下している。金銭的な誘因を軽視したことである。彼は地域振興というＡＲＤの元来の任務に結びついた公共への奉仕の姿勢を捨てなかった。「キャピタルゲインはご褒美であって、ゴールではない」と彼は高尚に宣言した。[64] また、若手の従業員には、お金を稼ぐためではなく、この国に奉仕するための仕事に就いているのだと説いて、高額な報酬の支払いを拒否した。[65] また、彼は業績不振の出資先を決して見捨てないと約束した。そのお金を別の対象に振り向けたほうが、より生産的だったが、そのようにはしなかった。これまで庇護してきた企業への支援の打ち切りは、さながら傷ついた同志を戦場に置き去りにするようなものだった。

ドリオがお金と成功のつながりを認めないため、スタッフも、彼に元手を提供する投資家たちも、うんざりし始めた。彼らには心理的に得たもの、例えば達成感や誇りがあって、それはそれで素晴らしかったが、金銭的にも報われたかった。ある投資先を上場させるためにＡＲＤで懸命に働いた従業員のチャールズ・Ｐ・ウェイトは次のように記憶していた。「私は（投資先である）その会社に多大の貢献をした。ＣＥＯの純資産はゼロから１０００万ドルに膨らんだ。ところが、私が得たのは（年間で）２０００ドルの昇給だった[66]」。ウォール街の投資家はＡＲＤを変人のような慈善活動企業と見なしたため、ＡＲＤの株価から計算される時価総額は、投資先の持ち分の評価額の累計を下回る水準で推移していた。[67]

ＡＲＤがウォール街に好印象を与えることができず、その結果、模倣者で一杯になる業界を生み出せずに終わったことは、痛ましい皮肉だった。それでも、ドリオが何にしくじったかはさておき、ARDのもとには25年の活動期間中に、わくわくさせる多くの成長企業の株式が集まった。DECとべき乗則のおかげで、投資先の株式の価値は当初の約30倍余りに膨らみ、S&P500種のパフォーマンスを圧倒した。[68] ただし、この間にARD自身の株価は、ベンジャミン・グレアムとウォーレン・バフェットが好んだ、哀れなほど割安で退屈な成熟企業のそれに似た水準にとどまった。ウォール街から見放されたARDは、清算するか、他社と合併したほうが、株主には価値があった。1972年、実際にそのようになった。

＊

もう一度、場面を1957年6月、ショックレーのもとにいた若き研究者たちが反乱を企てていたときに戻そう。彼らにとって目の前の金融業界は自分たちに優しいものではなかった。当時、ARDはまだDECに出資しておらず、サンフランシスコの昼食交流会は始まったばかりで、一組の篤志家たちが海外や東海岸の風変わりなプロジェクトに資金を提供していた。ショックレーに歯向かおうとする集団の念頭には、資金を集めて自分たちの会社を立ち上げるという展開がなかったのも、無理からぬことだった。ユージン・クライナーが父親と取引関係にある証券会社に送った手紙には、起業とは別の願望が記されていた。ショックレーに不満を抱くこの科学者のチームは「優れた経営を提供できる会社」に雇われることを希望していた。[69] クライナーの妻のローズが6月14日付でタイプで手紙を打ち、ニューヨーク市のヘイデン・ストーン社に郵送した。

ヘイデン・ストーンでクライナーの父親を担当していた社員は退職の準備を進めていた。このため、届いた手紙をアーサー・ロックというMBAを持つ若手に渡した。[70] 細身で寡黙、そして両目は大きな眼鏡の陰でいつも曇っている。そのようなロックの容貌は、新しい向こう見ずな金融ビジネスの創始者を感じさせるものではなかった。ホイットニー、ロックフェラーの両家の人々とは違い、彼はイディッシュ語（東欧系ユダヤ人の言語）を話す貧しい移民の子として、ニューヨーク州ロチェスターで育った。父親の小さな食料雑貨店でソーダ水の販売を手伝った。ドリオとも異なり、軍事技術の経験はなく、軍隊との縁も薄かった。徴兵されて陸軍で兵役に就き、悲惨な目に遭っていた時期には、「あまり賢くない」と思った上官への報告を嫌がった。子供時代にはポリオを患い、運動競技は惨憺たる成績で、反ユダヤのクラスメイトに残忍な虐待を受けた経験までしていたためか、ロックの態度は控えめながら、棘があった。[71] 元来、資金提供の取引を扱う人々には、物柔らかな姿勢が求められる。ところが、ロックはばかげた相手に我慢がならない。相手のほうもそれに気づくほど角のある対応を示した。

ところが、幸運にもこのときのロックは、クライナーからの手紙を受け取るにはうってつけの存在だった。ロックには2年前、ゲルマニウム半導体の最初の独立系メーカーであるゼネラル・トランジスターの資金調達計画を取りまとめた実績があった。この半導体の用途は補聴器だった。科学者新興の産業への知識に富んでいたロックは、ショックレーの地位を正しく認識していた。

たちの間で神格化されていたことも分かっていた。そのようなショックレーには、選り抜きの人材を雇うことができる。したがって、クライナーとその仲間たちはこの分野でトップクラスに違いない。同時にクライナーたちが反乱を起こす寸前であることも評価の材料になる。彼らには才能だけでなく、根性もあると見た。[72] エリートのチームと飛躍の可能性を秘めたテクノロジーという組み合わせによって、商業的な成功の機会は明らかに膨らむ。この年の夏にドリオが出資することになるDECに類似した展望が開けようとしていた。

1957年6月20日、ロックはクライナーに長距離電話をかけて、自分には関心があると伝え安心させた。翌日、クライナー宛に手紙を送り、直接会うまでチームを維持するよう促した。[73] そして翌週、ロックはサンフランシスコに飛んだ。ヘイデンのパートナーで気さくな性格のアルフレッド・バド・コイルが一緒だった。

ロックとコイルは、クライナーとその仲間たちとサンフランシスコのレストランで会い、夕食を共にした。ウォール街からの訪問者たちは反乱部隊の希望が、ショックレーの息が詰まるような監督を受けずにチームで活動することであり、サンタクララ渓谷に構えたそれぞれの自宅に残ることだと理解した。2人の訪問者はこれらを実現するために、反乱部隊には想像もつかなかった提案を携えていた。

ロックの答えは簡潔だった。「自分たちで会社を始めればよいのです」[74]。独立することによって、科学者たちは、自分たちが選んだ場所で独自に仕事を進めることが可能になる。そして何より、会社の共同創設者となって、自分たちの創造的で卓越した技能の成果を自分たちのものにできるのである。エスタブリッシュメント層の出身ではない、一匹狼のロックが強く意識したのは最後の点だった。ある種の正義が貫かれていた。[75]

この提案の意味を理解するために、科学者たちは少しばかり考え抜く必要があった。「我々は圧倒された」とチームの一員のジェイ・ラストは後に振り返った。「アーサー（ロック）は我々には会社を興すことができると気づかせてくれた。それまで我々には、まったくなじみのない発想だった[76]」

空振りに終わったベックマンへの働きかけを主導したゴードン・ムーアも、自分が似たような反応を示したことを覚えていた。ムーアは後にシリコンバレーを代表する企業2社を共同創設して有名になるが、それでも自分自身を「偶然の起業家」と表現するのがやっとだった。「私はこれから『会社を始めます』と言って、開始できるタイプの人間ではない」と回顧した。「私のような偶然の起業家は、そのようなチャンスを得るか、背中を押されて取り組むしかない[77]」。サンフランシスコのそのレストランで、ロックはムーアの背中を強く押していた。

ロック自身の記憶は少し異なる。その日の夕食で、会社の所有権について触れたことが、研究者たちの態度を変えたと振り返った。「彼らの刺激になったように見えた」という[78]。ドリオのような使命感の重荷はなく、富豪の社会貢献意識に悩まされることもないロックには、むしろ静かに祝うべきことが見えていた。彼の考えでは、科学者たちが金銭面での誘因に反応を示すことはすべて望ましい展開だった。[79]

やがて、議論は現実的なものに移った。研究者たちは、ビジネスを始めるにあたり、75万ドルが必要だと語った。ロックとコイルは最低でも100万ドルだろうと逆提案した。ウォール街の2人は手堅い数字ではなく、より大きな金額を示すことによってチームに対する強い信頼を強調した。どれほどの実力があるのか分からない集団のために、100万ドルを超える資金を調達することは、容易ではない。[80]しかし、2人の強がりには、独立に懐疑的だった科学者たちを説き伏せる効果があった。7桁の数字が示されると、彼らが抱いていたどのような抵抗感も消え始めた。

次の問いは、誰が反乱部隊を率いるかだった。クライナーはヘイデンへの手紙の中で、当時全部で7人だった反逆者グループには「トップの経営者に就く野心を抱く者はいない」と明記していた。自分たちが、ほかの会社に管理されるという計画でも構わなかった。しかし、新たな目標が独立の維持となったからには、グループを統合するリーダーを特定することが必要になった。妥当な最高経営責任者（CEO）がいない、緩やかにつながっているだけの集団に資金を投じるよう投資家を説得することなど、かなうはずもなかった。

ショックレーの研究所の若手の中で、ロバート・ノイスは明らかにリーダーとして際立つ存在だった。魅力的で、いたずら好きで、身のこなしが優雅な彼こそが、ショックレーからかかってきた採用通知の電話を神聖なる謁見になぞらえたあのエンジニアである。ノイスは反乱部隊に加わるかどうかについて思い悩み、それまで一連の会合に距離を置いていた。アイオワ州の小さな町の出身で、祖父と父親が会衆派（プロテスタントの教派の一つ）の牧師だった彼は、ショックレーを裏切ることの倫理的な問題を心配していた。反乱部隊の一員によると、ノイスは「神はどう思うだろうか」と自問していた。[81]

ロックとコイルは7人にノイスを誘うよう説得した。資金を提供する側は解放という展望を示した。今度は研究者たちがリーダーを担ぎ出す番だった。

反乱部隊からシェルドン・ロバーツが選ばれ、ノイスに電話をかけた。話し合いは夜遅くまで続き、ノイスは乗り気になったり、慎重になったりと揺れ動いた。100万ドル・プラス・アルファの出資というニンジンを目の前に吊るされて、最終的にはロックとコイルとの会合に加わることに同意した。[82]

翌日、シェルドン・ロバーツは家族のステーションワゴンでノイスを迎えに行った。車は仲間たちの家を回り、ロスアルトス、パロアルト、そしてマウンテンビューと止まるたびに共謀者たちが乗り込んだ。続いて目的地であるサンフランシスコのダウンタウンに建つクリフトというホテルへと走った。一行は到着すると、広いアールデコ調の「レッドウッドの間」に進んだ。ロックとコイルが待っていた。

会合が進むうちに、ロックはこの案件の弱点は是正されたと理解した。新たに加わったロバート・ノイスは生まれながらのリーダーだった。彼の両目は激しく燃えていた。[83] 仲間たちも彼に代弁させることに満足していた。[84]

前に進まない理由はもはやなかった。バド・コイルは折り目のないピンとした1ドル札を10枚取り出すと、10人全員がそれぞれ署名することを提案した。10枚のお札は「互いの契約」の証しだと主張した。[85] これは一見非公式で、まだ出資されてもいない、また文字通りにお金の上に書かれた契約だったが、シリコンバレーをその後、長く特徴づける信頼に基づく契約の登場を予告していた。

＊

ドリオのＡＲＤとは異なり、ヘイデン・ストーンの担当者たちはスタートアップに出資するための安定した資金源を持たなかった。代わりにその都度、出資に前向きな投資家たちを集め、まとまって新興勢力を支援した。ヘイデンのパートナーたちも投資家連合に加わり、全体のうちわずかな割合だが資金を拠出した。そして、ロックは8人の反逆者に約束した１００万ドル超を調達するため、出資に応じる可能性がある35ほどの候補企業・個人の名前を書き出してみた。ＡＲＤとロックフェラー・ブラザーズがそのリストに含まれていた。[86] 同じく半導体への投資に関心を持ちそうなテクノロジー企業の名前もあった。

ロックはすぐに自分の発想がどれほど過激であるかに気づくことになった。ＡＲＤやロックフェラーなどの投資会社には断る理由があった。経営の経験がない反乱部隊にこれほど多額の小切手を切ることを危惧して当然だった。ロックが接触したテクノロジー企業には別の反対する理由があった。ベックマンのショックレーに対する扱いと同じで、支配権を行使できない8人の科学者を支援するいわれはなく、むしろ、新しい子会社の立ち上げにお金を投じることを望んだ[87]。その上、ショックレーからの離脱組に新会社の株式の保有を認めることは、破壊的な前例を作るに等しかった。もし、支援する側の企業で、従業員たちが同じ要求を始めたら、どのように対応するのかという疑問が浮上してくる[88]。ロックは若き科学者たちが、自分たちの事業の成果を所有することに正義を見たが、ほかの人々にはそれがトラブルの種に映った。組織人とは本来、従順な存在であり、従業員の忠誠心がただで手に入る1950年代に、わざわざストックオプションを付与する理由は見つからなかった。

ロックは35の候補企業・個人にあたったが、1セントも集めることができなかった。そこで、バド・コイルが提案したのはシャーマン・フェアチャイルドへの接触だった。プレイボーイで鳴るフェアチャイルドは相続財産を持ち、自称「道楽半分にあれこれ手を出して回る」タイプの科学愛好家だった[89]。ホイットニー、ロックフェラーの両家と同様に、フェアチャイルドはこれ以上増やさなくても十分なほどのお金があった。そして、両家とは違って、新しい半導体の事業を面白がるだろうと予想した。

1957年8月、ボブ・ノイスとユージン・クライナーはニューヨークに飛び、マンハッタンにあるシャーマン・フェアチャイルドのタウンハウスに向かった。壁はガラス張りで、ブラインドは電子制御で開閉する最新型だった。[90] 挨拶を交わしたあと、ノイスはロックが見込んだ才能を発揮した。燃えるような目でフェアチャイルドを見据え、これからの時代にはシリコンと配線でできた電子部品、つまり砂と金属というほとんどコストのかからない材料でできた電子部品がカギを握ると説明した。これらの基本的な物質からトランジスターを作り出した企業には莫大な利益が流れ込み、フェアチャイルドは勝者を支援する先見の明を持つ人物と称えられるかもしれないと述べた。[91] これは後にシリコンバレーでカリスマ的な起業家たちが繰り返し行うことになる「偉大なるものを成し遂げよという呼びかけ」の一つだった。この説明にフェアチャイルドは納得した。

残るは取引条件を決めることだけだった。ロックはショックレーからの離脱組に自分たちの会社の所有権を与えると約束し、その実現に全力を挙げた。8人の創業者たちは、それぞれ500ドルを出資すれば、引き換えに新会社の株式を100株ずつ受け取ることになった。彼らにはお金をかき集める必要が出てきたが、500ドルは2週間ないし3週間分の給与に相当し、簡単ではなかった。ノイスの場合、両親に電話をかけ、祖母ならお金を貸してくれるかどうかと尋ねなければならなかった。[92] ヘイデン・ストーンは創業者たちと同額(1株5ドル)で225株を取得した。さらに今後雇い入れる経営幹部に分与するために、300株を取っておくことにした。ノイスにはカリスマがあったものの、フェアチャイルドは彼を暫定的な経営トップと見なしていたからだ。結局、創業者たちの持ち分は1人当たり10%弱となり、新しい経営陣が発足した場合には、7・5％にまで低下する見通しとなった。フェアチャイルドの会社であるフェアチャイルド・カメラ・アンド・インスツルメントは、科学者たちとヘイデンの出資額である計5125ドルを大幅に上回る約140万ドルを拠出した。ただし、出資ではなく融資としたため、創業者たちの持ち分は希薄化しなかった。[93]

一見、8人の科学者でもある創業者たちは、大きな取引を成立させたように映るが、後のベンチャー企業をめぐる資金調達と同じように、外からは不透明な部分があった。一部の数字は見かけとは、効力が異なっている。つまるところ、ほかの35の投資家たちから完全に拒否されたロックに対し、シャーマン・フェアチャイルドの交渉担当者たちは優位な立場にあったということだ。ジョルジュ・ドリオのARDはリスクを取って10万ドルでDECの株式の77％を握った。フェアチャイルドの担当者たちが140万ドルをリスクにさらしながら、何も得ないとしたら、愚かだろう。8人は自主性を与えられているようでいて、実態的にはそれほどでもなかった。フェアチャイルドの融資は単なる融資ではなかった。フェアチャイルドには新会社の全株式を300万ドルで買い取る権利（オプション）が付与されていた。[94] また、ショックレーからの離脱組の所有権も実効的なものではなかった。議決権信託という制度を通じて、委託者である株主（離脱組）は議決権を受託者（フェアチャイルド・カメラ・アンド・インスツルメント）に行使させることになった。ロックは約束を果たすべく最善を尽くしたが、奇跡を起こすことはできなかった。

＊

周りを窒息させる経営者から優秀な人材を解き放つというロックの目的は、彼が想像していた以上に騒々しくも、輝かしい結果をすぐにもたらした。最初の2カ月間、科学者8人はガレージで働き、続いて電気の通じていない完成前のビルに移った。前へ進むと決めた男たちは、近くの電柱に電線を取りつけ、電動のこぎりにつないだ。このために屋外で奮闘したのは、背が高くて手足は細長く、巻き髪で、やはり機械いじりが好きなビクター・グリニッチだった。冬だったため、手袋、帽子、マフラー、そしてパイプで身を固め、ヒーターを電線につないで作業にあたった。[95]新会社のフェアチャイルド・セミコンダクターでは、企業戦略は自由討議を通じて練られた。販売会議ではブラウニーとウイスキーが振る舞われた。大学を出たばかりの新卒にも主要な調達案件を決める権限が与えられた。天候が暖かくなると、この集団の経営者代行であるボブ・ノイスは短パン姿で出勤した。[96]

設立から6カ月後、ロックは進捗状況を確認するためにカリフォルニアに出向いた。動機はいくつもあった。ヘイデンはこのスタートアップの5分の1強の株式（新経営陣への付与予定分を除く）を持ち続けており、ロックは西海岸でテクノロジー関連のさらなる案件を探していた。加えて、ロックは科学者8人に個人的に好感を抱いていた。31歳のロックは、彼らと同世代だった。特に週末を山岳地で楽しむ独身者たちと親交があった。[97]ポリオにかかった経験のあるロックだが、体を鍛え上げてスキーや登山を堪能できるまでになっていた。シエラネバダ山脈があることも西海岸への出張の良い口実だった。

1958年3月26日の水曜日、ロックはノイスと夕食を共にし、翌日、コイルに興奮気味のメモを送った。「内情を詳しく知った。誰もが考えている以上に、状況はうまく回っているようだ」。フェアチャイルドの最初の販売契約は、IBMへのトランジスター部品100個の納入で、単価は150ドルだった。1個の生産にかかる材料費は2～3セント、さらに人件費がおそらく10セント程度であり、営業利益率は目を見張る水準と考えられた。同時にノイスと同僚たちは、ショックレーなら許可しないような勢いで科学の最先端を切り拓いていた。チームは半導体に使われる金属材料の新しい組み合わせを試していた。ノイスには革新的なスイッチと画期的なスキャナーのアイデアもあった。これらすべての取り組みが商業利用を意識したものだった。ノイスが後に振り返っているように、フェアチャイルドの設立前までは研究者は白衣を着て研究室に閉じこもっていた。しかし、フェアチャイルドでは、研究者は外に出て顧客に語りかけた。実際、最初のトランジスターを開発する前の段階で、軍事用の航空電子機器分野の潜在的な顧客と会い、どのような種類の部品が売れるのかを見極めていた。ベル研究所、テキサス・インスツルメンツなどほかの企業の研究チームも科学的な卓越性という点ではライバルだったが、フェアチャイルドの創業者たちは、より市場に焦点を合わせていた。彼らはどのような製品が役に立ち、自分たちの株式の価値を高めるかを理解したがっていた。[98]

フェアチャイルドはこのように幸先の良いスタートを切り、ノイスは晴れ晴れとした気分だった。ロックはコイル宛のメモを次のように冗談交じりに締めくくった。「(あまりに高額な)小切手をうまく持ち上げることができなくて、私の腕が折れてしまったと聞いたら喜ぶだろうね[99]」

設立2年目の終わりには、フェアチャイルド・セミコンダクターはますます好調だった。ノイスと同僚たちは複数のトランジスターを一つの小さな集積回路に組み込む画期的な製造プロセスを開発し、1959年の総受注はおよそ650万ドルと前年の13倍に急増した。この若き会社は税引き後の利益(当期利益)として約200万ドルを計上した[100]。営業利益率の高さを考慮すれば、売り上げが増えるに伴って、利益も大きく膨らむと見込まれた。フェアチャイルド・カメラ・アンド・インスツルメントにとって、このニュースはあまりに素晴らしく、オプションの行使を決定し、フェアチャイルド・セミコンダクターの全株式を300万ドルで取得することに同意した[101]。

ノイスと共同創業者たちには、うれしくもあり、悲しくもある瞬間だった。8人の反逆者は、それぞれ約30万ドルを手にした。2年前の出資額の600倍であり、およそ30年分の給与に相当した。しかし、フェアチャイルド・カメラのほうが、もっと大きく当てた。目覚ましい成長を遂げつつある企業の株を割安な水準で取得したのである。株価収益率(株価を1株当たり当期利益で割った値、ここでは全株式の取得額である300万ドルを税引き後の利益の200万ドルで割った値)を指標にすれば、わずか1・5倍である。1959年当時のIBMの株価は1株利益の34倍から51倍で推移していた[102]。

フェアチャイルド・セミコンダクターが驚異的な拡張期にあった――従業員数は59年前半から60年前半までの間に１８０人から１４００人に急増した――ことを踏まえれば、同社の株価収益率はＩＢＭのレンジの上限である50倍前後が妥当と考えられる。これらの概算から、当期利益が約２００万ドルのフェアチャイルド・セミコンダクターの株式を一般取引ですべて購入したなら、総額で1億ドルに上ったかもしれない。東海岸の投資家は、会社立ち上げの初期に１４０万ドルをリスクにさらし、その見返りに記憶に残るような大儲けを手にした。受け身でいた資金提供者が得た差益（およそ９８６０万ドルの含み益）は、ノイスと共同創業者たちが、全力疾走して働いて獲得した金額（合計で約２４０万ドル）のおよそ40倍にあたる。[103]

アーサー・ロックの観点からは、次の行動を起こす時間の到来を意味していた。彼の会社は８人の反逆者と同じ６００倍のリターンを得た。70万ドル近いかなりの利益だった。しかし、ロックはもっと上手に進める余地があると感じていた。彼は取引をまとめたが、分け前の大半がフェアチャイルド・カメラに流れた。彼は科学者８人のために立ち上がったが、部分的にしか成功しなかった。それでも、彼は解放の資本が持つ効果が何であるかを示した。それは、メンバーたちがたまたま家を構えている場所に、チームをまとめておく以上のものだった。解放の資本とは、人々の才能を開花させることであり、インセンティブ（誘因）を高めることだった。そして、新しい種類の応用科学と、新しい商業文化を築き上げることだった。

第2章
ファイナンス理論に縛られないファイナンス

Finance Without Finance

解放の資本が8人の反逆者とフェアチャイルド・セミコンダクターを表舞台に登場させたわけだが、その次の10年には、今日のベンチャーキャピタルへとつながる、さらに二つの進展があった。第一に、テクノロジー分野の投資家たちが、株式の取得に用途を限定し、運用の期限もいつまでと定めたファンドを組成するアイデアを採用し、その他の様式を退けたことだ。第二に、彼らはポートフォリオにベンチャー企業ばかりを組み込み、その特殊性に適した新しいリスク管理の手法を編み出したことだ。ほかの投資家とは違って、ベンチャーキャピタリストは、リスクを上場株式、債券、不動産などに分散しなかった。当たり外れの大きな、一握りのテクノロジー分野のスタートアップに賭けを集中させた。

1960年代は、金融市場を研究する学者たちが分散投資を現代ポートフォリオ理論の基礎に位置づけた時期にあたる。しかし、皮肉なことにアーサー・ロックとその模倣者たちは、リスクテイクに対して完全に異なるアプローチを取った。行き当たりばったりの選択を経て、ベンチャーキャピタリストは、新しい資金提供のあり方に到達した。それはファイナンス理論に縛られないファイナンスとでも呼べるものだ。

このうち最初のイノベーションは、政策について思索をめぐらす人々が何年も頭を悩ませてきた壁を突き崩す、新しいタイプの軍資金の創出を意味した。1955年当時、新進気鋭の経営学者で、後にこの時代の最も重要なビジネスに関する思想家とされるピーター・ドラッカーは、20世紀半ばの資本主義のパラドックスと格闘していた。年金基金は「小さき者たち」のお金を運用して、急拡大していた。ところが、上場している大企業の株式を取得して、会社の所有権を手にすることは可能でも、この「小さき者たち」の資金を小規模な会社に回すことはできていなかった。換言するなら、資金源は民主化されたが、資金へのアクセスは民主化されていなかった。小口の資金を拠出する人々の代理人である大規模な年金基金には、投資先の候補としてスタートアップを詳しく調べ上げる現実的な方法がなかったからでもある。

このため、起業家は資金調達に苦労した。最も有力視された資金源は、既存企業の内部留保であり、実際ベックマン・インスツルメンツがショックレーに、フェアチャイルド・カメラ・アンド・インスツルメントが８人の反逆者に資金を提供した。しかし、このような資金にはバイアスがある。既存企業は「自分たちがよく知っている分野に自然と投資する」のであり、その結果、「より有望な事業分野の営利企業は、そのような資金なしで進むことを余儀なくされる」とドラッカーは嘆いた。アメリカ経済にはビタミン不足ならぬ「ベンチャーキャピタルからの栄養が不足している」という現象の「明らかな兆候」が出ていると結論づけた。[1]

　ドラッカーは問題点を特定したものの、彼も、ほかの政策を検討する人々も解決策を打ち出せなかった。彼はジョルジュ・ドリオのアメリカン・リサーチ・アンド・デベロップメント（ＡＲＤ）を期待の持てる事例として挙げた。「最終的にそれぞれの地域、産業にいくつもの振興を促進する企業ができるかもしれない」と指摘した。しかし、既に見てきたように、株式を公開していたＡＲＤは消耗させられるほど厳しい規制を受けた。またＡＲＤは期限付きのファンドではなく、オープンエンド（無期限）の会社形態で設立されたため、機会を逃さないよう、急いでことにあたる緊迫感を欠いていた。ドリオは成功していたベンチャー企業に対し、ほかの投資家から追加で集めた資金を投じて、迅速な事業拡大を促すことはなく、各社が利益を再投資して成長する行き方で満足していた。ドラッカーのお墨つきで、ＡＲＤに追随する試みが相次いだ、しかし、いずれの業績も芳しくなかった。

　ドラッカーの診断を受け入れながらも、別の解決策を志向する改革の担い手たちもいた。ソビエト連邦が世界に先駆けて人工衛星、スプートニクを打ち上げた衝撃を契機に、アメリカ連邦政府は1958年、中小企業投資会社（SBIC）としてくくられる新たなベンチャー企業支援組織への助成を約束した。SBIC各社に返済のための費用があまりかからず、税制上の優遇措置もある手厚い融資を提供した。しかし、その後、世界の各国政府が打ち出す大半のベンチャー企業支援策と同じく、多くの条件がついていた。SBICが政府から最大限の支援を受けるには、ファンドの規模が45万ドル未満でなければならなかった。これでは、有能な専門家を雇い入れる規模に達しなかった。またSBICは担当者たちにストックオプションを付与することも、一つの投資先に6万ドルを超える資金を拠出することも禁じられた。つまり、主要なスタートアップに十分な資金を提供することは困難だった。[2] 政府のSBICプログラムの責任者でさえ、憤慨するほどだった。「ルールを法律論で作ってしまい、ビジネスへの影響をあまり意識していない」と苦言を呈した。[3]

しかし、このような状況でも、野心的な投資家が続々と集まってきた。1962年、ハーバード大学ビジネススクールの修了生で、ドリオの経営学の講義を受講したビル・ドレイパーとピッチ・ジョンソンが全米で12番目となるSBICをパロアルトに開設した。この2人は意外な組み合わせだった。ドレイパーは背が高く、やせ型で、眉毛は毛虫のようにもじゃもじゃだった。ジョンソンは小柄で、大学時代は陸上競技で活躍した。ただし、どちらも裕福な家庭の出身で、合わせて15万ドルをかき集めることができた。そしてSBICプログラムから30万ドルを低利で借り入れた。このようにして規制の上限である45万ドルのファンドを用意した2人は、おそろいのポンティアックの自動車を2台借りて、サンタクララ渓谷で投資先探しに向かった。[4]

彼らの投資手法に特別の工夫があったわけではなかった。候補企業のテクノロジーの商業利用が可能かどうかと、産業として育つかどうかに注目した。[5]会社の名前に「エレクトロ」や「オニクス」とついたプレートが目に入ったら、未舗装の駐車場に車を停めた。事務所のドアを開け、「社長はご在席ですか」と受付の女性に尋ねた。

受付の女性は「確認します」と答えながら、「あなた方のお仕事をもう一度お尋ねします。ベンチャーキャピタルですね」と口にしたものだったという。[6]

ドレイパーとジョンソンは精力的に活動し、共にその後の数十年でベンチャーキャピタリストとして富を築いた。ただし、キャリアの初期のＳＢＩＣでの経験は、それなりの成功を収めた程度にとどまった。当局の規制に沿って、上限の1社につき6万ドルまでの範囲で最も多くの株式を取得できる機会を探した。最初の投資案件は、組み立てライン用の計測器のメーカーであるイルミトロニック・システムズで、同社の株式の25%を得た。しかし、このような条件を受け入れる起業家は多くなかった。ドレイパーは後にイルミトロニックについて「あの会社は（資金を提供したからといって）大きな成長が望めるわけではなかった」と記している。「起業家は余裕をもって仕事ができたが、ベンチャーキャピタリストにとっては失敗の投資だった」[7]

ドレイパーとジョンソンの別の投資案件、エレクトログラスではＳＢＩＣの仕組みが抱える欠陥が浮き彫りになった。エレクトログラスに問題が生じたとき、2人は新しい戦略と資金で支援しようと考えた。しかし、投資額の上限規制によって戦略をほとんど転換できず、追加の資金注入も果たせなかった。[8]ドレイパーとジョンソンの2人は3年間続けたあと、見通しは暗いとして、共同事業の清算・解消を決めた。ポートフォリオを売却してささやかな利益を得た。[9]

大半のSBICの運用はもっと厳しかった。ベンチャー企業に対する出資の上限規制よりも重い、致命的な欠陥があったからだ。政府からSBICへの多額の融資は、金利が5%に抑えられ、一見、魅力的に感じられた。しかし、分割返済しなければならず、SBICは配当が見込めるスタートアップに投資先を絞ることを迫られた。これはテクノロジー分野への投資を否定するようなものだった。新たに設立された企業は、一般的に少なくとも最初の1年間を研究開発に費やし、その後に製品の販売を始める。そして、上々の滑り出しだったなら、ライバルが真似する前に、すべての収入を再投資に回して販売を拡大しようと考える。つまり、SBICが配当を必要としていることと、SBICが支援する成長志向の企業の経営は、相容れない、ちぐはぐな関係にあった。政府はイノベーションを促進するとうたいながら、実のところ、その牽引役となる企業を後押しするには、不向きな投資手段を提供していた。[10]

この制度設計のミスから、多くのSBICはテクノロジー系のベンチャー企業への投資を断念した。1996年の時点でSBICの投資対象企業のうち応用科学に従事していたのはわずか3・5%にとどまり、SBICプログラムの本来の目的から逸れていた。[11] SBICは公共政策として失敗しただけでなく、商業的にも苦戦した。リスクはあるが、有望なテクノロジー系のベンチャー企業を敬遠したため、投資の成績は低迷し、やがて新たな資金が集まらなくなった。[12] 1968年までには、政府もピーター・ドラッカーも予期していなかったライバル、すなわち民間主導のリミテッド・パートナーシップを前にSBICは存在感を失った。[13]

＊

この新しいライバルの登場は、アーサー・ロックがニューヨークの証券会社を辞めた1961年が始まりだった。彼は上場企業の株式の売買仲介に嫌気がさしていた。50年代後半以降、強気相場が続くなかで、成長率の高い、将来の値上がりが見込めそうな銘柄（グロース株）を魅力的な価格で手に入れることは難しくなっていた。これがとりわけ大きな理由だった。ロックはまだ掘り出し物がありそうな場所に拠点を移そうと決意した。カリフォルニアで「もっと投機的な投資の対象となる、本当に未成熟な若い企業」を探し出すことにした。[14] サンフランシスコに到着したロックは、トミー・デービスと手を組んだ。颯爽とした南部出身者で、第二次世界大戦で大きな軍功を挙げ、テクノロジーへの情熱を共有する人物だった。後にデービスは「過去の富は全土に鉄道網を張り巡らせることで築かれた。これに対し、我々の世代の富は人々の心の中から生まれる。私はそう信じるようになった」と語った。[15]

デービスとロックは、テクノロジー分野の資金調達のあり方を変えようと試みた。実際、デービスには、この1961年よりも前に、カーン・カウンティ・ランド・カンパニーの代理人としてテクノロジー分野に投資した経験があった。同社は石油、畜牛、不動産関連の事業をカリフォルニア州の中央にあるセントラルバレーで営んでいた。[16]これは、イノベーションの主な資金源は既存企業の内部留保にあるとした、ドラッカーの見立てに合致していた。不運なことに、同社は間もなくデービスに対して、エレクトロニクス関連の企業への投機は、安心できる範囲の外にあり、打ち切るよう命じた。これもドラッカーの予想したとおりだった。[17]

また、アーサー・ロックのほうも、所属先のヘイデン・ストーンで課題に直面していた。物事を進める順番が問題だった。同社では投資案件の特定が先で、その次に、手当たり次第に電話をかけて、資金を喜んで提供する企業・個人を探した。つまり、スタートアップに特化した資金のプールがほとんどなかったのである。資金が乏しいため、交渉上は投資家の側が優位にあった。イノベーターたちは苦境に立たされていた。やはりドラッカーの読みは当たっていた。

資本市場にある溝を埋めるため、2人はデービス&ロックというリミテッド・パートナーシップを設立した。同時期に短期間存在していた競争相手のベンチャーキャピタルであるドレイパー・ガイサー&アンダーソンと同じ法人格だった。[18]デービスとロックは、スタートアップを発掘してから資金の出し手となる企業を募集するのではなく、むしろ先に資金を集めてしまい、企業に頼らずに、スタートアップに投資することを選んだ。デービスとロックはファンドの立ち上げのためにそれぞれ自己資金を10万ドルずつ積んだ。2人とも、能動的に活動してファンド全体を率いる「ゼネラル」なパートナーとなった。続いておよそ30人の投資家から合わせて320万ドル弱を集めた。いずれも富裕な個人で、受動的な立場から投資に関与し、収益を得る「リミテッド」なパートナーという位置づけだった。[19]

はやりのSBICになって政府から低利の資金を調達する道もあったが、拒んだ。リミテッド・パートナーシップという形態には規模、構造の両面で柔軟性があった。デービス＆ロックはSBICに認められている上限の7・5倍にあたる軍資金を確保した。これだけあれば、投資先のスタートアップをテコ入れして、積極果敢な成長を目指すのに十分だった。同時に、受動的な投資家（リミテッド・パートナー）の数を法的な節目の100人未満に抑え、SBICやドリオのARDが絡め取られていた規制の網をかわした。[20] デービス＆ロックは7年後にファンドを清算すると最初から約束した。これにより、また一つライバルたちと同じ弱点を抱えずに済んだ。ゼネラル・パートナーには、自己資金をファンドに拠出していることが、注意深く投資を進める健全な誘因として働いた。同時に利用できる外部のリミテッド・パートナーからの資金には期限の定めがあった。慎重な姿勢と、熟慮した上での攻めの姿勢のバランスが取れていた。

このようにファンドの設計に関するすべてが知的な、そして力強い成長志向を支えるべく、計算されていた。SBICとは異なり、デービス＆ロックが調達した資金は、すべて投資先のスタートアップの出資金（株式）となるもので、融資目的ではなかった。また、外部のリミテッド・パートナーは、投資先からの配当には期待をかけないことに同意していた。このため、デービスとロックはすべての資金を事業拡大に投じる野心的なスタートアップに自由に提供することができた。[21] またデービスとロックにも、ゼネラル・パートナーとして、ファンドの値上がり益の20％を報酬として受け取るなど、事業拡大を優先する誘因があった。

さらにロックは投資先の企業の内部にまで株式重視の意識を広げることに力を尽くした。フェアチャイルドで進めた幹部の自社株所有が同社の企業文化に与えた効果を目の当たりにしていただけに、彼は経営者、科学者、そして販売員に株式とストックオプションを付与するべきだと信じていた。つまり、デービス＆ロックにかかわりのあるすべて、リミテッド・パートナー、ゼネラル・パートナー、起業家、そして、投資先の主要な従業員が、株式という形で対価を得ることになった。そこは、関係者が投資先の事業拡大にほとんど金銭的な利害を持たないＡＲＤとは、かけ離れた世界だった。

このように株式重視の文化を築き上げつつあったデービスとロックは、成功報酬の分配のルールづくりでも先鞭をつけた。ＡＲＤでは、ドリオがわずか10万ドルの出資で、ディジタル・イクイップメント・コーポレーション（ＤＥＣ）の株式の77％を取得した。創業者たちに残ったのはわずか23％だった。デービス＆ロックが思い描く新しい秩序のもとでは違っていた。投資先企業によって多少の相違はあるにせよ、創業者たちは一般的に彼らが立ち上げたスタートアップの株式の約45％を維持すると見込まれた。従業員がおよそ10％、ベンチャーキャピタル側のリミテッド・パートナーシップが残る45％を保有することになった。[22] この45％はリミテッド・パートナーとゼネラル・パートナーとで分ける。受動的な投資家は、ファンドのキャピタルゲインの5分の4を得る。これは、投資先企業の株式が生むキャピタルゲイン全体の36％に相当する。デービスとロックは合わせて9％。創業者たちの取り分の5分の1である。要するに、資本の提供者は儲けるが、とんでもないほど儲けるわけではなかった。ロックは後年、「墓地に眠る一番金持ちの死体にはなりたくなかった」と語った。[23]

＊

1961年10月10日、デービス＆ロックはリミテッド・パートナーシップとして登記した。外部の投資家には8人のフェアチャイルド・セミコンダクターの創設メンバーのうち6人が名を連ねた。その一部はロックのスキー旅行やハイキングの仲間だった。[24]ヘイデン・ストーンも資金を拠出した。同社の顧客で、ロックがテクノロジー系の銘柄を紹介して利益を上げた個人も何人か加わった。ゼネラル・パートナーの2人――片方は内気で口数が少なく、もう片方は陽気で能弁――は、サンフランシスコのモンゴメリー・ストリートに建つ、壁面がレンガ造りの壮大なラス・ビルディングの16階にオフィスを借りた。長い廊下の突き当たりにあるドアには「1635」と部屋番号が書かれた小さな看板があるだけだった。目立たないスタートアップを支援する事業は、地道な活動になりそうだった。

ロックと彼の相棒は将来のベンチャーキャピタリストたちの共感を呼ぶようなリスク管理のアプローチを提示した。当時、主流になりつつあった現代ポートフォリオ理論というアカデミックな理解では、金融資産の運用には分散投資が望ましいとされた。つまり、幅広い種類の資産を保有し、それぞれが抱えるリスクに相関性がないように組み合わせておけば、全体としての保有資産の価格変動（ボラティリティ）は抑えられ、リターンは改善する（リスク・リターン・レシオの向上）という考え方である。デービスとロックはこの教えを無視して、十数社のスタートアップに集中的に賭けるとファンドの出資者に約束した。この場合、明らかに危険を伴うが、二つの理由で許容可能となる。

第一に、投資先の株式の半分弱を取得することで、デービス&ロックは取締役会の一員となり、その会社の戦略に対する発言権を手に入れる。つまり、投資を分散していないがゆえに、ベンチャーキャピタルは自らの資産をコントロールできるということであり、リスクの管理につながる。第二に、デービス&ロックはファンドの出資者に対して、5年から7年以内に企業価値が少なくとも10倍に急増すると期待される、野心的で、高成長の企業にだけ投資すると主張した。この評価基準はあまりにハードルが高いという批判に、デービスは「これよりも厳しくない水準で妥協することは賢明ではない」と鋭く反論した。ベンチャー企業への投資はもともと投機的であり、大半のスタートアップは失敗に終わると彼は指摘した。それゆえ、勝利を収めたスタートアップは投資全体が成功と言えるほど大きく貢献しなければならない。[25]「小さな企業への投資に安全策を講じようとするのは、私には自滅的な行為に思える」とデービスは言い切った。[26] デービスとロックは「パワー・ロー」という言葉は使わなかったが、べき乗則の論理を認識していた。リスク管理の最良の方法は、リスクを恐れず、受け入れることだった。

2人がこのような構想を練っていた1960年代初頭、アカデミズムでは金融を定量的な科学の手法を使って論じていた。しかし、デービスとロックの考えでは、ベンチャー投資とは、あくまでも主観的なものだった。テクノロジー系のスタートアップに対する判断にあたっては、『自分の経験や勘』あるいは『思いつき』に頼っている」とロックはあるときデービスに宛てて書いている。[27] 最も有望なベンチャー企業は、出資を求めた時点でまったく利益を上げていない可能性があり、その際に株価収益率といった定量的な投資指標は意味をなさない。同様に、ベンチャー企業は建物、設備、在庫、車両など成熟した企業の「簿価」を構成する実物資産を保有していない場合があり、公開市場で使われる標準的な指標を持ち出しても的外れである。つまり、ベンチャーキャピタリストは、ほかの資金提供者が用いているような安心できる物差しを持たずに、スタートアップへの賭けを行わなければならない。彼らにはファイナンスの理論なしで実践に臨む以外の選択肢はなかったのである。

従来型の投資指標を放棄したデービスとロックには、別のよりどころがあった。「人」を見て判断することである。それは資金を投じる際の根拠としては、強固ではないように感じられるかもしれない。しかし、デービスはあるとき、ベンチャー企業をめぐるビジネスの基本原則は四つの単語に集約できると明言した。「適材を支援せよ（バック・ザ・ライト・ピープル）」である。[28] ロックも、事業計画書の財務予想の部分を読み飛ばし、終わりのほうにある創業者の略歴に目を通すことを習慣にしていた。[29]「どのような会社でも、長い目で見て、最も重要な要素を一つ挙げるとしたら、もちろん経営者である」。ロックは1962年、サンフランシスコ在住のハーバード大学ビジネススクール修了生の集まりで講演した。「これは特に応用科学という産業の領域に当てはまると私は考える」。テクノロジー系のスタートアップが持つ唯一の資産は、そして、その会社に投資する唯一の理由は、人々の能力であり、ロックが好んで「知的簿価（インテレクチュアル・ブック・バリュー）」と呼んだものだった。「知的簿価を重視するということは、持てる知性を発揮してくれるだろうと期待される人々に重きを置くことである」とロックは説いた。[30]

後のベンチャーキャピタリストの多くがエンジニアの出身だったのに対し、デービスとロックは創業者の技術的なアイデアを評価するために必要な訓練を受けていなかった。[31] この欠点を補うために、彼らはファンドのリミテッド・パートナーに助言を求めた。そのうちの何人かは科学技術に根差したスタートアップを経営していた。

同時に2人はそれぞれが持つ、人の感情を理解する能力を頼みとした。特にロックは、相手を見抜く直観が自分の投資家としての強みだと考えていた。彼の内気で、集団の外にいるアウトサイダーのような気質は、聞き手としての専門性に磨きをかけた。そして彼は、有望な会社への支援を決めるまでに、何度もそこの創業者に会った。彼は「はい」または「いいえ」では簡単に答えられない、相手の姿勢を詳しく把握するための質問をぶつけた。「誰を尊敬しているか」、「どのような失敗から学んだか」などと尋ねた。

また、彼は意図的に沈黙して、その空白を創業者がどのように埋めるのか反応を辛抱強く待った。[32] 自己矛盾、希望的観測、そして、正直さを捨てて迎合する態度、これらはロックが投資を見送るべき兆候だった。反対に知的な一貫性、骨太の現実主義、燃え上がるような決意は彼が投資の機会をつかむべき合図だった。[33] また、ロックはしばしば「彼ら（面会相手の創業者たち）は、物事をありのままの姿で見ているだろうか、自分たちが望むような姿ではなく」と自問したという。[34] さらに、「彼らはビジネスに役立つ知らせが届いたなら、今していることをすぐに止めるだろうか。それとも夕食を続けるだろうか」と問いかけた。[35]「私は起業家と話すとき、彼らの動機だけでなく、人柄や気質を確かめる」とロックは説明した。[36]「私は人をとても強く信じている。人と話をすることのほうが、彼らが行いたいことについて調べ上げる作業よりも、はるかに重要だ」

このように真っ先に個人に信頼を置き、その企業が扱う製品や活動する市場を二の次にする姿勢は、デービス&ロックの最初の案件に顕著に表れた。実は、投資事業を開始する前の段階で、2人はコンピューター関連のスタートアップには手を出さないことで合意していた。ＩＢＭが支配するこの分野で勝ち目はなかったからだ。ところが、デービスがネオ・ゴシック様式のラス・ビルディングのオフィスに入居したまさにその日、カーン・カウンティ・ランド時代の知り合いのコンサルタントから電話がかかってきた。

受話器の向こうの彼は、明らかに興奮していて、マックス・パレフスキーという名前の数学者をほめたたえ、パレフスキーという人物の新事業は「あなたがこれまで目にしてきたなかで、最もエキサイティングな提案になるだろう」と売り込んだ。

デービスは、まだ家具がそろっていないオフィスの打ちっぱなしの床に座りながら、耳を傾けた。彼はコンサルタントの話を信じたくなった。このように、わくわくさせる電話を受けることこそ、カーン・カウンティ・ランドと縁を切った理由だった。しかも、新しいオフィスに出てきた最初の日に、それまで夢見ていた話を聞かされた。彼の感情も次第に高ぶってきた。「私の声も上ずっていた」とデービスは後に振り返った。

そして、彼は質問した。「ところで、その人物は何を始めようとしているのか教えてほしい」

コンサルタントはコンピューターの製造だと答えた。

この起業家はとても素晴らしい人物に思えたが、ＩＢＭに闘いを挑むのは、無知な人間のすることだった[37]（デービスはこのときのやり取りを思い出しながら、うろたえ、倒れ込むふりをした）。デービスはコンサルタントに敬意を表して、とにかくこの数学者に会ってみることにした。そして面会してすぐに、マックス・パレフスキーが特別であることが分かった。イディッシュ語を話すロシア系の住宅塗装業者の息子である彼は、シカゴの貧しい地区で育ったものの、市内の有名大学に進学し、論理学を修めた。これを踏み台にコンピューター業界に入り、成功を遂げた。30歳代後半の今、精力みなぎるパレフスキーには、コンピューター市場に対する斬新なビジョンがあった。半導体の登場によって、コンピューターにはかさばる、高価な真空管が不要となった。パレフスキーにはIBMの機種を凌駕するマシンの製作ができそうだった。もっとも、彼の経歴や市場に対するビジョンよりも、彼の存在そのものが重要だった。デービスは後に語っているが、競馬場に行くときには、勝ってほしい馬を応援してしまうのだという。確かに、パレフスキーは自分が提案している事業に本当に情熱を傾けていた。飛行機が苦手にもかかわらず、キャンディーとアドレナリンを助けに、資本を求めて全米を駆けめぐっていた。[38]

デービスはロックに電話した。ロックはニューヨークから引っ越してくるための荷造りにまだ取りかかっていなかった。デービスは素晴らしい投資案件が見つかったと、息せき切って説明した。IBMに立ち向かうこの真新しい会社を一緒に支援するべきだと説いた。

受話器の向こう側では、沈黙があった。ようやくロックが口を開いた。「なんてことだ。馬鹿者とパートナーになってしまった[39]」

しかし、ロックもパレフスキーに会って魅了された。ロックがとりわけ感銘を受けたのは、パレフスキーの温厚で気さくな人柄だった。[40]パレフスキーは冗談を言い、相手を喜ばせ、おだてるのが上手だった。全体としてほかの人々の良い部分を引き出せる、ショックレーとは正反対の人物だった。ロックによれば、組織を運営することに長けた起業家は負けることがない。「もし、戦略がうまく機能しなくても、別の戦略を立てて対応することができる」からだ。[41]

デービス&ロックはパレフスキーの新会社、サイエンティフィック・データ・システムズ

（SDS）に25万7000ドルを出資した。この賭けは予想以上にうまくいった。SDSは1960年代に最も急成長したコンピューター・メーカーとなった。1968年にデービスとロックがファンドを清算し、パートナーシップを解消した際には、SDSの株式の価値が6000万ドルに達していた。一つの大胆な賭けが、ポートフォリオ全体の成功を導くという主張を正当化して余りある価値があった。[42]

創業者の資質を重視するデービスとロックは、敬意を払いつつ投資先に対して権限を行使した。彼らは取締役会の一員となって、自分たちのファンドを愚かな失敗のリスクから守った。創業者に資金を無駄遣いさせないようにし、一定の切迫感を持つよう主張した。ときには、「それが何の役に立つのか」と突然、主張して、検討不足の提案をつぶすこともあった。[43]

SDSでは、ロックが取締役会の議長を務めた。重要な採用案件の大半を吟味し、会計が事業の実情を反映していることを確認するなど、できる限りの貢献を行った。[44] パレフスキーはこれを高く評価し、後にロックのことを「非常に安定した（会社のための）舵取りをする人物」と形容した。ロックとパレフスキーはロシアに一緒に営業旅行をしたことがあった。共にイディッシュ語を話すロシア系移民の息子である2人は、父祖の地を訪れ、そのすべてが嫌になった。ロックは後に、「ロシアに行って、最良の出来事は、そこを離れたことだった」と振り返った。[45] 1969年、ゼロックスがSDSに買収を提案した。パレフスキーはロックが財務内容を詳しく把握していることを認め、交渉を依頼した。その結果、過去10年で最大の買収劇が実現した。ゼロックスは総額で10億ドル弱を支払った。[46]

＊

1968年10月、デービスとロックは、パートナーシップを清算・解消した。かなりの部分はSDSのおかげだったが、テレダインという防衛産業の新興企業に投資したこともあって、340万ドルで立ち上げたファンドには最終的に7700万ドルの価値があった。実に22・6倍のリターンを達成した。この時期のウォーレン・バフェットや、「ヘッジド・ファンド」の発明者であるアルフレッド・ウィンスロー・ジョーンズをはるかに超える運用成績だった。デービスとロックは、ファンド全体の値上がり益に対するゼネラル・パートナーとしての取り分と、初期投資10万ドルに見合う分け前を合わせて、それぞれおよそ1000万ドル、現在価値にして7400万ドルを手にすることができた。リミテッド・パートナーからは続々手紙が届いた。その一つには「親愛なるトミーとアーサーへ。デービス&ロックの7年間にあなたたちがファンドの運用責任者として打ち立てた記録は本当に驚異的でした。（リミテッド・）パートナーとして参加した私には、どのように感謝を表現してよいか、言葉が見当たりません」とあった。[47]

その2年前の1966年、フォーチュン誌がアルフレッド・ウィンスロー・ジョーンズは実に大きな、ほかの投資家をうらやましがらせるほどのリターンを上げたと紹介すると、ヘッジファンドが新たな産業として勃興した。今度はデービス&ロックが同じように注目の的となり、同様の大きな影響をベンチャーキャピタルに与えた。ロサンゼルス・タイムズ紙は2人を好意的に取り上げた。スーツとネクタイで着飾った姿を写真に収め、デービスは胸ポケットから粋なハンカチーフをのぞかせていた。[48] 一方、フォーブス誌は、読者が抱く根本的な問いをぶつけた。「アーサー・ロックのようになるには、どのようにしたらよいのでしょう」[49]。ロックはこの質問に答えながら、自らが信じる「人物」重視の投資理論を披露した。そして、一緒に新しいファンドを立ち上げる、若手のパートナーを1人探していると述べた。すぐに全米各地から応募の手紙が寄せられ、ボストンのディック・クラムリッチという青年が採用された。一方、デービスも自前の新しいパートナーシップ、メイフィールド・ファンドを設立した。

ライバルも続出し始めた。ビル・ハンブレヒトとジョージ・クイストの若き2人の挑戦者は、後にシリコンバレーで中心的な役割を果たすことになる、自分たちの名前を冠したベンチャー・ファンドと、テクノロジー分野に特化した投資銀行を兼ねた会社を創設した。テキサス州出身のエンジニアであるバート・マクマートリーは、エレクトロニクス・メーカーを退職して、ベンチャー企業の投資家となった。腕試しの転身だったが、そのキャリアの頂点ではサン・マイクロシステムズやマイクロソフトを支援するパートナーシップに参加していた。ニューヨークでは、ロックフェラー・ファミリーがベンチャーキャピタルのビジネスに正式に参入した。デービス&ロックをお手本にした専用ファンドのベンロックを立ち上げた。ウォール街の銀行の大手もこの宴に加わり、MBA取得者を採用して、それぞれのベンチャー企業担当部門に配置した。サンフランシスコでは、非公式な投資クラブの「ザ・グループ」が西部ベンチャーキャピタリスト協会に衣替えした。当時のピークである1969年には、デービス&ロックと同じ規模のパートナーシップを50件設立するに足る1億7100万ドルの民間資金がこのセクターに流入した。[50]

デービス&ロック型のモデルの勝利は、ほかのタイプのベンチャー投資の失敗によって鮮明になった。ボストンでは、ドリオの右腕だったビル・エルファースがARDの株式公開会社という形態に対して積もりに積もった不満を表明して離反し、グレイロックというデービス&ロック型のパートナーシップを立ち上げた。1972年にARDは消滅した。SBICへの資金流入も止まった。SBICのうち比較的健闘していたケースでは——例えば、ドレイパーとジョンソンから投資案件を買い取ったサッターヒルでは——政府からの借入金を返済し、民間のリミテッド・パートナーを呼び込んで、デービス&ロック型の株式重視の文化を受け入れた。その一方で、ピーター・ドラッカーが観察した企業によるベンチャー投資の落とし穴は、フェアチャイルド・セミコンダクターのその後の厳しい運命と共に浮き彫りになった。まるで運命の神が、ぐるりと円環のように回って訪れた結末を楽しんでいるかのようだった。

*

物語を描かせたら彼の右に出る者はいない作家のトム・ウルフは、エスクァイア誌に掲載された有名なエッセイの中で、フェアチャイルドにいた8人の反逆者のリーダーであるロバート・ノイスのことをシリコンバレーの父と表現している。[51] ノイスはアイオワ州グリネルの会衆派の牧師の家庭に生まれた。グリネルは中西部のど真ん中に位置し、その土地も社会階層も平ら（フラット）だった。ノイスはカリフォルニアに出てきたとき、「コートの裏に縫いつけたかのように」グリネル（の文化）と共にやってきた。本能的に彼は上司と部下を分け隔てせずに、フェアチャイルドを運営したかった。幹部のための専用の駐車スペースも、立派な食堂も用意しない。会議では誰も発言を制約されない。あるのは、全員が同じ土俵に立っているような平等・公平な職場、猛烈な働き方、そして従業員が一人残らず会社と結びついているという信念だった。

　このエッセイに記されたウルフの説によれば、東海岸にいたフェアチャイルド・セミコンダクターの親会社との間に問題が生じていた。東海岸の支配者は、西海岸の平等主義的な倫理観を決して受け入れなかった。東海岸の会社組織は封建的だった。王様や領主がいて、家臣や兵士がいて、それらの階層ごとにしきたりや役得に違いがあった。ノイスをはじめとする西海岸で半導体開発に携わる者たちは、このような見せかけへのこだわりを不快に感じ、身震いするほどだったが、東海岸では会社幹部にはリムジンと帽子をかぶった運転手がついた。西海岸の半導体開発者は仕切りを立てた実用的な半個室（キュービクル）を使い、装飾はウルフが「美化された倉庫」と呼ぶ程度にとどめた。これに対し、東海岸の幹部は堂々たる執務室を利用し、そこには「彫刻を施したパネル、実際には使わない暖炉、デスクとは別の飾りの机（エスクリトワール）、肘掛け椅子、革表紙の本、そして化粧室」まであった。このような明確なスタイルの違いに加えて、実際の経営の考え方でも東西で衝突があった。西海岸のエンジニアは事業を確立させた者には、株式で報いるべきだと信じていた。これに対し、東海岸の支配者はあまりに貪欲、かつ近視眼的で報奨を分け与えなかった。

ウルフの表現は巧みだが、実は事後に経緯を再現したものであり、リアルタイムで東西が衝突に至りかねないことを理解していたのは、アーサー・ロックだった。また、そのことをノイスよりも鋭くかぎ分け、西海岸の平等主義の勝利を確実なものにしたのも、ロックだった。ロックは8人の反逆者と最初に会ったときから、彼ら科学者たちには、会社の株式を持つことが強力な動機づけになると認識していた。だからこそ、ロックはフェアチャイルド・セミコンダクターの設立にあたり、8人全員が株式を所有できるように組み立てた。東海岸のボスたちがオプションを行使して、同社の所有権をすべて取得したあとも、ノイスは忠実に東海岸に仕え続けたが、ロックはすぐに会社の魅力が損なわれたと感じた。8人の反逆者のうち、ロックのお気に入りのハイキング仲間であるジェイ・ラストとジャン・ホアニーの2人が、フェアチャイルドでの変化に憤りを露わにした。持ち株がなくなったことが腹立たしいという。ジェイ・ラストは今では自分のことを「誰かのために研究室で働く、ただの従業員」のように感じていた。[52]

ロックは友人たちの苦情に耳を傾け、彼らは自分の運命を自分の手中にすべきだと促した。待っていてはならなかった。彼らの研究成果は相応の対価を得るに値した。ロックは一度、彼らを解放した。2度目は容易なはずだった。ロックはラストとホアニーにテレダインと話すよう助言した。デービス&ロックで、2番目に成功した投資先となる会社である。

時間が経過しても何も起きなかった。ラストとホアニーはあまりに臆病で行動に移せずにいるように見えた。そこでロックは自らテレダインのトップ、ヘンリー・シングルトンに直談判した。そして、なぜ自分のハイキングの友人たちはシングルトンの会社にとって資産になるのかを説明した。そして、その場でフェアチャイルド・セミコンダクターに電話をかけた。ちょうどオフィスでは、クリスマス・プレゼントを交換しているところで、サンタクロースに扮していたのは、ほかならぬジェイ・ラストだった。ロックはここがチャンスとばかり、心がぐらついているサンタの背中を押した。後にヘッドハンターが相手に決断を求めるときに好んで口にする、「お前は勇気ある男か、それとも小心者のネズミか。しっかりしろ」と迫った。シングルトンはロックの求めに応じて電話のそばに座っていた。ラストがかけ直してくるのを待った。[53]

ラストは期待どおりにシングルトンへのダイヤルを回し、ウエストロサンゼルスのテレダイン本社を訪ねることを約束した。[54] ジャン・ホアニーを連れていくと伝えた。

ホアニーが飛行機嫌いのため、2人は車で南に向かった。交渉用のスーツと名づけた服を着て乗り込んだ。テレダインで数時間議論したあと、ラストとホアニーは自分たちが同社に移籍後、株式を十分に分け与えられるだろうと確信した。取引はほぼ成立した。[55] 有頂天の2人は車に戻り、モハベ砂漠東部のオールドウーマン山脈まで走らせた。トランクから警笛やクラッカーなどの大きな音を鳴らせるものを取り出し、砂の上に座った。スーツを着た科学者たちは、警笛を鳴らして新年と、アーサー・ロックが可能にしてくれた新たな展望を祝った。[56]

ロックは科学者たちを抑圧的な企業の支配者から解放することが可能だと一度ならず、二度までも示した。企業によるベンチャー投資の対象であるフェアチャイルド・セミコンダクターの命運はこれで定まった。ラストとホアニーは早速、8人の反逆者のうちもう2人、シェルドン・ロバーツとユージン・クライナーを説得してテレダインに引っ張った。彼らにも相応の株式が与えられることになった。[57] 離脱者はさらに増えた。1965年末、ある気骨のあるエンジニアが会社側の用意した離職者に理由などを尋ねるアンケートに大文字で殴り書きした。「私はお金持ちになりたいんだ」[58]。67年春、ノイスはまさに最上位の側近を失った。その人物は35人のフェアチャイルドの従業員と一緒に、主要な競争相手のナショナル・セミコンダクターに転じた。[59] 士気が低下したフェアチャイルドの残党は毎週、ウォーカーズ・ワゴン・ホイールという地元のバーに集まった。「もう金曜日か。ナショナルは今週、誰をつかまえたんだい。くそったれ」[60]

1967年の終わりごろ、フェアチャイルドの東海岸のボスたちがようやく眠りから覚めた。ロック主導で企業文化が変わってしまった結果、親会社が才能ある研究者たちへの株式の付与を拒絶し続けることは、もはや受け入れられなくなった。フェアチャイルドでは従業員に対する追加の報酬パッケージが認められたが、あまりに中身が乏しく、しかも遅すぎた。人材の流出が続くなか、損益は赤字に転落した。9年間東海岸のために働いたノイスでさえ、もはや限界だと悟った。68年春、ノイスは彼と共にフェアチャイルドに残っていた反逆者2人のうちの1人、ゴードン・ムーアと向き合った。「私もこの会社を離れようと考えている」と述べた。[61]

ノイスがショックレーと決別したとき、それは苦渋の決断だった。新しい会社を興すことなど想像していなかった。しかし、およそ10年が経過し、西海岸は変貌した。次の会社に移るにあたって恐縮する必要はない。企業の支配者にわざわざ頼んで自分たちに投資してもらう必要さえない。デービス&ロックのパートナーシップが成功したおかげで、資産を持たず、利益も計上していない、才能と野望だけのスタートアップを支援するお金が調達可能になった。ピーター・ドラッカーが指摘した資本市場の溝は埋まったのである。

ノイスはアーサー・ロックに電話をかけた。ベンチャー投資家はほかにも大勢いたが、何しろロックはフェアチャイルドの資金調達を担当した本人だった。SDSとテレダインで彼の評価はうなぎのぼりだった。

ノイスはフェアチャイルドを辞めて、新会社の設立を計画していると告げた。

ロックは「なぜこんなにも悠長に構えていたんだい」とだけ答えた。[62]

ノイスは250万ドルが必要で、フェアチャイルドやSDSの創業時の調達額よりもかなり多くなりそうだと説明した。

ロックは約束した。「あなたに出すよ」[63]

この電話の数週間後、ノイスとゴードン・ムーアはフェアチャイルドを退職した。彼らをベンチャーキャピタルが再び解放した。

＊

次に起きたのは革命の続きである。才能は報われ、資本はその行き先を学んだ。ノイスとムーアがインテルと名づけた新会社の資金を調達するため、ロックはフェアチャイルド型のモデルを逆転させたビジネス・プランを考案した。投資家に特別な権利を付与するよりも――フェアチャイルドの場合、投資家に会社の全株式を購入する権利を与えていた――インテルでは、起業家のほうを優遇した。

ノイスとムーアはそれぞれ24万5０００株を24万5０００ドルで取得する。ロックも同じ条件（1株が1ドル）で1万株を手に入れる。外部の投資家はこれらより多い２５０万ドルを拠出する。ただし、その際の評価額は1株当たり1ドルではなく、5ドルとする。つまり、外部の投資家は5倍のお金を積んで、ロックを含む創業者たちと同じ持ち分（50万株）を得るということだ。当時、ロックが手がける案件では、従業員への報酬として、別途自社株を用意するのが標準的になっていたが、今回はさらに前に進めた。主要なエンジニア、管理職、販売担当者に株式やストックオプションを付与するにとどめず、インテルでは全従業員を付与対象者にした。

1968年10月16日、ロックは外部資金の調達を開始した。デービス&ロックのファンドを清算したばかりとあって、ロック自身には足がかりとなるものがなかった。ところが、熱心な支援者たちを探すのに何の苦労も要らなかった。ロックが最初にリストアップした32の企業・個人のうち、投資を断ったのは1人だけだった。そのほかは、ロックから電話をもらって幸運に感じていた。マックス・パレフスキーも加わった。ロックフェラー家のベンチャー部門もこの業界への不安定なデビューを挽回しようと参加した。8人の反逆者のうち、ほかの6人も出資した。ロバート・ノイスは規模の小さい出身校のグリネル大学を誘った。[64]

一方、検討の結果、シャーマン・フェアチャイルドはリストから外された。出資を望んでいたが、招待されなかった人々は、不満のあまり騒ぎ立てた。ある海軍大将は出資にとりわけこだわり、ムーアの妻に繰り返し電話をかけてきた。[65] 今や資本家がどの企業に出資するのかを選ぶのではなく、起業家が資本家の中から選択するようになった。デービス&ロックのパートナーシップが先鞭をつけた資本市場の転換は、ここに完全に実現したのである。

ロックがこのような発展にどれほどの功績があったかについては、もちろん議論の余地がある。しかし、彼がもっと称賛されて、然るべきであることは確かだろう。シリコンバレーの文化をめぐる従来型の人口に膾炙した説明では、企業の創業者がもてはやされ、彼らの影響が大きかったとされる。そして、トム・ウルフの美しい物語は、ノイスの出身地であるアイオワ州の小さな町のことを、西海岸の平等主義的で、皆が株式を持つ企業風土の原点として持ち上げている。[66]

しかし、これまで見てきたように、フェアチャイルド・セミコンダクターの設立へと勢いをつけたのも、創業者が研究の成果を手にする道を切り拓いたのもアーサー・ロックだった。そして、シリコンバレーの株式重視の文化を発展させたリミテッド・パートナーシップの隠れた力を引き出したのもロックだった。ジェイ・ラストとジャン・ホアニーをフェアチャイルドから引き離し、企業主導のベンチャー・モデルの失敗を早める一因を作ったのもロックだった。

さらに、インテルの従業員持ち株制度の創設について言うならば、おそらくロックが、誰もが株式を手にするべきだと提案したのであり、ロック自身が確実に制度の詳細を設計していた。[67] ロックは1968年8月のある書簡の中で、投資家と従業員の利害を調和させる方法について自らの考えを説明した。インテルは短期間しか同社に所属しない従業員への株式の付与は避け、長期的に働き続ける姿勢を示している全員に提供するべきだとした。「会社に何も貢献せずに、短期間で退職して、大金持ちになっている事例が多すぎる」と、彼は賢明な観察を示している。[68] ロックの思慮深い助言なくして、インテルの従業員持ち株制度は持続不可能であり、シリコンバレーの標準となることはなかっただろう。

ノイスは、トム・ウルフが正しく強調したように、確かに会衆派の牧師の息子であり、孫であった。しかし、ロックも少なくともノイスと同じくらいの情熱で、ヒエラルキーを嫌っていた。ロックは小さな町のいじめられっ子で、ユダヤ人で、身体の安全を脅かされていた少年だった。青年期の彼は軍隊の階級的な硬直性を軽蔑した。彼は東海岸の窮屈な会社組織から機会をとらえて、自分自身を解放した。簡潔に、事実に基づき、率直に助言する彼は、ノイスと同様に虚勢や気取った態度を見せる相手に厳しかった。

もし、トム・ウルフがノイスではなく、ロックを取り上げて大作を書いていたなら、シリコンバレーの平等主義的な文化は、起業家よりも、むしろ資金の提供者のほうに由来すると位置づけたかもしれない。真実はきっとその中間に潜んでいる。

第3章

セコイア、クライナー・パーキンス、そしてアクティビストの資本

Sequoia, Kleiner Perkins, and Activist Capital

1972年の夏、西海岸のエンジニア3人組が世界初の据え置き型のビデオゲーム機の一つである「ポン」を製作した。冷静に考えれば、「ポン」を洗練されたゲーム機と呼ぶ人はいないだろう。プレーヤーは仮想のパドルを上下させて、仮想のボールをブロックしようと試みる。向かってきたボールをパドルにぶつけて防ぐと、脳幹の奥底に心地よく響く「トンッ!」という破裂音がして得点となる。プレーヤーが習熟すべきルールはただ一つ。「ボールを逃さなければ高得点」

である。[1] すっかり酩酊した人でも遊ぶことができたため、「ポン」はたちまちベイエリアのバーに広がり、1回につき25セント硬貨1枚の料金ながら、ゲーム機1台当たり1週間に1000ドルを稼ぎ出した。

2年も経たないうちに、あるベンチャーキャピタリストが「ポン」の開発チームに関心を寄せるようになった。そのころには彼らの会社、アタリの製品は全米のバーに浸透していた。[2] アタリはかつてのローラースケート場に工場を開設し、ベルボトムの裾の広がったジーンズをはいたエンジニアたちを擁して、斬新なゲームを作ろうとしていた。ただし、アタリへの投資には、新しい種類のベンチャーキャピタリストが必要だった。アタリのようなタイプのテクノロジー系企業がそれまでなかったからだ。

アーサー・ロックがフェアチャイルドやSDS、テレダイン、インテルを支援した当時、テクノロジーそのものに賭けていた。その企業が進めるテクノロジーの研究開発は効果的な製品に結実するかが問われた。対照的にアタリの場合、テクノロジーはそれほど重要ではなかった。最初の「ポン」のゲーム機はカリフォルニア大学バークレー校で学士号を得た機械いじりが好きな若者が発奮して、急ごしらえで作り上げた。アタリが抱えていたのはテクノロジーを実用化できるかどうかのリスクではなく、むしろビジネスやマーケティングにまつわるリスク、そして「ワイルド・マン」リスクとでも呼ぶべき、関係者が社会の規範やトレンドを無視して勝手に振る舞うリスクだった。このような会社を相手にする仕事は、臆病な人には向きそうになかった。

アタリの20歳代の創業者、ノーラン・ブッシュネルはビジネスの基本的な規律に目もくれなかった。6フィート4インチ（1メートル93センチ）の体格で、頭髪はボサボサの彼は、まるでハイテク業界のヒュー・ヘフナー（プレイボーイ誌の創刊者）のように会社に君臨した。[3] オフィスの外にはオーク材のビール樽を置き、自宅または、会社の技術棟に新たに据えつけたホットタブ（温水を張った浴槽）の中で打ち合わせをすることを好んだ。[4] ホットタブで会議をしているのか、パーティを開いているのか、時々区別しにくくなったが、それはアタリの社風の一部だった。選りすぐりの容姿端麗な女性秘書を雇ってあげるのを含め、男性のゲームデザイナーたちを幸せにすることが大切だった。[5]

また、ブッシュネルの企業戦略へのアプローチとは、思いつきを紙切れに書きとめることであり、ポケットに収めては、それらを外に落としていた。従業員には出張旅費が事前に渡されたため、現金を持ち逃げして、二度と姿を現さない例もあった。顧客からの注文を記帳しないことも多く、金銭的なトラブルは絶えなかった。「ポン」は売れていたが、資金繰りは苦しかった。給料日には、従業員が支払われた小切手を持って銀行の窓口へと我先に急いだ。アタリの口座の残高がなくなってしまう前に引き出すのが目的で、駐車スペースが空っぽになるほどだった。[6] 組織人（オーガニゼーション・マン）ばかりの1950年代以降のアメリカの産業界にあって、ノーラン・ブッシュネルは組織に収まらない人（ディスオーガニゼーション・マン）だった。頭髪を整えず、半分酔っ払いで、独創的で、ひときわ異彩を放っていた。

思いがけず、1970年代になって、新種のベンチャー投資家たちが登場した。彼らが持つ道具箱は比較的大きく、アタリのような従来、支援対象外だったタイプのスタートアップまで標的に加えた。ロックは支援する創業者を決め、事態の推移を見守ったが、新しいベンチャーキャピタリストは一歩踏み込んで創業者に方向性を示した。誰を雇い、製品をどのように販売し、研究をいかに進めるべきかを助言した。これらが確実に実行されるよう、ベンチャーキャピタリストは第二のイノベーションを用意した。一気にまとまった規模の資金を用意するのではなく、その投資先の企業と合意した到達点に至るまで、段階を踏みながら、慎重に資金を注入して支えた。

1950年代にはベンチャーキャピタルが持つ解放の資本としての威力が明らかになり、60年代には株式と引き換えに返済義務のない資金を期間限定で拠出するベンチャー投資ファンドが導入された。そして、70年代にはこの世界に二つの特徴を持つ進展が見られた。すなわち、積極的に経営に関与するハンズオン型の行動主義（アクティビズム）と、段階を踏んでの資金提供である。

＊

新しいベンチャー投資の主な先駆者は、ドン・バレンタインとトム・パーキンスである。それぞれシリコンバレーの強大なライバルのセコイア・キャピタルとクライナー・パーキンス・コーフィールド&バイヤーズの中心的な人物だった。２人は同じくらい剛腕で、戦闘的な行動主義の気質を備えていた。バレンタインは業績不振の創業者を「(悪名高い殺人犯の)チャーリー・マンソンと一緒の監房に送ってしまえ」と発言したとされる。彼に容赦なく叱りつけられて、気絶した不運な部下もいた。[7] パーキンスはフェラーリを乗り回し、ヨットを所有する自尊心の強いダンディな人物で、礼儀正しさや分別に背を向けることが好きだった。後年、サンフランシスコのアパートメントに１８００万ドルもの大枚をはたいたとき、「私はシリコンバレーの王と呼ばれている。ペントハウス(屋上階の部屋)を持って何がおかしい」と言い放った。[8]

　バレンタインの攻撃性は若いころの体験に起因する。彼の父親はニューヨーク州ヨンカース在住のトラック運転手で、有力労働組合チームスターズの下位の役職者を務めていた。父親は高校を卒業しておらず、銀行口座も持っていなかった。バレンタインは厳格なカトリック教会の学校に通った。そこでは生徒が――バレンタインのように――左手で文字を書こうとしたなら、修道女に叩かれた。アーサー・ロックは小児麻痺で虚弱だったこともあって、つらい幼少期を過ごし、内向的な個性が形成されたが、バレンタインは厳しい生い立ちと、第一級のボクサーのような屈強な体軀が相まって、すぐにカッとなる喧嘩っ早い性格だった。

　イエズス会系のフォーダム大学に進んだバレンタインは、教授陣のことが嫌でたまらなかった。続いて徴兵されると、強い統制に憤慨し、自分が持っているような「言われたとおりにやることを拒む不服従の感覚は、まったく共有されていない」ことに気づいた。[9] 幸い、体格に恵まれていた彼は、間もなく南カリフォルニアの海軍基地で水球の選手となる任務を与えられた。この気候・風土が気に入った彼は、その任務を解かれると、半導体業界に仕事を得て、西海岸にとどまることを決めた。

バレンタインはフェアチャイルド・セミコンダクターで、続いてはライバルのナショナル・セミコンダクターで出世した。その傍ら、自己資金で投資を進め、あの大当たりとなったロックとマックス・パレフスキーによるサイエンティフィック・データ・システムズ（SDS）にも賭けた。その後、評判が高まり、1972年にはロサンゼルスの由緒ある投資会社のキャピタル・リサーチ・アンド・マネジメントから新規事業であるベンチャーキャピタルの陣頭指揮を依頼されるほどになった。[10] キャピタル・リサーチの社風は保守的で、バレンタインの好むテクノロジー分野への投資とは方向が違ったものの、バレンタインは契約した。新しいボスのボブ・カービーはバレンタインのことを早速「ロケット・マン」というあだ名で呼んだ。[11]

バレンタインの最初の課題は新たに自分が立ち上げたファンドのための資金集めだった。[12] 燃え上がるような激しいリバタリアンの小説家アイン・ランドの門下生でもあるバレンタインには、中小企業投資会社（SBIC）を設立して、政府からの融資を受け入れる気はなかった。[13] また、彼は成長志向のスタートアップには借入金は重荷だと理解していた。彼自身が借り入れを嫌うように育てられたためでもあった。「父親は負債というものを信用していなかった。それゆえ、我々はいつもレンタル、賃貸でまかなった。負債は災いであり、人々を束縛する、悪しきものだと刷り込まれていた」[14]。バレンタインには年金基金のお金を受け取るつもりもなかった。そもそも、労働省の定める「プルーデント・マン・ルール」が年金基金に慎重な運用を求め、リスクの大きなベンチャーキャピタルへの投資を禁じていた。

バレンタインは政府の制約を受けない方法を様々に探し、デービス&ロックのモデルにならって富裕層からの資金調達を検討した。ただし、ある友人が指摘した。個人が亡くなったり、離婚したりしたとき、財産は分与されることになる。したがって、ファンドを通じたベンチャー企業の持ち分についても値段をつけることができなければならない。つまり、ファンドが裕福な個人からお金を集めた場合、発足したばかりで評価が難しい投資先の企業価値をめぐって、際限のない議論に巻き込まれる可能性があった[15]。バレンタインの考えでは、法律家との関係は、政府との関係よりも、厄介だった。

バレンタインはウォール街からの資金調達も検討した。もっとも、彼には良家出身のニューヨーカーが期待する洗練さや訓練が欠けていた。彼はアイビー・リーグの大学も、エリート校のビジネススクールも出ていなかった。むしろ、うぬぼれた知ったかぶりの人々を嫌悪していた。バレンタインの定義によれば、この嫌悪の対象となる分類には、後に優秀な彼の右腕が記したように、「ハイフンで連結された姓を持つ、あるいは姓の後ろにローマ数字がつく人々、メイフラワー号で到着した移民の直系の子孫、東海岸の生活を楽しむ人々、そしてエルメスのネクタイやサスペンダー、カフスボタン、シグネット・リング、モノグラムのついたシャツで装う人々」が含まれていた。[16]

あるとき、バレンタインはニューヨークの投資銀行のソロモン・ブラザーズから資金を調達しようと試みた。

同社の担当者たちが尋ねた。「どちらのビジネススクールで学んだのですか」

バレンタインはうなるように言った。「フェアチャイルド・セミコンダクター・ビジネススクールですよ」

後にバレンタインは明らかにうれしそうな表情で回想した。「彼らは私のことを完全に頭がいかれているという目で見ていた。部分的にいかれているでは済ましてくれそうにない視線を送ってきた」[17]

バレンタインが最初のファンドのために500万ドルを集めるまでに1年半かかった。[18] しかし、最終的には税制上、慈善団体として扱われる集団から資金を得た。通常の規制だけでなく、キャピタルゲインへの課税も免れている大学の基金や各種の財団からの資金である。皮切りはフォード財団だった。後にイェール大学、バンダービルト大学、そしてついにハーバード大学の基金も加わった。皮肉なことに、アイビー・リーグの運用責任者たちは、フォーダム大学出身の粗野な人物に対して、各大学の大勢の同窓生たちよりも、寛大な姿勢を示したのである。

これらの基金・財団はアメリカの経済システムを形成する大規模な好循環の一つを作動させたと言える。資金を得たベンチャーキャピタリストが知識集約型のスタートアップを支援し、そこから上がる利益の一部は、より多くの知識を生み出す研究機関に流れ込むという仕組みである。[19]
このバレンタインが立ち上げたファンド、後のセコイア・キャピタルの本部の会議室には、それぞれ主要なリミテッド・パートナーであるハーバード大学、マサチューセッツ工科大学（ＭＩＴ）、スタンフォード大学やその他のそうそうたる大学の名前がつけられ、現在に至っている。[20]

＊

１９７４年の夏、バレンタインは５００万ドルを調達した直後にアタリの工場に姿を現した。かつてのローラースケート場を大急ぎで改修した建物である。彼は40歳代で健康そのものだったが、案内役の目には、工場を回っているうちに表情がゆがんできたように映った。不快そうに咳込み、むせたあとで、息を止めて何かを我慢する場面もあった。後日、彼が語ったところによると、そこにはマリファナの煙が充満していて、あまりの息苦しさに「力が抜けて両膝をつく」ほどだったという。[21]
ノーラン・ブッシュネルが「どうしたのですか」と尋ねた。
バレンタインは軽口で応じた。「あの人たちが何を吸っているのか分かりませんが、私の好みの銘柄ではないようですね」[22]
バレンタインよりも前に何人ものベンチャーキャピタリストたちがアタリを訪問しては、すぐに身を引いていた。ロックの成功を受けてこのビジネスに参入したバート・マクマートリーは、アタリのことをエンジニアリングの世界の隠語で無秩序を指す「オープン・ループ」に陥っていると断じた。[23] しかし、闘争心が旺盛なバレンタインには別の見方が可能だった。気まぐれな創業者を怒鳴りつける事態が到来することになろうとも、恐れはしなかった。何か儲かりそうなことに取り組んでいるなら、うまく社会に適応できていない連中でも進んで支援するつもりだった。それ以上に、アタリのような会社を支援することは、バレンタイン自身の考えに即していた。東海岸の名門の出にはアタリに一切、かかわるつもりがなかったことこそ、バレンタインが腕を広げて抱擁する理由だった。後年、彼はアタリのホットタブで行った打ち合わせを思い出して楽しんでいた。ブッシュネルに誘われるまま、バレンタインは堂々と裸になり、お湯につかった。一緒にいたボストンからやってきた神経質な投資家は、白いシャツとネクタイ姿のまま、落ち着かない表情で脇に座っていた。[24]

アタリのルーズな社風はバレンタインにとって取引の阻害要因にならなかったが、重要な問いは、果たして「ポン」の人気を基にこの会社を確固たるものにできるかどうかだった。幸運にもこの点に関しては、バレンタインの強みが生きた。アーサー・ロックと異なり、バレンタインはその経歴からしてビジネスの実務に長けていた。半導体のセールスマン時代に、彼は製品を利益に結びつける術を学んだ。具体的には、様々な発明のうち利益率が最も大きくなるようなものを採用して、できるだけ多くの顧客に届けるよう販売チャネルを開拓することだった。

アタリには、ブッシュネルが半分まで構想したアイデアが数多くあり、その一つを実用化すればよかった。「ポン」をバーではなく、家庭に売り込めれば、市場は大きく広がる。[25] バレンタインの考えでは、家庭用の市場を狙うには、アタリは二つのことを実行しなければならなかった。エンジニアは個人で遊べるようにゲームを修正すること、そして会社は名声のある小売業――すべてのアメリカの買い物客が「ポン」を意識するよう、押し込む力のある小売業――と提携することが必要だった。

アタリの工場を訪問した数週間後、バレンタインは一つの決定を下した。まだ投資はしない。確かにアタリはあまりに混沌としていた。しかし、撤退するつもりもなかった。成功する可能性はあまりに大きく、立ち去り難かった。そこで彼は段階を踏んで慎重に関与していくことにした。アタリのビジネス・プランをまとめてみた。バレンタインは、この戦略をブッシュネルが受け入れ、ほかのベンチャーキャピタリストの関心を集め、すべてがうまくいったなら、投資する。換言するなら、彼が自分のお金をリスクにさらすのは、少なくともアタリのリスクを部分的に取り除いてから、ということだった。このように行動主義と漸進主義を組み合わせることで、ホットタブ文化を支えることが可能となった。

*

市場環境もバレンタインが徐々に前進することを可能にした。1960年代には「大砲もバターも」と財政支出は拡大傾向にあったが、それが終わり、経済は厳しい状況を迎えていた。国防費の削減に伴い、多くの雇用が失われ、1973年のアラブ諸国による石油禁輸措置で、低成長と高インフレという意気消沈させられる組み合わせが定着した。新規株式公開の件数は1969年の1000社超から、74年にはわずか15社に急減し、この間のS&P500種株価指数の上昇率はほぼゼロだった。[26] この崩壊によって、新興のヘッジファンドは一掃され、同じくフォーブス誌の見出しは「弱気相場はベンチャーキャピタルを殺したのか？」との疑問を投げかけた。[27] ベンチャーキャピタリストたちは69年に合わせて1億7100万ドルのファンドを組成したが、74年はほんの1000万ドルにとどまった。[28] ニューヨーカー誌の風刺漫画には「ベンチャーキャピタルだとさ！」と声を上げて笑う2人の男が登場した。「ベンチャーキャピタルってあったっけ？」[29]

しかし、逆境でもそれなりに優位な部分が見つかるものだ。バレンタインにとっては辛抱強くアタリを追いかけることができた。彼の標的を急襲するライバルの登場を心配する必要はなかった。彼は「ホーム・ポン」の開発を中心にこの会社のための戦略を正式に練り始めた。彼はこの任務を基本的な簿記すら知らない会社のリーダーたちに委ねるつもりはなかった。1975年の初めには、バレンタインの働きかけもあって、家庭用の製品の開発にこぎ着けた。会社のある女性の名前を取って「ダーレン」のコードネームをつけていた。[30] アタリが強力な販売店を確保できれば、バレンタインが示していた二つの条件をクリアすることになる。

アタリが試みた最初の販売契約は失敗に終わった。アタリのチームは「ホーム・ポン」をニューヨークの玩具見本市に展示したが、手ぶらで戻ってきた。大手玩具チェーンのトイザラスへのアプローチは拒まれ、家電チェーンのラジオ・シャックとの協議も頓挫した。[31] バレンタインは仕切り直した。キャピタル・リサーチで投資先を管轄するマネジャーに話を持ちかけた。全米で最強の小売企業の一つであるシアーズの株式を大量に保有していたからだ。[32] シカゴのシアーズ・タワー（本社）にブッシュネルを招待させることは可能かと、このマネジャーに調整を依頼した。

手はずが整うと、バレンタインはブッシュネルをシアーズに送り出した。「道化師風ではないスーツ」を着て、あまりに「ユーモラス」にはならないようにと指示した。[33] ブッシュネルが言われたとおりに行動すると、シアーズからバイヤーがすぐに訪ねてきた。[34] 3月半ばには、シアーズが7万5000台の「ホーム・ポン」を発注した。[35] アタリはついにバレンタインが待ち望んでいた、頼もしい新製品と強力な販売店の両方を確保した。

1975年6月初旬、バレンタインは正式にアタリに資金を投じた。彼は6万2500ドルで6万2500株を取得した。今でいうところの「シード投資」だった。[36] これはほんの始まりだった。シアーズとの提携が十分に発展し、アタリをめぐるリスクがさらに低減すれば、より大規模な資金調達を行うタイミングを迎える。アタリが「ホーム・ポン」を増産するには、6万2500ドルを優に超える資金が不可欠だった。

この年の夏、バレンタインはアタリとシアーズの提携が花開くのを見守っていた。シアーズはアタリの生産体制を支援するため、専門家チームを送った。そして双方とも互いの間にある文化的な溝を埋めようと努力した。ある日、シアーズの管理職10人余りがスリーピースのスーツ姿でアタリの工場を訪問した。彼らが目にしたのは、長髪でジーンズにTシャツという装いの20歳代のエンジニアの騒々しい集団だった。ブッシュネルは緊張を解きほぐそうと、ベルトコンベアに巨大な段ボール箱を並べ、その上に乗るようシアーズの一行に促した。そして、楽しげな工場見学が始まった。その日の夕食会では、アタリ側はもう一歩近づこうと、ウケを狙ってスーツにネクタイでドレスアップし、シアーズ側もTシャツに着替えた。[37]

1975年8月末、バレンタインは次の投資ラウンド、今でいうところの「シリーズA」に踏み切ろうと考えた。彼は100万ドル強の資金を提供するシンジケートを取りまとめた。この年、全米のベンチャーキャピタルの資金調達規模がわずか1000万ドルに落ち込んでいただけに、かなり力の入った試みだった。アタリはこの資金を「ホーム・ポン」の大量生産に振り向けた。シアーズは納品があると、すぐさま売りさばいた。行動主義と、辛抱強い段階を踏んでの資金提供が見事に功を奏した。

12カ月後の1976年夏、バレンタインは次の難題に直面した。アタリのベルボトムのジーンズをはいたエンジニアたちが斬新なアイデアを思いついた。「ポン」だけでなく、ほかに複数のゲームから選んで遊ぶことができるゲーム機である。この飛躍的な進歩を実用化するには、相当大きな、おそらく最大5000万ドル規模の資本注入が求められそうだった。当時のベンチャーキャピタリストに、これだけの資金を集めるよりどころはなかった。この年、新規上場は34社が何とか果たしたにとどまり、株式市場も利用できなかった。[38] アタリがマルチ型のゲーム機を開発するために、バレンタインは別の手段を見つけなければならなかった。

バレンタインはアタリが資金力のある会社に身売りすべきだと判断した。しかし、その選択には、厚い壁を突破する必要があった。ブッシュネルの反対である。「これは彼の最初の会社であり、子供のような存在で、手放せなかった」とバレンタインは後に振り返った。[39]

抵抗を強行に突破する性格を備えたバレンタインは、ブッシュネルにこの子供には新しい親が求められていると告げた。バレンタインはエンターテインメント企業のワーナー・コミュニケーションズを売却先として提案した。キャピタル・リサーチにいる友人に、二度目の紹介を頼んだ。[40] 間もなくワーナーの設立者で会長のスティーブ・ロスが交渉のためにブッシュネルをニューヨークに招待した。バレンタインは自分も呼ばれるように仕向けた。

1976年9月、ワーナーの社有のジェット機がブッシュネルとバレンタインをカリフォルニアから連れ出した。俳優のクリント・イーストウッドとガールフレンドのソンドラ・ロックが同乗し、2人を歓迎した。イーストウッドは親切なことにブッシュネルにサンドウィッチを作ってくれた。[41] 機体がテターボロ空港に着陸すると、リムジンがアタリからの2人をウォルドルフ・タワーズ・ホテルのスイートルームへと運んだ。その夜、スティーブ・ロスの豪華なアパートメントで開かれた夕食会に加わり、公開前のイーストウッドの映画を一緒に鑑賞した。スターに魅せられたブッシュネルは、その日のうちにアタリを2800万ドルで売却することで合意した。

バレンタインと彼の設立間もないファンドのセコイアにとって、これは満足のゆくエグジット（投資回収）だった。アタリの株主になっていたセコイアは短期間で3倍という上々のリターンを確保し、新しい投資手法の価値を実証した。バレンタインの頑固なまでの行動主義と、段階を踏むアプローチによって、当初は支援不可能と思われた企業を勝者に変えた。この手法で、ほかにも成功を収めた。その結果、1980年までにバレンタインの最初のファンドは年率約60％というデービス＆ロックにも匹敵するリターンを記録し、S＆P500種株価指数の9％を圧倒した。[42]

＊

バレンタインの行動主義者（アクティビスト）としての投資スタイルに共鳴する動きが1970年代にいくつも現れた。ビル・ドレイパーのサッターヒル・ベンチャーズは1973年、高度な印刷システムである電子式デイジー・ホイールを発明した企業のキュームと画期的な合意に達した。サッターヒルがキュームに投資するにあたり、求めた条件がこれまでにないものだった。キュームの創業者であるエンジニアは、その地位にふさわしい力を発揮できていない最高経営責任者（CEO）から退き、ベンチャーキャピタル側が推すハーバード大学ビジネススクール（HBS）を修了した有能な人材を後任に据えるよう要請された。

経営が軌道に乗ると、CEOが得ていたストックオプションは巨額の報酬となった。これはフォーチュン500社（フォーチュン誌が集計した全米の売上高上位500社）に職を得て、そこそこの給与をもらっているだけのHBSの同窓生たちへのメッセージにもなった。サッターヒルはキュームでのやり方を他の投資先でも展開し、新進気鋭の大企業の幹部の才能をベンチャー企業で開花させた。結果的に西海岸のベンチャーキャピタル（VC）と、東海岸のおとなしいそれとの違いを際立たせる役目も果たした。ボストンのVCは、信頼できるCEOのいないスタートアップに対する支援に消極的だったからだ。西海岸のVCは、アクティビストとなってCEOを外部から積極的に起用してリスクを管理し、より大胆に投資した。[43]

その中でも最も勇猛果敢だったのは、トム・パーキンスである。ドン・バレンタインと並んでアーサー・ロックの次の世代を担うベンチャーキャピタリストのあり方を定義した先駆的な投資家と言える。パーキンスは大恐慌期に生まれ、子供時代には『スパム（肉の缶詰）』、マーガリン、『ワンダー・ブレッド（食パン）』、そしてライム味の『ジェロ（ゼリー）』」をモリモリと食べて育った。[44]その後、電子機器へのオタク的な憧れを抱くようになり、スポーツマンの父親は残念がった。ティーンエイジャーのころには、テレビの修理工を目指していたが、物理の教師がMITへの進学を勧めた。パーキンスは同大学で電子工学を学び、水泳のチームに加わり、フラタニティ（男子学生の友好クラブ）に入った。後に回顧録に「体育会系の学校にいるオタクから、オタクの学校にいる体育会系に」転身したと記している。[45]

ＭＩＴを卒業後、軍需産業で働き、ハーバード大学ビジネススクールに進み、ジョルジュ・ドリオの講義を受講した。ＭＢＡ取得からしばらく経った１９６９年、ドリオはパーキンスに当時在籍していたヒューレット・パッカード（ＨＰ）を辞めて、アメリカン・リサーチ・アンド・デベロップメント（ＡＲＤ）で指導的な地位に就くよう説得を試みたが、パーキンスは断った。報酬が不十分だった。[46]

１９７２年夏のとある金曜日の朝、パーキンスはパロアルトにあるリッキーズ・ハイアット・ハウスに現れた。例の８人の反逆者がショックレーのノーベル賞受賞に乾杯し、後に彼らが自分たちの解放を祝った場所でもある。パーキンスがやってきたのは、まさしく反逆者の１人で、ヘイデン・ストーンに解放を依頼する手紙を書いたユージン・クライナーと朝食を一緒にするためだった。[47]かつてベンチャーキャピタルの誕生を助けたクライナーは、今度はもっと直接的に貢献しようと考えていた。彼はベンチャー企業に投資するファンドの旗揚げを目指して、ドリオと同じくパーキンスを引き込みたかった。このときまでにパーキンスは、西海岸でしかるべき地位にある人物になっていた。ＨＰのコンピューター部門のトップであるゼネラル・マネジャーに就いていた。同時にパーキンスは新しいレーザー技術を開発するスタートアップの創業者でもあった。

クライナーとパーキンスは朝食が終わっても、そのまま会話を続けた。正午まで15分という時刻になると、ランチの客を迎える準備をしなければならないリッキーズのスタッフが２人を追い出した。２人はパーキンスの自宅に行き、さらに話し合った。[48]パーキンスが壮大なアイデアをとうとうと説明し、オーストリア出身のクライナーは強いウィーンなまりで穏やかに応じた。パーキンスは、同国の心理学者で精神科医のジークムント・フロイトが患者の相談にのっている姿を思い浮かべ、その場面にクライナーと自分を重ねていた。[49]

意気投合した2人は翌日の土曜日、ベンチャー・ファンドの仕組みを考案し始めた。2人は自分たちの名前をオフィスのドアに掲げることにした。自分たちの構想を信じているなら、名前を出すことをためらうべきではなかった。[50] 2人はファンドの運用期間を限定し、それぞれの自己資金を拠出するべきだと決め、デービス&ロックの前例を踏襲した。クライナー自身がデービス&ロックのリミテッド・パートナーであり、事情に通じていた。そして何より、クライナーとパーキンスは行動主義的なアプローチを強力に推し進めることを重視するべきだという点で一致した。2人とも西海岸の名だたる企業の幹部を務め、それぞれに自分の会社を興していた。「我々は最初から自分たちがどれほど違う存在であるかを触れ回った。『我々は普通の投資家ではない。ウォール街の銘柄選びの担当者でも、運用の担当者でもない』とパーキンスは後に語った。「我々は自らが起業家であり、起業家と一緒になって、起業家らしいやり方で仕事をする。我々は起業家の世界に没入していく」ことが信条だった。[51]

レイバーデー（9月の第一月曜日の祝日）のすぐあとに、クライナーとパーキンスは資金調達のために車で各地を訪問した。パーキンスは自分がハンドルを握ることにこだわった。クライナーが会話に夢中になると、車線を外れてしまいがちだったからだ。[52] 最初に立ち寄ったのはピッツバーグの大立者、ヘンリー・ヒルマンだった。デービス&ロックの華々しい成功に衝撃を受けた彼は、トミー・デービスに自分の資金の運用を任せようとしたが、了解を取りつけることができなかった。クライナーとパーキンスに西海岸の躍動の分け前にあずかるチャンスを見たヒルマンは、ほかのパートナーたちから同額の資金を集めることを条件に最大５００万ドルまでの拠出を約束した。クライナーとパーキンスはロックフェラー大学から１００万ドルを、保険会社２社からほぼ同額を、さらにいくつかの富裕な個人と信託（トラスト）から少しずつの資金を調達した。１９７２年12月の第一週には、合わせて８４０万ドルに積み上がった。ドン・バレンタインが用意した資金を大幅に上回った。

　クライナーとパーキンスはサンドヒル・ロード３０００番地に事務所を構えた。低層のオフィスビルが集まる場所で、後にベンチャーキャピタルの活動の中心地となるこの通りに初めて入居したパートナーシップとなった。[53] しかし、タイミングは悪かった。第一次石油危機の直前の船出となり、最初の数件の投資は経済と同様に不振を極めた。有望と思われた半導体のスタートアップを支援したが、経営陣が経験不足で行き詰まった。２人はオートバイをスノーモービルに改造した「スノー・ジョブ」という不吉な名前（「口車」という意味もある）の付いた珍妙な機械に惚れ込んでしまった。パーキンス自身は勝手に、バイカー集団のヘルズエンジェルスがガールフレンドたちと雪原を駆け巡る姿を思い描いていた。不運なことに、政府は石油危機対策としてガソリンをスポーツ用の乗り物に販売することを禁じてしまい、スノー・ジョブは倒産に追い込まれた。[54]１９７４年末までに、クライナー・パーキンスは9件に計２５０万ドルを投じていた。これらのうち4件が好成績を収めて最終的には全体でプラスのリターンに導くのだが、当時はハッピーエンドの兆候はなかった。ひどく意気消沈したクライナーとパーキンスは戦略を再考した。

新しい取り組みは、行動主義にますます傾斜した。クライナー・パーキンスは支援の対象を外部の起業家にとどめず、ベンチャーキャピタルの内部でもスタートアップを育成すると決め、チーム構成員（ジュニア・アソシエイト）たちとアイデアを出し合った。既に創業者の候補を1人採用していた。ゆっくりと話し、縮れた髪が印象的なテキサス州出身のジミー・トレイビッグで、ＨＰ時代にパーキンスのもとでマネジャーとして働いていた。トレイビッグは身なりに無頓着なタイプで、あるとき同僚にベルトを締め忘れていると指摘されると、服装を直すために出かけ、2本のベルトを巻いて戻ってきたことがあった。[55]しかし、この田舎風の野暮ったい風貌は、その陰にある競争心を覆い隠していた。トレイビッグは新しい事業に資金を出してもらえると理解した上で、クライナー・パーキンスに参加していたのであり、後に定着する専門用語では、客員起業家（アントレプレナー・イン・レジデンス）という位置づけだった。[56]

クライナー・パーキンスに加わってから1年が経過した１９７４年、トレイビッグは新しいビジネスの着想を得た。一つのエンジンが止まっても、墜落せずに飛行を継続できる航空機の設計思想を借用して、バックアップのプロセッサー（情報処理装置）を搭載したコンピューター・システムを作り上げることにした。トレイビッグはＨＰで銀行や証券取引所などの顧客に対応していたため、そのようなシステムがどれほど貴重であるかを分かっていた。コンピューターのクラッシュは、データを破壊し、業務を止めてしまい、恐ろしいほどのコストを生じさせる。障害時にも作動し続けるフェイルセーフのシステムを構築できれば、着実に売れるとトレイビッグは確信した。アタリの場合とは逆で、技術開発のリスクは実に大きいが、市場開拓のリスクは無視できるほど小さかった。

それでも、パーキンスはトレイビッグのアイデアにバレンタインと同じアプローチで臨んだ。まず、腕まくりをして、トレイビッグと一緒に長い午後の時間をかけて、課題を徹底的に洗い出した。例えば、一つ目のプロセッサーが故障した場合、次のプロセッサーに切り替える制御の仕組みは、どのようにすれば可能になるのかを議論した。「ジミーと私は動作の手順を図式化してみた。そして、それが機能しない理由を見つけ出すことはできなかった」とパーキンスは後に振り返った。[57]一つハードルを越えたのを受けて、パーキンスはこのプロジェクトに5万ドルを投資した。バレンタインがアタリに対して行ったシード投資に近い、まだ申し訳程度の金額だった。もし、このプロジェクトが壁にぶつかっても、クライナー・パーキンスはファンドの1％にも満たない資金を失うだけだった。

パーキンスはこの5万ドルのシード・マネーをＶＣの内部での議論を次の段階に引き上げてくれるコンサルタントたちに費やした。彼は人脈を駆使して、シリコンバレーで最良の専門家をできるだけ少額の謝金で集めた。彼はＨＰで知り合った1人のコンピューターの理論・設計の専門家に、無停止型の実用的なコンピューター・システムのあらましを描くよう依頼した。[58]さらにハードウエア関連の作業には別のHP出身者を、ソフトウエアの開発には3人目のHP出身者を引き込んだ。[59]その他の出費はほとんど認めなかった。トレイビッグはクライナー・パーキンスのオフィスで仕事を進め、新事業の経費を節約した。財務的な助言が必要な場合には、同じく組織内の若手のジャック・ルスタノウが無償で提供した。数年後にクライナー・パーキンスに若きパートナー（共同経営者）として参加したブルック・バイヤーズは、同VCがこの経験から得た教訓を次のように語っている。プロジェクトをめぐる様々なリスクのうち、発光するほど高温の「白熱（ホワイト・ホット）」型のリスクに焦点を合わせることにより、その新事業がうまくゆくかどうかの見極めが可能になり、損失の危険にさらす資本の投入も最小限に絞り込めるという。[60]

1974年11月には、コンサルタントたちが白熱型のリスクとの格闘で勝利を収めた。コンピューターの歴史上初めて、彼らは「コンテンション」という課題を解決した。同一のシステム内にある二つのプロセッサーが同時にデータの送受信の経路へのアクセスを要求した際の制御の方法を確立したのである。[61]これを受けて、ついにパーキンスはトレイビッグにゴー・サインを出した。タンデム・コンピューターズと命名した新会社が発足し、ジャック・ルスタノウが財務担当役員に、トム・パーキンスが取締役会の会長に就任した。タンデムの共同創業者5人のうち、トレイビッグ、ルスタノウ、パーキンスの3人がクライナー・パーキンスのインサイダーで、残りの2人は同VCが起用したハードウエアとソフトウエアのコンサルタントたちだった。このタンデムこそ1970年代の行動主義的なアプローチを最も純粋な形で示した実例だった。

パーキンスは続いてタンデムのためのシリーズAの資金調達に進んだ。彼は自らコーチ役となってトレイビッグに潜在的な投資家に向けた会社のプレゼンテーションの方法を指南した。突き詰めれば、投資する側が求めていたのは、スタートアップ側からの骨太な説明である。「なぜこの市場は大きいと言えるのか、そして、いかにしてこの市場で本当に強い立場を確立するのか」という問いに回答しなければならなかった。[62]パーキンスはトレイビッグをブルックス・ブラザーズの店舗に連れてゆき、靴、ソックス、シャツ、ネクタイ、ジャケット、そしてパンツを買い与えた。「販売員はおそらく彼を私のボーイフレンドだと思っただろう」と後に書いている。

2人はふさわしい装いでニューヨークに飛んだ。パーキンスが資金調達を狙っていた相手は、ベンロックだった。インテルを支援したロックフェラー・ファミリーのベンチャー投資会社である。巻き毛を長く伸ばしたトレイビッグはゆっくりとした足取りでベンロックの会議室に入った。「どのように見えますか」と彼は尋ねてみた。「トムが着せてくれたのです[63]」

トレイビッグの人なつこい振る舞いにもかかわらず、タンデムの資金調達は不首尾に終わった。ベンロックも、アーサー・ロックも、ほかのベンチャー投資のパートナーシップも出資を見送った。パーキンスにすれば、理屈に合わない展開だった。これでは関与を拒否したベンチャーキャピタリストたちの名折れというものだ。パーキンスはテクノロジーにまつわるリスクのほとんどを排除した。残る販売面のリスクは大きくなかった。それでも、流入資金はほぼ皆無だった。べンチャー投資の売り込みには、ひどく厳しい時期だった。ビジネスウィーク誌がかつての通説をまた引っ張り出した。ＩＢＭに対抗できるスタートアップなどいない――。１９７０年代は悲観論に満ちていた。[64]

この時点でパーキンスにはゲームから降りるという選択肢があった。タンデムに対して行ったのは小さなシード投資だけで、簡単に立ち去ることができた。しかし、何もないところから会社を設立した彼には、ロック、ベンロック、ビジネスウィーク誌のいずれもが間違っていると分かっていた。タンデムのテクノロジーは独特であり、特許を申請していた。タンデムは本当に革新的であり、ＩＢＭに立ち向かえるはずだった。ほかのベンチャーキャピタリストたち、とりわけエンジニアリングの予備知識や経験のない者たちは、タンデムの科学的優位性を評価できなかった。「彼らは金融屋だ」とパーキンスは見下げるように鼻を鳴らした。[65]

そこで、パーキンスはほかのパートナーシップとリスクを共有することなく、単独でシリーズＡの資金調達に応じることを決めた。[66] １９７５年の初め、クライナー・パーキンスは、さながらカジノのテーブルに大量の賭けのチップを差し出すかのように、１００万ドルをタンデムに投じた。引き換えに株式の40％を取得した。クライナー・パーキンスにとって１９７０年代で最大の投資案件だった。パーキンスが告白しているように、もしタンデムがうまくゆかなかった場合、クライナー・パーキンスのファンドの第二弾は存在しなかったかもしれない。[67]

結果は吉と出た。タンデムは１９７５年を丸ごと費やして、基本設計を詳細な仕様書に落とし込んだ。十分な進展があったことから12月にはシリーズBの資金調達に踏み切った。クライナー・パーキンスは追加で45万ドルを拠出し、今度はほかの投資家たちも参加を希望したため、合計で200万ドルが集まった。数カ月後、タンデムが最初の1台を成約すると、売り上げは増え始め、1977年から80年の間に14倍に膨らんだ。[68] 間もなくタンデムは、パーキンスの法則として知られるようになる「市場（開拓の）リスクは技術的リスクに反比例する」ことを見事に立証した。真に困難な技術的問題を解決すれば、直面する競争は最小限に抑えられるということだった。[69] 参入障壁が高くそびえていたおかげで、タンデムでは高い利益率を保ったまま、売り上げが急増した。84年、クライナー・パーキンスによるタンデムへの累積投資145万ドル（シリーズAおよびB）に対するリターンは100倍強になった。この1億5000万ドルという値上がり益を前にすると、同VCが最初の9件の投資全体で得た1000万ドルは非常に小さく見えた。

そして、タンデムの経営が軌道に乗ったとき、パーキンスはさらに壮大なプロジェクトに取りかかった。

＊

クライナー・パーキンスはタンデムに専念するジミー・トレイビッグの代わりに、ボブ・スワンソンを新しいジュニア・アソシエイトとして採用した。この時代には合わないこざっぱりした服装で、子犬のように無邪気な性格をした童顔の26歳だった。当時のスワンソンは立派なフェルトの帽子をかぶり、自分の名前をステンシルで大きく転写したスーツケースを持っていた。徴兵を免れるため、ＭＩＴの学部生時代には、学位取得に時間のかかる化学と経営学の二つを専攻していた。[71]クライナー・パーキンスに加わる前には、シティコープでベンチャーキャピタルのチームで働いていた。シティはそのころ、何人かの成功したベンチャーキャピタリストたちを育成していた。しかし、スワンソンはクライナーとパーキンスに好印象を与えることができず、間もなく給与の支払いを打ち切られた。[72]

スワンソンは自分が進む道を考え直すことを余儀なくされた。彼はシリコンバレーの大手のエレクトロニクス企業を訪問したが、実務もエンジニアリングの経験もなかったため、魅力的な人物とは受け止められなかった。[73]それでも彼にはアイデアがあった。クライナー・パーキンスの一員として参加したある昼食会で、組み換えＤＮＡというテクノロジーが取り上げられた。ほんの少し言及があっただけで、テーブルにいたほかの人々の記憶には残らなかった。仕事を失った今、スワンソンは組み換えＤＮＡについて、もっと詳しく知ろうと決意した。[74]

その後、何週間もかけて、スワンソンはこの生物学のフロンティアに関する資料に片っ端からあたった。彼は無給ではあったが、クライナーとパーキンスからオフィスに通うことを許可されていた。ある日、スワンソンはパーキンスに出くわすと、自分が夢中になっていることについて話した。ＤＮＡの鎖を切断し、つなぎ、組み換えて人工の遺伝子素材を作り出せば、科学者は医薬品からゴムまで、自然界に存在するあらゆるものを再現できる。「このアイデアは素晴らしい。革命的です。世界を変えてしまいます。これまでに耳にした最も重要なことです」とパーキンスに訴えた。[75]

スワンソンはパーキンスを納得させることができなかったものの、このテクノロジーに精通した科学者のリストを作成し、全員に協業の可能性を尋ねる電話をかけた。すべての会話で同じメッセージが返ってきた。組み換えDNAは将来、モノになる。しかし、商業性が出てくるのは、かなり先で、おそらく数十年経ってからだろう。続いてスワンソンはカリフォルニア大学サンフランシスコ校（UCSF）のハーバート・ボイヤーに電話した。DNA加工技術の共同開発者であることを十分に認識しないまま、ダイヤルを回した。スワンソンがお決まりのように「組み換えDNAには期待が持てます。近い将来、商業化が可能なはずです」と力を込めた。驚いたことに、ボイヤーはその見方はおそらく正しいと答えた。[76]

スワンソンは訪問してもよいかと即座に質問した。彼はボイヤーに会って、将来性について議論したかった。

ボイヤーは忙しいと答えた。

スワンソンは粘った。「本当にあなたと会って、話し合う必要があるのです」

ボイヤーは金曜日の午後なら10分間、面会できると伝えた。それ以上は無理だという。[77]

1976年1月16日の午後5時前後、スワンソンはUCSFのキャンパスを訪ね、ボイヤーの研究室に向かった。スーツのポケットからハンカチーフをのぞかせていた。

ボイヤーはもっとカジュアルな服装で彼を迎えた。くつろいだ様子のボイヤーは、ボサボサの巻き毛の髪と、濃い口ひげ、高校生時代にフットボール選手として鍛えた骨格が特徴だった。

スワンソンは、ボイヤーがもう何カ月も組み換えDNAの商業利用について考えをめぐらせていることに感づいていなかった。ボイヤーは病気持ちの自分の息子には希少な成長ホルモンが必要だと判断して以降検討を続けていた。[78] スワンソンにとってうれしいことに、ボイヤーは商業利用は何十年後ではなく、わずか数年先だろうと繰り返した。1950年代風の堅物のスワンソン、当時の70年代の流行に敏感なボイヤーという対照的な2人は研究室で語り合った。やがて、組み換えDNAが秘めている世界を変える可能性にかけるスワンソンの熱意が、ボイヤーとの間に思いがけない絆を生んだ。ボイヤーはスワンソンを伴ってバーに行き、3時間後には一緒に仕事をすることに同意した。[79] ボイヤーは科学を、スワンソンは経営を知っていた。ボイヤーはアカデミックな研究室での探求作業は粛々としたペースで進むものだと理解していた。スワンソンはそこに数千ボルトの電圧をかけたかった。

「まず、研究助成を受けるための書類を出して、お金をもらわなければならない」とボイヤーは説明した。

「既にお金があったとしたら、どうしますか？」とスワンソンは切り返した。「研究助成の申請書類なしで、お金が手に入るということです」[80]

すぐにボイヤーはこれまでとは違った道が開けていることに気づいた。ベンチャーキャピタルによって制約を解くことができれば、想像していたよりも、かなり早く組み換えＤＮＡのテクノロジーを商業化できそうだった。[81] マネーによって、科学者は従来試せなかったことが自由に行えるようになる。これも解放の資本の一つの形だった。

ボイヤーとスワンソンはパートナーシップを結成した。５００ドルずつ出し合って、起業に必要な法的手続きの費用をまかなった。[82] ２人は６ページからなる出資要請の説明資料を作成し、トム・パーキンスに会う準備を進めた。

１９７６年4月1日、スワンソンはボイヤーを伴ってクライナー・パーキンスの会議室に現れた。[83] スワンソンはジェネンテックと名づけた彼らの会社の事業計画の概要を伝えた。まず、６カ月かけて遺伝子をつなぎ合わせる技術のライセンス導入でカリフォルニア大学およびスタンフォード大学と交渉する。続いて研究開発に従事する微生物学・分子生物学の科学者を1人、有機化学の科学者を２人採用する。スワンソンは最初の製品を作るまでに18カ月と50万ドルを要するとした。この資金は場所を借り、設備を購入し、科学者を雇い、実験を行うために用いられる。また、この所要期間は生物学の権威たちが可能と考える時間軸に比べて、極めて短かった。当然ながら実験が成功する保証はなかった。

「パーキンスは今度ばかりはこのテクノロジーに魅了された。彼には「微生物並みに小さいフランケンシュタイン」まで作り出せそうに感じられ、危険なくらい神を演じるに近い行為に思えた。[84]

ボイヤーにも感銘を受けた。実験が実を結ぶかどうかはさておき、この巻き毛と口ひげの人物は、少なくともやり方を知っていた。[85]実験がうまくいったときには、可能性は無限大だった。ジェネンテックは第一弾の生産品目として市場規模が巨大で成長中のインスリンを提案した。それまでインスリンは、豚や牛の膵臓の分泌腺から一滴残らず搾り取るという、中世の魔術を思わせる方法で採取されていた。パーキンスは内心では、ジェネンテックが実用的な製品を創出できる確率は50％に少し届かないくらいと見立てた。[86]同時に、技術面の課題が非常に大きいため、このビジネスへの参入障壁は高く、成功したなら、ジェネンテックは大きなマージンを得ることができる。まさに、もう一つのパーキンスの法則の実例だった。

翌日、パーキンスは再びスワンソンに会い、提案した。この科学には心を奪われるが、その証明に50万ドルもかかるというのは、不確実性を考慮すると、法外に高い。そこで、パーキンスはタンデムを立ち上げた際と同じように、白熱型のリスクを洗い出し、最も安価な方法でそれらを軽減するよう促した。実験のコストを削減するべきで、科学者の採用も、自前の研究室の開設も見送る。[87]その代わりに、初期段階の作業を既存の研究室に外注するべきだとした。

このとき、パーキンスはバーチャル・カンパニー（仮想企業）のようなものを勧めていたのである。アメリカの戦後経済は、大企業と強大な労働組合に支配されていたが、ジェネンテックの誕生は、よりネットワーク化され、より機敏に行動する新しい産業形態の到来を告げていた。[88]将来、巨大企業の中央研究部門は、ベンチャーキャピタルの支援を得て、必要な知識を次々に持ち込むスタートアップ集団に取って代わられる。既にパーキンスはヒューレット・パッカードから短期契約でコンサルタントたちを起用してタンデムを立ち上げた。今、彼はバイオテクノロジーというより複雑な分野でジェネンテックに同じことを迫っていた。

スワンソンとボイヤーはこの提案を受け入れた。当初の予算を使って、ジェネンテックが契約した相手は遺伝子のつなぎ合わせの技術を持ちボイヤーのチームがいるUCSF、遺伝子の合成の専門家たちがいる研究病院のシティ・オブ・ホープ、そして優れた検査設備を持つカリフォルニア工科大学（カルテック）だった。このようにして、最高のチームの力を借りつつ、コストを削減した。ジェネンテックはそれでも失敗するかもしれないが、被る損失はかなり小さくなった。

パーキンスはスワンソンが望む金額を出資することに同意した。わずか10万ドルである。タンデムの初期にコンサルタントたちを起用して、事業を前進させるために5万ドルを拠出したときよりは多いものの、大きな金額ではなかった。クライナー・パーキンスのファンドの1％強に相当するこの控え目な関与と引き換えに、ジェネンテックの株式の4分の1を取得した。

この取引は決して不当ではなかった。スワンソンはほかでも出資を求めたが、応じてくれる相手はいなかった。[89] しかし、ジェネンテックの株式をかなりの安値で買ったことにより、ベンチャーキャピタル側は極めて高いリターンを得る可能性が出てきた。仮にパーキンスが当初、スワンソンの最初の50万ドルの調達計画を基に20倍のリターン（1000万ドル）を想定していたとしよう。この50万ドルが10万ドルで済んだということは、リターンが100倍に引き上がることを意味する。

パーキンスの視野に、この100倍という数字があるのなら、ジェネンテックが製品化に漕ぎつける確率が100分の1以上になれば、投資はプラスと見込める。パーキンスの個人的な展望では、この確率は100分の1どころか、五分五分にわずかに届かない水準である。白熱型のリスクを切り出し、中和させることによって、パーキンスはこの困難だった賭けを、拒み難いものに変えてしまった。

1976年、カリフォルニア州の証券規制当局がクライナー・パーキンスに書簡を送り、ジェネンテックへの投資の危うさに懸念を表明した。これに対するクライナーの返信は泰然としたものだった。「クライナー・パーキンスはジェネンテックへの投資が非常に投機的だと認識しております。しかし、我々のビジネスは非常に投機的な投資を行うことにあるのです[90]」

*

結局、最初の製品を作るまでに、スワンソンが予想した以上の時間と資金がかかった。この会社を前進させるために、パーキンスはまず1977年2月に、続いて78年3月に追加の資金調達を実施した。どちらも外部の投資家を対象に、次の研究の節目への到達を約束して進めた。この段階を踏んで資金を集める手法の利点は次第に明確になった。リスクを次々に排除していくにつれて、ジェネンテックの企業価値の評価は高まり、創業者側はより少ない株式の付与で、より多くの資金を調達できた。76年の時点では、25％の株式で10万ドルを得るにとどまったが、翌77年にボイヤーとスワンソンは26％の株式で85万ドルを、さらに78年にはわずか8・9％で95万ドルを調達した。[91] もし2人が最初の段階で必要資金をすべて集めることに固執していたなら、リスクは最大だっただけに、もっと多くの株式を手放して、もっと自分たちの持ち分を減らすことになっただろう。

段階的な資金調達は一方で、DNA技術の開発に携わる研究者たちのインセンティブを高めた。彼らはジェネンテックの資金が尽きる前に、次の約束の節目まで到達した場合にだけ、実験を続けることができると理解していた。[92] 同時に、研究者たちは目標を達成したとき、その結果もたらされる企業価値の上昇によって個人的にも恩恵を受けると分かっていた。アーサー・ロックがインテルで実行したように、パーキンスはジェネンテックの従業員、そして主要な契約先にストックオプションを付与するよう主張していたからだ。[93]

当初、すべての科学者がオプションに関心を持ち、それが何を意味するかを認識していたわけではなかった。ある人物は「私は背中の半分までポニーテールを伸ばし、毎日マリファナを吸っていた。お金のことなどどうでもよかった」と話した。しかし、ジェネンテックの企業価値の評価が最初の2年間で26倍になると、株式を重視する文化が定着した。[94] 事務員に始まり、全員が会社がうまくゆくようにと応援した。ポニーテールの科学者も自分の持ち株に100万ドル以上の価値があると知ると、考えを改めた。[95]
パーキンスはジェネンテックの企業文化という目に見えないものにも多大な貢献をした。彼は臆することなく、プロモーター兼会社の顔となって先頭に立つ役割を果たした最初のベンチャーキャピタリストだった。科学者たちには、彼らが今やアカデミアを離れ、何かわくわくさせるものに携わっているのだと知らしめた。彼は轟音を発する赤いフェラーリを駆ってオフィスに現れては、指示や締め切りを伝え、研究者たちに特別な使命を帯びている意識を植えつけた。[96]
1978年7月のある素敵な晩に、スワンソンを2人のカギを握る科学者とその妻たちと一緒に夕食に招いた。一行はサンフランシスコの市街とゴールデンゲート・ブリッジが見渡せる丘に建つ邸宅を訪れた。パーキンスは庭やタペストリー、ビンテージカーを見せ、制服を着た執事が給仕する食事でもてなした。スワンソンは邸宅の外に出ると、興奮したように手を振り、科学者たちに叫んだ。「これこそ我々が目指しているものだ」。ある招待客は後に語っている。「彼が我々のような下っ端の科学者2人を自宅に招待してくれて、意欲は高まった」[97]
数日後、この動機づけが有益だったことが証明された。パーキンスは夕食に招いた科学者の1人で、博士号を持つ若手のデイブ・ゴーデルをシティ・オブ・ホープの研究室に送り、契約研究者たちを奮い立たせてインスリン・プロジェクトの最終段階を完了するよう促すことにした。パーキンスはギラギラするカリスマ性を最大限に発揮して命じた。「インスリンができるまで戻ってきてはならない」

ゴーデルは気をつけの姿勢を取った。この任務に選ばれたことを誇りに感じ、パーキンスから直々に指示されたことを喜んだ。[98] ロサンゼルスに飛び、徹夜続きの日々を送った。1978年9月、テレビ中継のカメラのライトが照りつけるなか、記者会見で人工インスリンの生産開始が発表され、国民を驚かせた。

2年後の1980年、ジェネンテックは株式市場へのデビューを果たした。1990年代になってからとの予想よりも、かなり早かった。従来型の基準では、同社はまったく上場の準備ができていなかった。研究費ばかりがかさみ、ほとんど利益が出ていない状態だったからだ。しかし、パーキンスには、これまでのベンチャー・ビジネスの歴史を踏まえた一つの考えがあった。投資家を説き伏せて、明日のテクノロジーに賭けさせるためには、真っ先に昨日の財務指標へのこだわりを止めさせなければならなかった。実際、ベンチャーキャピタルの黎明期にはアーサー・ロックが「知的簿価」というアプローチを編み出した先例があった。割安銘柄を探し出すバリュー投資で通常使われる物差しがあてはまらない企業に、この発想を適用して投資へと誘導する狙いだった。

そのおよそ20年後、今度はパーキンスが投資家を次のステップへと踏み出させる論理を提唱する役目を引き受けた。利益を計上していない企業はベンチャーキャピタルから資金を調達すべきであるだけでなく、株式の公開も認められるべきだ、という主張だった。パーキンスはウォール街にこの分水嶺を越えさせるための手を打った。見込みのある投資家たちに、科学が秘めた力を見せつけて驚嘆させようと、ボイヤーを送り出した。この教授が色鮮やかなビーズの小道具を使って、ある有機体から取り出したＤＮＡを別の有機体に挿入する方法を説明すると、金融界から集まった聴衆は驚きのあまり、口を開けて見とれていた。ジェネンテックの株式の引き受け業務のため、クライナー・パーキンスはヘイデン・ストーンでアーサー・ロックの上司だったバド・コイルを引っ張り出した。コイルは既に引退していたが、ウォール街では半導体ビジネスを見いだした1人として称賛されていた。それがどれだけ大きな利益をもたらしたかを、あらゆる投資家が覚えていた。

１９８０年10月14日、ジェネンテックはナスダック市場に上場した。取引開始の直後、株価は公募価格の35ドルから80ドルへと驚異的な勢いで上昇し、20分以内に89ドルの高値をつけた。当時、ウォール街で史上最速の株価の上昇を記録した。この日、ニューヨークにいたパーキンスはカリフォルニアのスワンソンに電話をかけて、呼び起こした。そして、一度は解雇したアソシエイトに告げた。「ボブ。私が知っているなかで君が一番のお金持ちだ」[99]

クライナー・パーキンスも同じくらい素晴らしい報酬を得た。取引初日の終値で見ると、同ＶＣが平均１・８５ドルで取得していたジェネンテック株の価値は71ドルに跳ね上がっていた。[100]その後も株価は上がり続け、リミテッド・パートナーシップとしてのジェネンテックへの投資のリターンは２００倍にもなった。[101]

ジェネンテックの大当たりは、タンデムでの成功とあわせて、クライナー・パーキンスのファンドを伝説的な存在とし、べき乗則を劇的な形で表現した。合計で14の案件に投資したこの第一弾のファンドは1984年時点で、2億800万ドルの利益を稼ぎ出した。そのうち95％がタンデムとジェネンテックからの利益だった。これら二つのホームランがなかったとしたら、ファンドのリターンは4・5倍だった。それでもこの11年間のS＆P500種株価指数の上昇率を上回った。ホームランがあったことでファンド全体のリターンは42倍だった。クライナー・パーキンスは株式市場のリターンのおよそ5倍の、そしてドン・バレンタインとデービス＆ロックに迫る成績を収めた[102]。

では、これは運が良かったということなのか、あるいは、それ以上のことだったのだろうか。そもそも、ベンチャー投資では目利きの能力の優劣を判定するのは難しい。本書でこれまで見てきたように、客観的で定量化が可能な基準があるわけではなく、主観的に取り組むしかない。

対照的に経営難に陥った企業の社債など、いわゆるディストレスト債に投資するヘッジファンドの場合、アナリストや法律家を雇い入れて、経営が破綻した企業の財務状況を精査する。それによりヘッジファンドは、どの社債がどの担保に裏づけられているのかを正確に知り、破産担当の裁判官がどのような判決を下しそうかを予見できる。その意味で利益は運によってもたらされるものではない。同様に、アルゴリズムを駆使するヘッジファンドの場合は、天体物理学者を起用して市場の変動パターンを探し出す。統計的なシグナルを発見して、着実に利益を上げるかもしれない。

しかし、パーキンスがタンデムとジェネンテックを支援したときも、バレンタインがアタリを支援したときも、同じような確実性を求めることはできなかった。彼らは才気と脆弱さを併せ持つ創業者という人間に投資していた。製品と製造工程は、まだ検証されておらず、複雑だった。競合他社の行動も予測不可能だった。彼らは遠い先を見据えた上で現在に投資していた。結果的に、リスクの一部は定量化できても、定量化できない不確実性によって、全体は何倍にも不透明になった。プロジェクトの不確実性に備えるために、いわゆる「既知の未知」と「未知の未知」にも立ち向かわなければならなかった。予測不能なものを、きちんとした金融モデルで、予測可能なように、ごまかすことはできなかった。もちろん、このような環境では運も重要である。クライナー・パーキンスは第一弾のファンドの14の投資案件のうち6件で損失を計上した。投資手法はタンデムのコンピューターのようにフェイルセーフではなかった。

しかし、パーキンスとバレンタインは単に運が良かったわけではない。1960年代にアーサー・ロックがARDやSBICの先を行く投資の手法や対応を取ったように、70年代の有力者たちも競争相手に対する優位性を持ち合わせていた。パーキンスとバレンタインはシリコンバレーの主要企業で経営幹部としての経験があり、投資先の実務に関与するハンズオン型のアプローチの進め方を知っていた。2人の貢献があって投資先の企業が成功を収めたことは明らかだった。パーキタンデムで白熱型のリスクを除去するために、早々とコンサルタントを雇い入れたのは、パーキンスだった。ジェネンテックの研究活動を既存機関に委託するようスワンソンの背中を押したのも、パーキンスである。同様に、アタリに「ホーム・ポン」に集中し、シアーズと提携するよう促したのは、バレンタインだった。その彼がワーナー・コミュニケーションズによるアタリの買収をお膳立てした。初期段階でリスクを減らし、ステップを踏んで資金調達する手法は、これらの3社の驚くべき成功に役立った。

懐疑的な人々はしばしば、ベンチャーキャピタリストはイノベーションを引き起こしているのか、それとも単に、その場に顔を出しているだけなのかと尋ねる。ドン・バレンタインとトム・パーキンスの場合、受け身で姿を現したわけではなかった。2人はその個性と知性に基づいて、自らの意思をそれぞれの投資先企業に押し付けたのである。

第4章

アップルをめぐるひそひそ話

The Whispering of Apple

クライナー・パーキンスがジェネンテックを支援した1970年代後半には、西海岸のベンチャーキャピタル（VC）業界に最新の投資手法が一式そろった。株式を取得する形での資金提供に特化し、保有期間を限定する投資ファンドが、融資中心の中小企業投資会社（SBIC）や、投資の期限を定めないオープンエンド型のアメリカン・リサーチ・アンド・デベロップメント（ARD）のモデルに取って代わった。ベンチャー投資家は単打や二塁打ではなく、ホームランを狙う選球眼を備えてバットを振らなければならないことを理解した。投資先にモノを言う行動主義と、段階を踏んでの資金提供は、リスクの大きなスタートアップを管理するための手法として広がった。シリコンバレーのあちこちでベンチャーキャピタリストたちが、有望な才能を解放して、彼らに新しい産業の創出を牽引させようと、チャンスを探し回っていた。

ベンチャーキャピタルの進歩の次の焦点は投資手法の一層の拡充ではなかった。むしろ、ベンチャー投資にかかわる人々のネットワークの出現に関係していた。初期段階の投資がもたらすべき乗則のリターンに加えて、年金基金の投資に対する規制の緩和や、キャピタルゲイン課税の引き下げが刺激となって、ベンチャー・ファンドに資金が大量に流入した。それが、散在していた先駆的な投資家たちを質的に異なる何かに変化させた。これまで個別の賢い投資家たちで占めていた空間が、スタートアップの目利きの作業に携わる人々が網の目のようにつながり合って存在する空間に移行したのである。彼らがまとまって行動して生まれる力は、個々のバラバラな行動を合わせたものよりも大きい。いわば、天才たちがエンジンとなって駆動するシステムから、進化が主導するシステムへの切り替えである。優秀な人物は大きなことを成し遂げるが、大きな集団は多くのことを試す。大きな集団は試行錯誤と、時折発生するブレークスルーを利用して、個人よりも早く前進するだろう。

このようなネットワークの豊穣さは、スティーブ・ジョブズとスティーブ・ウォズニアックの2人が1976年に創設したアップルをめぐる物語が実証している。表面的には、アップルはベンチャーキャピタルにとって格好の投資先の候補だったように見える。テクノロジーの世界で次に大化けする可能性があるのは、パーソナル・コンピューター（PC）だろうと数多くの関係者が認識していたからだ。実際、企業ではゼロックスのパロアルト研究所（PARC）がPCをこの時代にぴったりの「機が熟したアイデア」と位置づけ、マウスやグラフィカル・インターフェイスを備えたプロトタイプを作製した。インテルとナショナル・セミコンダクターもそれぞれPCの生産を検討した。スティーブ・ウォズニアックは当時の所属先であるヒューレット・パッカード（HP）に2度、「アップルI」の設計を提案したほどだった。[1]

しかし、これら4社はことごとくPCを作らないと決めた。経営学者のクレイトン・クリステンセンが言うところの「イノベーターのジレンマ」が妨げとなった。ゼロックスはコンピューター化されたオフィスが中核事業の複写機ビジネスに悪影響を及ぼすことを懸念した。インテルとナショナル・セミコンダクターはコンピューター製造への進出が半導体の最上位の顧客である既存のコンピューター・メーカーとの対立をもたらすことを恐れた。HPは安価な家庭向けコンピューターを作れば、15万ドル前後で販売している上位機種の価値を損ねると憂慮した。4社ともあまりに現状を維持することの利益が大きすぎて、それを混乱させるリスクを取れなかった。その結果生じている空白を埋めるスタートアップは、ベンチャーキャピタリストにとって、明らかに賭けるに値する対象だった。

それでも、アップルが資金調達に乗り出したとき、ベンチャーキャピタル業界の花形的な人物たちは好機と受け止めず、最も優秀なベンチャーキャピタリストたちでさえ、大きく間違えてしまう可能性があることを証明した。トム・パーキンスとユージン・クライナーはスティーブ・ジヨブズとの面会を拒否した。サッターヒルのビル・ドレイパーは部下をアップルに行かせたが、ジョブズとウォズニアックに待たされたとの報告を聞いて、2人を傲慢だと一蹴した。[2] ドレイパーとかつてＳＢＩＣで仲間だったピッチ・ジョンソンは、「家庭でコンピューターをどのように使うのだろう。レシピでも取り上げるのだろうか」といぶかった。[3]

繰り返し拒絶されたジョブズは、遠くニューヨークのスタン・ベイトにまで接触した。コンピューター販売店を市内で初めて開いた経営者で、わずか1万ドルの出資でアップルの株式の10％を渡すと持ちかけた。しかし、徒労に終わった。ベイトは「この長髪のヒッピーとその仲間たちを見て内心思った。『私の1万ドルを託す相手として、あなたたちの順番はこの世界で最後だ』と残念そうに振り返った。[4]

ジョブズは自分をアタリで雇ってくれたことがあるノーラン・ブッシュネルにも提案した。5万ドルでアップルの株式の3分の1を取得できるという内容だった。「私は利口すぎて、ついノーと答えてしまった」とブッシュネルは反語的な言い回しで当時を思い起こした。「あのときのことを考えるのは、それなりに面白い。気分が落ち込んでいないときにはね」[5]

ジョブズとウォズニアックにとって幸運だったのは、１９７６年にはシリコンバレーのベンチャーキャピタルのネットワークが十分に大きくなっていて、一握りから断られても、絶望的な状況には追い込まれなかったことだ。すぐに2人はセコイアのドン・バレンタインのもとへ足を運んだ。

このバレンタインを訪問することになった経緯こそがネットワークが持つ力を示していた。ノーラン・ブッシュネルはアップルへの支援を拒みつつも、そのダメージが致命的なものとならないようにするため、アタリを助けてくれたベンチャーキャピタリストであるバレンタインをジョブズに紹介した。同時期にジョブズはシリコンバレーでマーケティングの第一人者と目されていたレジス・マッケンナにもアプローチした。ジョブズはマッケンナの会社に広告を含む製品の販促サービスを依頼する対価として20％という相当な比率のアップル株の譲渡を提示した。しかし、マッケンナは、まだ何もないスタートアップの20％の持ち分を得ても、ほぼ無価値だろうという反応だった。それでもマッケンナはブッシュネルと同様に、別の人物につないで、拒否が大打撃にならないよう手加減した。その人物とは、またもドン・バレンタインだった。

シリコンバレーのネットワークがジョブズをバレンタインへと導いたのは、当然のなりゆきでもあった。アタリを支援したバレンタインは、奔放な若き創業者たちを制御できる最強の人物として定評があった。半導体産業のベテランとして、バレンタイン自身がテクノロジーを生かした製品に投資することに誇りを持っていた。加えて、バレンタインはアップルの理想の投資家だった。ビジネスを定着させるリスクより、テクノロジーを確立するリスクのほうを好むクライナーとパーキンスは、ジョブズとの面会を断った。[6] その点、フェアチャイルドとナショナル・セミコンダクターで販売部隊を率いたバレンタインは、消費者に「台所に置くコンピューターが欲しい」と思わせることが最大の課題となるスタートアップにはうってつけだった。[7]

このようにバレンタインはアップルの最初の投資家として申し分のない人物だったが、彼のジョブズとウォズニアックに対する最初の反応は懐疑的なものだった。「ジョブズはカウンターカルチャーを体現しようとしていた」とバレンタインは後に語っている。「細い髭を生やし、とてもやせていて、まるでホー・チ・ミンのようだった」[8]。それでも、バレンタインはブッシュネルとマッケンナからジョブズとウォズニアックには会ってみる価値があると聞いていた。バレンタインも自分のネットワークを大切にしていたため、腰を上げて、アップルが何をしようとしているのか尋ねてみることにした。

「市場規模はどのくらいかね」。彼はウォズニアックに質問した。

「ざっと１００万台です」とウォズニアックは答えた。

「その根拠は」

「ええと、アマチュア無線を楽しむ人々が１００万人います。コンピューターはこのアマチュア無線より人気です」[9]

ウォズニアックの回答は、アップルが限られたテクノロジー系の愛好家たちの輪を大きく超えようとは考えていないことを示唆していた。また、バレンタインがアタリを訪問した際には、同社のゲーム機は多くの都市に広がっていたのに対し、１９７６年時点でアップルの製品はまだ販売していないに等しかった。その点にもバレンタインは疑問を感じた。

「言ってください。あなたに資金を提供してもらうために、こちらは何をすればいいのでしょう」

とジョブズは強い調子で尋ねた。

「経営やマーケティング、販売チャネルについてある程度分かっている人材を会社に迎えなければならない」

「承知しました」とジョブズは返答した。「（それぞれの専門家を）3人送ってください」

　この出会いのあと、バレンタインは面談を勧めたレジス・マッケンナに怒りをぶつけた。「人類の中から、よくもまあ（ろくに事業計画を練ってもいない）あの反逆者たちを私のもとに訪ねさせてくれたな」と抗議した。[10] バレンタインはこのネットワークの中で唯一、アップルを支援できるベンチャーキャピタリストだったが、資金を投じる用意はまだなかった。それでもバレンタインは単なる拒否で終わらず、ブッシュネルとマッケンナと同じ行動を取った。ジョブズが外部からマーケティングの専門家を起用することに前向きな点を踏まえ、次の人物たちにつないだ。ほとんど反射的な対応だった。このときのバレンタインの中心的な役回りは、よそからの紹介を受け入れ、次の相手に紹介することだった。

　バレンタインは自分の人脈にあたり、アップルで事業の確立を助ける経験豊富な3人の経営幹部の候補者たちを選んだ。ジョブズはそのうちの1人を断った。ジョブズはもう1人には会ったが、一緒に働くことを拒んだ。3人目はエンジニアで、バレンタインとはフェアチャイルド時代からの知り合いのマイク・マークラという販売・営業の元幹部だった。マークラはインテルでのストックオプションで豊かになり、33歳で早々と退職・引退し、今後はテニスと家具づくりを楽しむつもりでいた。
退職から1年半が経った1976年の初秋のある月曜日、マークラは金色に塗装したスポーツカーのコルベットを運転してジョブズの郊外のガレージを訪ねた。建物としては質素な部類に入るそのガレージは、後にテクノロジー系のスタートアップをおおいに刺激することになる。マークラは長いもみあげで、レジャースーツという格好だったが、ジョブズとウォズニアックに抱いた第一印象は、彼らは散髪しなければならないということだった。[11]
もっとも、このときマークラは、ほかのガレージへの訪問者たちが正当に評価しなかった点に気づいていた。ウォズニアックの腕前は本当に素晴らしかった。作業台に載っていたアップルⅡの試作機の回路基板は、ごちゃごちゃとコネクターでつないだ標準的なタイプとは別物だった。マシン全体が1枚の基板で作動するように設計され、プリンターなどの機器のプラグを差し込めるスロットがついていた。また、マークラが知る限りでは、それは世界初のランダム・アクセス・メモリーを搭載したコンピューターだった。「ウォズが考案したエレガントで美しいデザインだった」とマークラは振り返る。「私は回路の設計者でもあったから、それが分かった」[12]
これをきっかけに、マークラはアップルのために精力を傾けた。彼は2人のスティーブのアドバイザーとなった。事業計画をまとめ、マーケティングの責任者と会社全体の会長に就き、銀行との間で融資枠を設定し、最終的には自己資金9万1000ドルを投じて26％の株式を取得した。[13]
遠回りで、少しずつしか進まなかったが、シリコンバレーのネットワークはついに正しい解にたどり着いた。ここまでジョブズとウォズニアックは多くの投資家たちに拒絶され続けた。しかし、一つの紹介が、次の紹介へとつながり、アップルは求めていた命綱を最終的に握った。

マークラはベンチャーキャピタリストではない。彼は、ほぼ間違いなくシリコンバレー初の「エンジェル投資家」だった。一つのスタートアップで成功を収めてお金持ちとなり、その富と経験を、より多くのスタートアップで再利用する人々のことだ。ただし、マークラが持ち込んだ最も重要な要素は、彼の人脈だった。フェアチャイルドとインテル出身の彼は、シリコンバレーの魅力的なインナーサークルのメンバーでもある。マークラがジョブズとウォズニアックと組んだからには、アップルもその一員となった。

アップルはまだ広告・宣伝の助けを必要としていた。そこでマークラはレジス・マッケンナに2人のスティーブのことを改めて考えてほしいと伝えた。「レジス、費用は私が支払う。取り組んでもらえないか」[14]。会社の持ち分の5分の1を提示しても、アップルの仕事を引き受けなかったマッケンナだったが、自分のネットワークの中から頼まれると、進んで応じた。マッケンナの会社は、一口分が欠けているリンゴに虹色の縞模様をあしらったあのロゴを作った。[15]

マークラが次に探したのは経営人材だった。それまで、アップルで働くリスクをいとわないテクノロジー系の経験者はいなかった。マークラはフェアチャイルドOBのネットワークの中からマイク・スコットを説き伏せて、安定した職を捨てさせ、アップルの初代社長に据えた。スコットやほかの優秀な幹部を起用するため、マークラはインテルのストックオプション制度を取り入れた。アップルもアーサー・ロックの株式文化の一翼を担うことになった。
マークラはベンチャーキャピタルのコミュニティにも働きかけた。ドン・バレンタインは依然、消極的だったものの、ほかにもつてがあり、一つのVCに頼る必要はなかった。フェアチャイルド時代に親しかった同僚にハンク・スミスがいた。ロックフェラー・ファミリーのベンチャー向けの投資ファンドであるベンロックに加わっていた。マークラはスミスに電話をかけて、アップルに投資したくなるような情報を吹き込んだ。マークラは続いて大物を狙った。インテル在籍中に会長のアーサー・ロックと知り合いになった。人脈を駆使して、ロックにジョブズとウォズニアックに会うよう頼んだ。
1977年、当時のロックはシリコンバレーのベンチャー投資に関連したビジネスで指導的な地位を享受していた。また、サンフランシスコ・バレエ団を後援し、現代美術の作品を収集していた。彼がホスト役を務めるディナー・パーティでは、銀のベルを鳴らしてウェイターを呼び寄せた。[16] 彼はマークラとの関係を重視していたため、ジョブズとの面会を承諾した。しかし、反応は予想どおりだった。「スティーブはインドから帰国したばかりで、現地では導師（グル）か誰かと一緒だったそうだ」と後にロックは振り返った。[17]「確証はないが、しばらく入浴していない様子だった」[18]
ロックには鼻をムズムズさせることになったが、マークラは続いて旧友のハンク・スミスおよび彼がいたベンロックの訪問に向かった。1977年の秋、マークラはジョブズを連れてニューヨークに夜行便で飛んだ。タンデムの資金調達でパーキンスとトレイビッグが訪問した1年後のことだった。[19]マークラとジョブズはロックフェラー・プラザ30番地のビルに行き、エレベーターに乗ってベンロックのオフィスがある56階に上がった。到着すると男性用トイレに駆け込み、機中で着ていた服を脱いだ。

新しいブルーのスーツに身を包んだマークラとジョブズは窓のない会議室に通された。彼らはベンロックの投資責任者であるピーター・クリスプと、ハンク・スミス、ほかに2人か3人のパートナーを前に説明した。[20]ベンロック側のチームが何を聞き出そうとしていたのかは、まったく明らかではなかったが、ジョブズとマークラはPCの潜在的な市場規模について話した。バレンタインにその点を聞かれて以降、彼らは語り口を洗練させ、コンピューターがあらゆるリビングルームを優雅な場所に変える未来について壮大な絵を描いてみせた。しかし、パートナーたちは、このメッセージに熱心に耳を傾けているように見えなかった。「スティーブが語ってくれた細部には、関心はなかった」とハンク・スミスは後年、振り返った。「全体が推測の域を出ない以上、額面どおりに受け止めることはできなかった」という。[21]

「目隠しして、どこを飛んでいるのか分からない状態と同じ。判断しようにも、材料が乏しかった」とピーター・クリスプはつけ加えた。[22]

1時間半が経過すると、質問は尽き、ジョブズとマークラは説明を終えた。ベンロックのパートナーたちは2人に待機するよう伝え、廊下に出た。ベンロックのチームは、ハンク・スミスがインテルにいたこともあって、半導体の進歩がPCの事業化の可能性を高めると理解していた。また、ベンロックのチームは、スミスがマークラを知り、尊敬していたため、アップルが成果を出すことに一定の確信を抱いていた。その一方で、ベンロックはほかの東海岸のベンチャーキャピタルと同様に比較的、リスク回避の傾向が強かった。このため、しばしば初期のスタートアップへの支援を見送っていた。確実な収入が上がってから初めて投資することを好んだ。[23] 要するに、ベンロックのチームには、この案件をまとめることも、協議を打ち切って立ち去ることも可能だった。では、何が正しい判断で、誰がそれを分かるだろうか。「廊下にいた我々、4人ないし5人は、互いに顔を見合わせ、肩をすくめて、何てことだとぼやいていた」とクリスプは回顧した。[24]「後々、我々は賢明な判断を下したとされたが、それは過大評価だろう[25]」

結局、ベンロックのチームはほとんど気まぐれのように、30万ドルを出資してアップルの株式の10％を取得すると約束した。[26] 全体の企業価値を300万ドルと見積もったことを意味し、1年ほど前にスタン・ベイトが1万ドルで10％の株式という条件を却下した際に比べると、30倍の水準だった。

ベンロックからのオファーを手に入れたマークラは西海岸に戻り、面談を続けた。すぐにアンドリュー・グローブから合意を取りつけた。間もなくインテルの社長になるかつての同僚である。グローブはアップルの存在にすっかり気づいていた。マークラがインテルの従業員を何人も引き抜こうとしていたからだ。グローブは少数の株式の購入に応じた。これでマークラは支援者リストに有力な名前を一つ追加した。

ベンロックとグローブが加わったことで、アップルは勢いを得た。それまで、ひそひそ話で取り上げられていた同社への出資は、ほとんど聞き取れそうなざわめきに変わり、シリコンバレーじゅうのブドウの木が、その社名をしつこくささやいているようだった。[27] 距離を置いていたドン・バレンタインがマークラにまとわりつき、株式の譲渡を要求し始めた。アップルの本社に約束も取りつけずに何度も現れた。あるとき、同じレストランでマークラを見つけたバレンタインはワインのボトル1本とメモを送ってきた。「私がアップルに投資するつもりだという事実を忘れないでほしい」とあった。[28] マークラは「我々には彼の資金は必要なかった」と振り返るが、彼が取締役に就任することを条件に最終的に受け入れた。[29] 最も著名なベンチャーキャピタリストを取締役会に迎えて、ますます弾みがついた。

同時期にレジス・マッケンナがアーサー・ロックのオフィスを訪問した。ひそひそ話はアーサーの耳にも入っているか。アップルに投資するなら今がチャンス。既に大物たちも加わっている。列車は出発しつつある――と伝えた。

この動く列車のイメージは、段階を追って進める資金調達に新たな光をあて、その役割をくっきりと浮かび上がらせた。アタリとジェネンテックの場合、後続のベンチャーキャピタリストたちは白熱型のリスクが中和されてから小切手を切った。ところがアップルの場合、各ＶＣは単に、ほかのＶＣが投資しているという理由だけで追随した。これがどれほど循環論法であっても、クレイジーな考え方だと退けることはできない。ブドウの木がささやくメッセージは、アップルが勝者ということだった。つまり、周囲の評価には信頼性がありそうだと感じ、多数の行動に同調するとき、また、心理学でいうソーシャル・プルーフ（社会的証明）がなされていると認識しているとき、アップルの経営者の手腕やその製品の品質についての客観的な事実は二の次だった。アップルが資金を引きつけ、人脈を持つ支援者たちのおかげで評価を高めているなら、同社が最良の人材を採用し、最高の販売チャネルを確保するチャンスも増えるだろう。このようにして、循環論法は健全な論理となりえた。[30]

マッケンナからこの件を聞いたあとのロックの行動がまさに、そのとおりだった。ロックはジョブズと彼の衛生状態（入浴の頻度）への疑念を脇に置いた。投資を行うべきタイミングを迎えていることは紛れもなかったが、どのような方法で進めるかが問題だった。ベンロックが30万ドルを用意し、バレンタインも小切手を振りかざしていた。アップルに資金は足りているはずだった。

ロックはディック・クラムリッチに頼ることにした。トミー・デービスとのリミテッド・パートナーシップ、デービス&ロックを解消後に手を組んだ年下の相棒である。2人の投資ファンド、ロック・クラムリッチも最近、清算して、収益をリミテッド・パートナーに分配したばかりだったが、共に同じオフィスで働いていた。ロックはクラムリッチにベンロックのクリスプに電話するよう依頼した。これもまた人脈を駆使した行動だった。クラムリッチとクリスプはハーバード大学ビジネススクール以来の知り合いだった。
クラムリッチはロックの威圧的な態度にしばしば腹を立てていたが、ハーバードの仲間への電話は喜んで引き受けた。「ピーター（クリスプ）、我々に（出資の権利を）少し分けてくれないか」[31]
クリスプは旧友に対して好意的だった。また、アーサー・ロックが1968年にインテルの資金調達を取りまとめた際に、ベンロックの参加を認めた経緯があり、クリスプはロックに恩義を感じていた。ベンロックが保有する30万ドルの出資枠の一部をクラムリッチとロックに提供すれば、クリスプはリスクを軽減できるという利点もあった。伝説的なベンチャーキャピタリストのアーサー・ロックがアップルとつながっていることは、決して悪いことではなかった。[32]
クリスプはクラムリッチにベンロックの出資枠のうち5万ドルを提供できると伝えた。
クラムリッチは興奮気味に礼を言うと、ロックに知らせた。「アーサー、5万ドル分をもらった」と得意満面で告げた。この枠のうち自分が1万ドルを取り、ロックが残りの4万ドルを得るという分配案を示した。
ロックは自室にこもり、ドアを閉めて、電話を何本かかけた。そして、クラムリッチに悪い知らせを持って戻ってきた。「私には恩返しをしなければならない案件がいくつもある。だから君は私の10人のリストの11番目だ」とロックは宣告した。彼は自分の元パートナーにアップル株を買わせるつもりはなかった。
クラムリッチは苦々しい思いで一杯だったが、シリコンバレーのネットワークにおけるロックの地位に対して抵抗は許されなかった。[33]

その後、しばらくしてクラムリッチの友人で、愉快なイギリス人がシリコンバレーを訪れた。ロンドンにアビングワースという名前の投資会社を設立したアンソニー・モンタギューで、シリコンバレーのアウトサイダーだった。

モンタギューは尋ねた。「リチャード（ディック・クラムリッチ）、目下の注目企業はどこなのか教えてくれ[34]」

クラムリッチは、それはアップルだが、同社の株式に投資するチャンスはまったくないと伝えた。資金調達のための投資家に対する意向確認作業は、ちょうど終わったところだった。クラムリッチ自身、その一部を手に入れることはかなわなかった。

モンタギューはそれでも投資を切望した。彼は、始まったばかりのPCビジネスの動向を確認するために、わざわざカリフォルニアにやってきたのであり、アップルがリーダーだと知っていた。そこで、クラムリッチはアップルの社長マイク・スコットに電話して、イギリスからの友人に会ってもらえるかと質問した。モンタギューは裕福な一家に生まれたが、次男のため、働いて生計を立てなければならない、とクラムリッチはせがんだ。[35] 彼の願いを聞いてもらえるだろうか。

スコットは会うことを了承した。しかし、友人に投資の機会はないとクラムリッチに断言した。アップルは追加資金を必要としていなかった。

モンタギューはアップルの本社に向かった。数時間後、彼はクラムリッチに電話をかけてきた。

「ディック、私はとても興奮している」と言った。「ここは、これまでに見たなかで、最もエキサイティングな会社だ」。彼は何としても、アップルに投資するつもりだった。

電話を切ると、モンタギューは面会相手に印象的なイギリスなまりで話した。「スコットさん、ご覧のように、私はオーバーコートを持ってきました。歯ブラシも持参しています。これからロビーに座ります。株式を取得せずに、退出するつもりはありません」。彼がエキセントリックな道化師なのか、それとも猛然と決意を固めている厄介者なのか、見極めがつかなかった。

スコットは訪問客に、お望みならロビーにいても構わないが、株式を手にするチャンスはゼロだと返答した。

モンタギューはロビーで待つと伝えた。「歯ブラシを持っているので、ここで横になっています」と繰り返した。まるで、歯科衛生上の理由で、誰かの執務室の中に入って寝泊まりするのを避けているかのような響きだった。

その晩、午後6時45分ごろにマイク・スコットが戻ってきた。「モンタギューさん、あなたは本当に幸運です」。スティーブ・ウォズニアックが家の購入を決め、自分の持ち株の一部を売却して、現金を調達するという。

モンタギューはウォズニアックが何株を手放すのかと質問した。

「45万株です」という回答だった。ベンロックやバレンタインが入手した株式よりも、はるかに多かった。

目のくらむような思いのモンタギューはもう一度、クラムリッチに電話した。「ディック、君のおかげだ」。取り分を2人で分けることを提案した。

クラムリッチはロックには、回り道を経由してかなりのアップル株を得たことを、決して明かさず、何年も黙っていた。しかし、控えめなお祝いをすることを一度だけ自分に許可した。拳を掲げ、勝利の雄たけびを――ただし静かに――上げた。クラムリッチのサンフランシスコの自宅の正門には、リンゴの形をした鉄の取っ手がついている。

＊

アップルの資金調達はネットワークが個人よりも強力になりえることを示した。本章で登場したベンチャーキャピタリストたちは誰一人、栄光に包まれてはいない。このうちの何人かは、明白な商機を前にしながら、アップルに投資するチャンスをみすみす逃すという、イノベーターのジレンマの存在を浮き彫りにした。ベンロックは投資したものの、肩をすくめながらであり、踏み切った理由はほぼハンク・スミスとマイク・マークラが偶然つながっていたことだけだった。バレンタインとロックは最終段階で現れ、特にロックの場合、投資規模は大きくはなかった。バレンタインは1979年に早くも持ち株を売却し、13倍のリターンを確定して、投資ファンドの運用成績を向上させた。しかし、その後のアップルの成長で利益を得る機会を逸した。[36] この物語で最大の勝者はアンソニー・モンタギューとディック・クラムリッチという思いも寄らない２人組である。運が何よりも重要な場合があることを証明している。[37]

このような騒ぎはあったものの、アップルの行方に悪影響は及ばなかった。アップルは資本を集め、人脈を広げ、その成功はシリコンバレーのネットワークが持つ力を見せつけた。ベンロック、バレンタイン、そしてロックは出資前にどれほど躊躇しても、いったんよじ登ったなら対応を変えた。投資先であるアップルを助けるために人脈を活用した。バレンタインの紹介で、アップルはフェアチャイルドから経験豊富なジーン・カーターを引き抜いた。ピーター・クリスプからの電話のおかげもあって、アップルはＨＰから製造部門のトップを採用した。[38]

一方、アーサー・ロックは自らが尊敬される立場にあることを、アップルにとってプラスに働くよう仕向けた。あるとき、モルガン・スタンレーの幹部２人が西海岸を訪れ、ロックと昼食を一緒にした。ロックはしきりにアップルを持ち上げた。モルガン・スタンレーの２人は報告書に「アーサー・ロックはまさに伝説そのものである」とした上で、ロックのアップルに対する見方を、私利私欲の反映ではなく、神のお告げであるかのように記して、広めた。ロックは２人に「この会社を運営している人々は非常に聡明で、創造的で、そして意欲満々だ」と断言した。[39]

１９８０年12月、ジェネンテックの新規株式公開（ＩＰＯ）の２カ月後、アップルが上場を果たした。同年の２３７件のＩＰＯのうち最大規模であり、[40]24年前のフォード・モーター・カンパニーのデビュー以降のどのＩＰＯよりも多くの資金を集めた。12月末の株式の時価総額は18億ドルに迫り、フォードのそれを上回った。[41] バレンタインは上場前にアップル株を手じまいして、13倍のリターンを得たが、ロックの持ち株の評価は378倍に跳ね上がった。ロックはアップルでも取締役に就任し、インテルの会長と兼務した。ロックはこれまで以上に、紛れもないシリコンバレーの重鎮となった。しかし、アップルへの投資は彼にとって最後のホームランであり、その後、影が薄くなった。

ビル・ハンブレヒトは「彼は圧倒的な存在だった。(主要な案件の)すべてに小切手を切っていた」と振り返る。「彼には地位もあり、お金もあった。彼に代わる存在はいなかった[42]」。しかし、重要なのは地位とお金だけではなかった。新しいテクノロジーと産業が顕在化し、金融・財務面の判断力を超えたスキルがますます求められるようになった。ロックは西海岸のベンチャーキャピタルの父だったが、それを前へと進める人物ではなかった。

もっとも、この新しい時代の要請は、当時ほとんど意識されていなかった。業界が地球の重力を振り切る「脱出速度」にまで加速し、激しく活気づいていたからだ。1978年、議会はキャピタルゲインへの課税率を49%から28%に引き下げ、ベンチャー・ファンドへの投資の誘因を大幅に強化した。翌年、政府はプルーデント・マン・ルールを緩和し、年金基金の運用担当者がハイリスクの資産にお金を投じる道を開いた。[43]

さらに80年には、ベンチャーキャピタリストのビル・ドレイパーがロナルド・レーガンの側近にキャピタルゲイン課税の追加引き下げを働きかける機会を得た。ドレイパーが、ボヘミアングロープ（紳士クラブの加盟員向けのキャンプ場）で開かれた秘密の有力者会議に半裸で出席して、その人物と接触するという、ハリウッドの陰謀ドラマさながらのシーンがあった。レーガンが大統領に就任して間もなく、税率は20％に低下した。[44] キャピタルゲインへの課税率が下がり、プルーデント・マン・ルールも変更されるというポリシー・ミックスの完成は、極めてベンチャー投資家にとって有利だった。ベンチャーキャピタルが支援する企業は一度も利益を計上することなく、上場し、従業員のストックオプションは付与された時点ではなく、最終的に行使した時点でのみ課税される。リミテッド・パートナーシップそのものに対する課税は免除され、構成員のうちリミテッド・パートナーは法的責任が限定され、賠償等の訴訟から守られている。ベンチャー企業に投資する業界にこれほど優しい国はほかにはなかった。

ジェネンテックやアップルをめぐるエグジット（投資資金の回収）で、人もうらやむほどの利益が上がったことに刺激されて、１９７０年代後半にはベンチャー投資ファンドに大量の資金が流入した。73年から77年の5年間にベンチャーキャピタル業界全体では平均で年間４２００万ドルが集まっていたが、その次の5年間は20倍以上に膨らみ、平均で年間9億４０００万ドルに達した。[45] アップルの上場以降、ＩＰＯ市場は再び活況を呈し、既存のベンチャーキャピタルは桁外れの利益を計上し始め、年間のリターンが30％から50％というのが当たり前になった。[46]

そして、当然ながら上位のＶＣの資金調達は前例のない規模に拡大した。ドン・バレンタインは第一弾のファンドで５００万ドルを集めたあと、79年の第二弾のファンドでは２１００万ドルを、81年には4400万ドルを調達した。[47] クライナー・パーキンスの調達規模はほぼ同じ期間に、800万ドルに始まって、1500万ドル、5500万ドルへと増えた。[48] ディック・クラムリッチと東海岸の2人のパートナーが77年に立ち上げた新興のニュー・エンタープライズ・アソシエイツ（NEA）も81年には4500万ドルを調達した。[49] 業界全体では、ベンチャー投資ファンドが運用する資金の総額は、77年から83年にかけて30億ドルから120億ドルへと4倍増を記録した。[50]

アーサー・ロックは表舞台から消えつつあるように見えたが、彼の遺産は急成長していた。

第5章
シスコ、スリーコム、そして勢いづくシリコンバレー

Cisco, 3Com, and the Valley Ascendant

1970年代から80年代にかけてベンチャー企業への投資ブームが沸き上がったものの、その重要性を誰もが完全に理解していたわけではなかった。大半のコメンテーターたちは既存の産業の有力企業群がアメリカの今後の富の大きさを左右するのだろうと見立てていた。彼らはイノベーターのジレンマという論理――新しい産業は新興の企業群によって創出される公算が大きく、したがってベンチャーキャピタルの急増は経済全体の活力に影響を及ぼすだろう――をなおざりにしていた。78年、メリルリンチは「有望なテクノロジーや新たな製品・サービスを開発するのは、主要企業の資金力のある部門」だと自信たっぷりに予想していた。[1] いまだにアメリカは

ＩＢＭやシャーマン・フェアチャイルドが支配する世界に閉じこもっているかのようだった。しかし、シリコンバレーのベンチャーキャピタルは、投資手法を充実させ、担い手たちの重層的なネットワークを構築して、二つの課題を同時に解決しようとしていた。第一に、シリコンバレーの中核である半導体産業は、手強い日本勢から挑戦を突きつけられていたが、ＶＣ業界にはこれを撃退できる可能性があった。第二に、シリコンバレーのＶＣ業界は、国内の長年のライバルだったボストンを中心とするテクノロジーの集積地をついに凌ぐことができそうだった。

シリコンバレーの成功は、政府の介入という観点からは説明できない。連邦政府が突然、カリフォルニア州をマサチューセッツ州より優遇したわけではなかった。超効率的な日本の半導体メーカーとの競争に直面して、政府が魔法のような産業政策で対抗したわけでもなかった。政府の積極的な行動が効力を発揮すると信じる人々は、１９８７年に発足したセマテックという名前の政府主導のコンソーシアムをしばしば引き合いに出す。政府は年間1億ドルを投じて、民間の連携を強化し、製造品質を向上させた。しかし、セマテックは不良品の減少と小型化の加速には貢献したものの、製造品質が決め手となるメモリー分野では日本勢の先行・優位は変わらず、競争を断念した。[2]

代わりに、シリコンバレーは持てるエネルギーを新分野、具体的には特殊なマイクロプロセッサーの設計、ディスクとディスクドライブ、さらには新たな装置を結びつけるネットワーク機器に注ぎ込むことによって打ち勝った。これらの新しい産業は、政府が支援する研究室から生まれた物理学や工学のブレークスルーを利用したものであり、その意味では、公的部門の支援は確かに重要だった。もっとも、シリコンバレーが基礎研究を商業製品に結実することに成功したのは、流行の科学とはあまり言えそうにない、社会学の勝利を反映していた。

カリフォルニア大学バークレー校の社会学者であるアナリー・サクセニアンは、ハイテク産業の歴史におけるこの発展段階について、鋭い考察を行い、シリコンバレーとそのライバルたちとの間の主要な相違点を浮き彫りにした。[3] ボストンと日本では、エレクトロニクスのビジネスはディジタル・イクイップメント・コーポレーション（DEC）やデータゼネラル、東芝やソニーといった秘密主義で垂直統合型の大企業が優位な立場にあった。

対照的にシリコンバレーは、小規模な企業を多数放り込んだ煮え立つ大釜のようだった。競争が熾烈なゆえに活気に満ち、企業間での連携・協調が可能なゆえに極めて強力だった。サクセニアンによれば、シリコンバレーに特有の長所は、企業と企業の間の境目が穴だらけ（多孔質）で互いに行き交いやすいことだった。ディスクドライブ会社の創業者がPCメーカーに出向き、どのようにすれば、自社製品を生産チェーンに組み込めるのか、技術標準や設計について常に情報を交換していた。エンジニアは問題が起きれば、ほかのスタートアップに助言を求めた。協力を妨げる秘密主義の文化は見られなかった。販売担当のマネジャーが金曜日に会社を辞めて、月曜日から別の会社で働くことがしばしば起きた。どちらの会社も同じビルに入居していて、そのマネジャーは駐車スペースを変える必要がない場合まであった。

階層的な組織は、軍隊を思い浮かべれば分かるように、目的が明確なときには、人々を統率するのに適している。しかし、応用科学の商業化という点では、シリコンバレーの協力と競争を融合する「コーペティション」が、ボストンや日本の自己完結的な垂直統合型の企業よりも創造的であることが証明されている。大企業はアイデアをため込んで、しばしば無駄にしてしまう。小さい企業どうしは、最善の道が見つかるまで、無数の実験を繰り返す。

では、シリコンバレーの優位性を特定するために、なぜ社会学者を必要としたのだろうか。経済学者の場合、もっぱら産業の「クラスター」が活力を備えていると認める。ニューヨークの金融、ハリウッドの映画、シリコンバレーのハイテクという具合だ。そして経済学者は、各クラスターでは専門分野に特化した深い労働市場が形成され、例えば、特定のデータベース・ソフトウエアの専門家を必要とする企業は、求めるスキルを備えた人材をそのクラスターの中で的確に採用することができると観察する。[4]

このように経済学者は労働者と企業の間での生産的なマッチングに焦点を合わせているが、サクセニアンの視点はそれを超えていた。シリコンバレーのスタートアップの間の境界線が穴だらけであることを強調することにより、このクラスターの内部では互いの関係の質が高いことを明らかにし、あるクラスターがほかのクラスターより優勢になる理由を示唆したのである。

自己完結的で秘密主義の大企業を中心としたクラスターでは、それぞれの企業内の人間関係は緊密だが、その企業の専門家と別企業の同じような領域の専門家との間のつながりは希薄だという特徴がある。これに対し、はかないスタートアップで構成するクラスターでは、個々の企業内の同僚間の結びつきの深さは大企業のそれに引けを取るものの、多種多様で緩やかな社外とのつながりが、全体として豊かな関係をもたらしている。サクセニアンの主張は、少数の密接な関係は、多数の緩やかな関係に比べてアイデアの共有やイノベーションの誘発を起こしにくいというものだ。この点で、サクセニアンの説は歴史上、最も引用実績がある社会科学論文に記された洞察に基づいている。1973年に発表された名高い論文の中で、社会学者のマーク・グラノヴェッターは多数の弱い結びつき（紐帯）が、一握りの強い結びつきよりも大きな情報の流れを生み出すと説いている。[5]

少なくとも最近まで経済学者が同等レベルの洞察を示したことはなかった。経済地理学の先駆的な研究でノーベル賞を受賞したポール・クルーグマンは、「私が数理モデルで強調したのは、より重要ではない事項ばかりだった。情報の波及や社会的なネットワーク（が与える効果）はモデルに組み込めなかったために除外していた」と悔やむ。[6]

サクセニアンと仲間の社会学者たちは、情報の波及や社会的なネットワークの作用を彼らの主張の中心に据えており、明らかに正しい判断だった。トム・パーキンスにヒューレット・パッカード時代の旧友たちとの緩やかなつながりがなかったなら、タンデム・コンピューターの登場は考えられなかった。ノーラン・ブッシュネルにドン・バレンタインとの、そしてドン・バレンタインにマイク・マークラとの緩やかなつながりがなかったなら、アップルが現実のビジネスとして成り立つこともなかっただろう。シリコンバレーではアイデアが野火のように広がる。ウォーカーズ・ワゴン・ホイールなどの酒場があり、そこにIBMやゼロックス・パロアルト研究所（PARC）のエンジニアたちが集うからだ。ほかの産業クラスターでは、似たようなアイデアはまったく広がらなかったかもしれない。情報が迅速に普及していくように社会的関係が構成されていなかったからだ。

もちろん、サクセニアンの説には疑問点もある。穴だらけの企業間の境目と、多くの弱い結びつきが生産性の高い産業クラスターを生み出すとしても、何によってこのような条件がシリコンバレーにもたらされたのだろうか。第一に、カリフォルニア州の法律では、雇用主が従業員に競合他社への転職や競合企業の設立などをさせないよう契約で縛ること（競業避止）を禁じている。マサチューセッツ州など大半の州とは異なり、人材は好む場所に自由に行くことができる。第二に、スタンフォード大学は、教授がサバティカル（研究休暇）を取ってスタートアップで働くことを認めており、この寛大さが学界と産業界の連携を強めている。一方、MITの教授は、本来業務ではないサイド・プロジェクトにあまりに時間を費やすとテニュア（終身在職権）を失う恐れがある。

しかし、競業避止の規定がないこと、そしてスタンフォード大学が寛容であることは、シリコンバレーに創造的な人材の流動性をもたらしているものの、それらですべてを言い尽くせるわけではないし、説得力に欠ける面も否めない。一例を挙げれば、一部の法学者たちの間で競業避止には流布されているほどの効果があるのか、突き止めようとする動きが出ている。[8] また、カリフォルニアのハイテク分野のスタートアップでは、スタンフォード大学の教授よりも大学院生が関与しているケースがはるかに多いようだ。[9] サクセニアンが立てた問い、すなわち、なぜシリコンバレーには弱い結びつきが多いのか、に対する答えは別のところにある。それは、ある専門家集団が執拗に、そのような絆を育もうとしてきた、という事実である。その集団とはベンチャーキャピタリストたちである。

物語を1970年代後半から80年代前半のベンチャー投資のブーム期に戻そう。ベンチャーキャピタルのファンドに資金が殺到したあとに、シリコンバレーがライバルの日本やボストンを振り切ったのは偶然ではない。資金の急増は、投資家とスタートアップをつなぐ人々がそれだけ熱心に活動したことを意味している。新事業の説明に耳を傾け、採用候補の人材と面接し、アイデアと人、そしてお金を結びつけた。このビジネスへの新参者の多くにとって、ネットワークを築くことは、それぞれが行ったことの一つであるにとどまらず、ビジネスの足場を確立するためのカギそのものだった。1981年にサッターヒルに加わったビル・ヤンガーは自分の名刺ホルダーにある最も賢い人々をランチに誘い、食事の最後に必ず「あなたがこれまでに一緒に仕事をした中で絶対的に最高の人物は誰ですか」と尋ねることを自分に課していた。そしてヤンガーは自分に、その最高の人物――ほぼ全員が女性ではなかった――に会うことを命じ、面会の最後には同じ質問を繰り返した。

「絶対的に最高の人物は誰ですか」[10]。1年間、次から次へと最高の人物を訪ねて回ったヤンガーは、およそ80人からなるスーパースターのリストを作成し、それぞれとの関係を入念に培った。ある輝ける人物が取り組んでいる研究に関係しそうな技術論文を見つけたらそれを送り、また別の輝ける人物には、あなたの昔の同僚から近況を尋ねられたと電話した。ヤンガーがこのようにして張りめぐらした緩やかな人脈は、好機が到来した際には生産的な起業の基盤となった。サクセニアンが強調するシリコンバレーの社会的資本（ソーシャル・キャピタル）は偶然に生まれたものではなかった。[11]

ベンチャーキャピタルがつなぐネットワークの急拡大によってシリコンバレー全体を動かす代謝のメカニズムに様々な変化が生じていることを、内部の人々も実感するようになった。1981年のある金曜日、フェアチャイルドの元CEOのウィルフレッド・コリガンが半導体の新会社、LSIロジックの事業計画書を関係者たちに回覧した。火曜日にはクライナー・パーキンスと機関投資家2社が計230万ドルの拠出を決めた。「あれほど時間がかかった唯一の理由は、月曜日が祝日に重なったことだった」とある当事者は後に述べた。[12] 同様に、エンジニアのウィリアム・ダムブラカスは試作品も収益見通しもない段階で、最初に持ちかけたベンチャーキャピタルから資金を調達した。「ベンチャーキャピタリストは競走馬よりも騎手のほうに多く賭けると聞いた」とダムブラカスは明かした。「まだ存在していない会社に投資する例まであるとは驚きだった」[13]

VCがあまりに急ピッチで大企業から人材を吸い上げた結果、これまでVCの役割を強く支持してきた人々が不快感を表明し始めた。インテル社長のアンディ・グローブはベンチャー投資家がダース・ベイダー（「スター・ウォーズ」の悪役）となって、無垢な若手のエンジニアや経営幹部を起業家資本主義の「ダーク・サイド」におびき寄せていると訴えた。これに対し、ドン・バレンタインは「我々は彼らの頭に袋をかぶせ、会社から引きずり出してはいない」と言い返した。[14]この対立の構図のなかで、ベンチャーキャピタル側には、強制力のある形で競業避止の規定が存在していないことが有利に働いた。ただし、雇用契約に関連した法制度はそれ自体が人材流動化の原動力になったというよりは、才能を解き放つ資本の増幅器という位置づけだった。

このようなシリコンバレーの変化は古参のベンチャーキャピタリストたちを困惑させた。スタートアップへの支援を決める前に、綿密なデューデリジェンス（投資対象の価値やリスクの評価）を行うことができた時代は終わった。「これまでは2、3カ月を費やしたものだったが、今では数週間、場合によっては数日という単位だ。我々が（短縮化に）応じなければ、誰かがやるだけだ」とユージン・クライナーまでが嘆いた。[15]

このように大慌てで対応することのリスクはさておき、新しい雰囲気がシリコンバレーに活力を与えた面もある。サッターヒルのビル・ドレイパーが指摘するように、ベンチャー投資のための資金の急増は「有能な起業家を大企業の安全な巣から追い出し、勇敢で創造的な新しいベンチャー企業に向かわせるのに役立った」[16]。リスクを取ることを恐れず、失敗に寛容なのは、シリコンバレーの水に含まれるある種の魔法の成分に起因するとよく言われるが、この刺激的な環境が全面的に影響していた。

エンジニアのチャック・ゲシキが安定した職を辞して、アドビというソフトウエア会社を興したとき、彼は失敗する可能性に不安を感じていないと言い切った。彼はほかの起業家たちが、ベンチャーキャピタルの支援を受けたスタートアップの世界を巧みに進んでおり、失敗してもその次の創業の際には、より多くの資金を得る事例をしばしば観察していた。[17]

リスクへの感覚がベンチャーキャピタルによってかき消され、数多くの革新的な実験に資金が投じられるなかで、一部のスタートアップが大成功を収めようとしていた。シリコンバレーが世界一のテクノロジーの拠点としての地位を盤石にするには、そのようなベンチャーキャピタルの支援を得た、ほんの一握りの別格の勝者がいれば十分だった。

＊

ボストンとその周辺ではシリコンバレーに匹敵するベンチャー投資のブームは起きなかった。ジョルジュ・ドリオのアメリカン・リサーチ・アンド・デベロップメント（ＡＲＤ）が失速し始めた１９６０年代の半ば以降、その陰でデービス&ロックに似たパートナーシップ型のベンチャーキャピタルが台頭した。グレイロック・パートナーズ、チャールズリバー・ベンチャーズ、そして後のマトリックス・パートナーズである。三つのVCすべての運用成績は良好だったが、西海岸のライバルに比べて、規模は小さく、ネットワークは貧弱で、進取の気質も明らかに不足していた。トム・パーキンスがタンデムとジェネンテックに対して行ったような、ベンチャーキャピタリストたちが腕まくりして、スタートアップの事業の設計を手伝う伝統はなかった。サッターヒルがキュームに示したような、有望な技術者を支援し、CEOを連れてくる慣行もなかった。

代わりに、東海岸のVCでは、ベンチャー企業の側が既にチームを立ち上げていて、資金提供を求めて事業計画を説明してくれるものと想定していた。「それは処女懐胎説のようなもので、現実的ではなかった」とある西海岸のベテランは振り返った。[18]「マサチューセッツ州には本物のベンチャーキャピタルは存在しない」と、あるボストンのテクノロジー企業の上級幹部は賛同した。「自分の能力を百回以上、証明しない限り、お金は手に入らない」という。[19]ボストンの起業家の1人は、地元の大手テクノロジー企業を退職して、自分の会社を興したが、「ニューイングランドの人々はハイテクよりテニスコートに投資する」と結論する展開となった。彼は荷物をまとめてシリコンバレーに移り、コンバージェントという名前のコンピューター会社を創業して成功した。「私はランチを一緒にした3人に、ナプキンの裏に事業計画を書いて見せて、彼らから20分間で250万ドルの出資の約束を取りつけた」と後に語っている。[20]

東海岸にいた集団の投資への慎重な姿勢は、支援対象となる創業者の選定から、投資実行後の指導に至るまであらゆる面に浸透していた。リスクの低減を狙うボストンのVCは、彼らが頻繁に「発展の資本（デベロップメンタル・キャピタル）」と呼んだ資金を提供した。既に実績のある製品や一定の売り上げを確保している事業を持つ企業向けの投資資金である。設立間もないスタートアップに賭けるよりも、はるかに安全だった。1971年にグレイロックでキャリアを始めたハワード・コックスは、自分が担当した40の投資案件のうち、損失を被ったのはわずか2件だったと自慢した。「私は製品販売に失敗する可能性がある企業を支援しなかった」。しかし、これは西海岸のベンチャーキャピタリストの失笑を買うくらい臆病なアプローチだった。[21]

ＶＣとスタートアップの間の契約にも、東西の分断がのぞいた。東海岸のＶＣはスタートアップの業績が悪化した場合、資産を差し押さえる権利を主張した。住宅ローン会社が返済に行き詰まった借り手の家を没収する権利を行使するのと同じだった。一方、西海岸のＶＣはそのような条件にはあまりこだわらなかった。スタートアップが離陸できずに挫折した場合、そもそも差し押さえるべき資産はほとんど残らないからだ。

もう一つの相違点は、東海岸のＶＣが早期にリスクの手じまいに動いたことだ。リターンが5倍程度になると、投資先の持ち株をより大きなライバル企業に売却することをしばしば選好した。東海岸のＶＣには投資評価がゼロになってしまうような賭けが少なかったため、勝ち組のリターンを10倍ないし、それ以上に引き上げる必要性を感じなかった。

＊

両海岸の際立つ違いは、ボブ・メトカーフをめぐる物語に明確に表れている。[22] 祖父母がそれぞれオスロ、ベルゲン（ノルウェー）、リーズ（イギリス）、ダブリンの出身であるメトカーフは「バイキング系アメリカ人」と名乗り、赤みがかったふさふさの髪に、ウイング・チップ・ローファーを履いて、「右派のヒッピー」と自称した。[23] MITとハーバード大学で学んだあと、西に向かいゼロックス・PARCに入社した。目覚まし時計をほとんど使わず、研究室でしばしば徹夜し、イーサネットと呼ばれるコンピューターのネットワークを形成するためのテクノロジーを発明した。メトカーフはテニスの猛者で、自然児だった。スティーブ・ジョブズのカリスマ的な宣伝・販促の能力と、スティーブ・ウォズニアックのエンジニアとしての妙技を併せ持っていた。

メトカーフにとって大いに不満だったのは、ゼロックスが彼のイーサネットの発明を事業化する兆候を一切示さず、また彼のような自由に行動する人物を昇進させる意向を見せないことだった。[24] そこでメトカーフは退社して、スリーコムという名前のスタートアップを興した。1979年のことだった。イーサネットが全米のオフィスやリビングルームにあるパーソナル・コンピューターを結びつける将来を思い描いていた。[25]

15年前であれば、メトカーフのような野心的なエンジニアはまず、資金提供者を確保し、次に勇気を振り絞って辞表を提出したであろう。しかし、解放の資本が当たり前のように存在するようになり、逆の順番で進むことができた。これがどれほど奇跡的なことなのか、メトカーフにはあまりピンとこなかった。才気あふれる若き科学者が実力をほとんど生かせない官僚的な組織でくすぶっていてはならないのは、当然だった。科学者にはその気になれば、自分の会社を立ち上げるという選択肢――ほとんど権利と言ってよい――があるのも、当然だった。経済学者はしばしば市場と企業という観点で切り分けて考える。メトカーフはその中間的な存在であるネットワークに賭けようとしていた。

1980年9月、メトカーフが資金調達に乗り出すと、たちまちオファーが集まった。アーサー・ロックの元パートナーであるトミー・デービスが立ち上げたメイフィールド・ファンドはスリーコムの企業価値を200万ドル、1株7ドルと見積もった。ロックのもう一人の元パートナー、ディック・クラムリッチのニュー・エンタープライズ・アソシエイツは企業価値を370万ドル、1株13ドルとした。これらはスリーコムがまだ何もしていない段階での評価だった。それでもメトカーフはもっと大きな評価額を勝ち取ろうとした。総額600万ドル、1株20ドルに値すると公言して、ベンチャーキャピタリストたちの鼻を明かすべく動き始めた。「私は常々、MBAを持つ人々のことを腹立たしく感じていた」とメトカーフは漏らした。「彼らはいつも私より多くの報酬を得ていたが、賢さでは私のほうが上だった」[26]

そのような感情を秘めつつ、メトカーフはベンチャーキャピタリストたちをランチに誘い、指導を仰ぐことにした。「お金がほしければ、助言を求めよ。助言が欲しければ、お金を求めよと、よく言うではないか（急がば回れ。まずは相手に意見を求めて関係を作り上げることが資金調達の近道だ、という意味）」と鋭いまなざしで振り返った。[27]彼の目的はVCの思考法を吸収することだったが、間もなくあるパターンに気づいた。いずれの会話でもＶＣ側は、やがてスタートアップが失敗する三つの理由を教えさとすように話し始めることだった。いわく、創業者の自尊心が過剰である。最も有望な製品への絞り込みが足りない。あまりに資本金が不足している――。

このマントラ（呪文）を理解したメトカーフは、会話の中で先回りするようになった。「私には犯すまいと自戒している3種類の間違いがあります」。彼は、無防備なベンチャーキャピタリストがお決まりの注意事項を持ち出す前に先制のパンチを繰り出した。「一つ目に、この会社を自分で経営することよりも、この会社が成功することのほうが重要だと私は判断しています。二つ目に、この事業計画には１００万種類もの製品を盛り込んでいますが、信じてください、我々はそのうちの数種類に集中するつもりです。そして三つ目に、私は資本不足にならないよう、ここで資金を調達しているのです」[28]

メトカーフの第一の約束には込み入った面白さがある。まさに彼のエゴが1株20ドルという株価を目指していたのだが、そのためなら、誰が会社を運営するかについては、自分を優先しなくても構わなかった。彼はベンチャーキャピタリストの思考パターンをよく理解し、キュームで採用された方式について知っていた。ＶＣの資金を受け入れたなら、彼らは必ず外から経営者を連れてくるということだ。メトカーフはこの必然性を踏まえた上で、順番を逆にしたら、どのようになるかを考えてみた。資本金を集める前に、外から経営者を起用したなら、会社はより強固に見え、株式を一層高い評価額で売り出せるのではないか――。

ところが、スリーコムの少人数の創業チームがこれを快く思わなかった。メトカーフをリーダーに、独力で会社を作り上げようと計画していた。チームの１人がメトカーフに国王と王妃が領地を眺めている風刺画を渡した。

確信を持てない様子の国王。「私にできるだろうか」

断固とした表情の王妃。「黙って統治しなさい」[29]

このような内部の声があったにもかかわらず、メトカーフは外部から経営者を招く計画にこだわった。１９８０年末、スタンフォード大学で講演した際に、ベンチャーキャピタルを競わせる提案を明らかにした。立派な企業経営の経験がある最良の人材を連れてきたなら、その投資家からの出資を受け入れると宣言した。[30]つまり、メトカーフはベンチャーキャピタリストたちに投資を行う前に社長を見つけてくるよう要求して、スリーコムの将来性を高め、彼らが作り出した価値に見合う金額を支払わせようとしていたのである。

東海岸であれば、ベンチャーキャピタリストは肩をすくめて立ち去っただろう。この勝手に命令するクレイジーな発明家にはついていけない、となる。ところが西海岸のベンチャーキャピタリストは、ホームランを打つ可能性がある創業者には、ほぼ何があっても一緒にやっていこうとした。ＰＣの普及率が高まるなか、コンピューターのネットワーク化は注目のビジネスだった。

メイフィールドの幹部のウォリー・デービスは、スタンフォード大学でメトカーフの講演を聞いていた。オフィスに戻ると、同僚たちに説明した。イーサネットの発明者は、サッターヒルがキュームで行った方式を自らに課していた。メイフィールドは人材採用のネットワークを活用して、スリーコムのために腕利きの経営者を探し出す必要があった。

ジュニア・パートナーのギブ・マイヤーズは「ぴったりの人物を知っています」と申し出た。以前、ヒューレット・パッカード（HP）でビル・クラウスという名前のマネジャーと同じ部署で働いたことがあった。サウスカロライナ州にあるシタデル軍事大学の卒業生で、規律正しい、業務のプロセスを重視する人物だった。実際、多くの人々にとって彼は、規律を重んじすぎるくらいだった。クラウスはMOSTメモ、すなわち「経営理念、目標、戦略、戦術」の4点を明確化した資料を作成するときに本領を発揮した。彼はプロダクト・マーケティング・マネジャーと、ディレクター・オブ・プロダクト・マーケティングの違いについても的確に認識していた（一般的に後者の役割は広く、前者を指揮下に収める）。彼は軽薄な行為を好まなかった。しかし、ウイング・チップ・ローファーを履くヒッピーが隣にいれば、彼の頑固な姿勢とは、理想のバランスを生み出せそうだった。

マイヤーズはクラウスに電話をかけて、メトカーフとロスアルトスのマックスズ・ティー・ルームで会うよう依頼した。メトカーフが新しい会社を立ち上げつつあると説明した。マイヤーズはクラウスとメトカーフはスタイルこそ違え、おそらく補完的である可能性があると話した。

クラウスは提案を快く受け入れた。かねてスタートアップを主導してみたかったからだ。HPのPC部門を率いていた彼は、イーサネットのことを知っていて、それを発明したエンジニアに

アーサー・ロックが現代のベンチャーキャピタル産業を始動させた。初期にフェアチャイルド・セミコンダクターとインテルを支援して大きなリターンを挙げ、金融の標準的なルールを気にかけない投資スタイルを、その場その場で作り上げていった。1968年、フォーブス誌は、読者が抱く根本的な問いを本人にぶつけた。「アーサー・ロックのようになるには、どのようにしたらよいのでしょう」

ドン・バレンタインは1972年にセコイア・キャピタルを設立し、投資先の経営に介入する強力なハンズオン型の行動主義をベンチャーキャピタルの戦略に加えた。彼はわがままであっても、才能にあふれている起業家たちを支援した。初期のビデオゲームを世に送り出したノーラン・ブッシュネルとは、彼のホットタブに一緒に入って取締役会を開いたりした。

クライナー・パーキンス・コーフィールド＆バイヤーズは最強のライバル、セコイアと同じ年に旗揚げした。写真の左から2人目が、華々しい手腕を発揮してこのベンチャーキャピタルの初期に連勝をもたらしたトム・パーキンス。左から1人目が若き時代のパートナーのジョン・ドーア。右から1人目のフランク・コーフィールドはドーアを「小さなモーツァルト」と形容した。

ミッチ・ケイパー（左）は超越瞑想法の元講師で、ソフトウエア会社の先駆的な存在であるロータス・ディベロップメントを創業した。同社の上場はクライナー・パーキンスとジョン・ドーア（下）にとって大当たりだった。後にドーアとケイパーはGO（ゴー）というペン入力のタブレット・コンピューターのプロジェクトで協力する。しかし、結果は悲惨で、ベンチャーキャピタルの世界では、いち早く始めることと、間違えることは同じである可能性を証明した。1990年代には、ドーアが「司祭のような熱意と競走馬のようなエネルギー」を持ち合わせていると言われた。

アクセル・キャピタルを共同で設立したジム・スワーツ（左）とアーサー・パターソン（右）は、向こう見ずでムーンショットを狙うドーアとは対照的な投資のスタイルを編み出した。パターソンは「準備された心」と呼ぶ熟慮型のアプローチを提唱した。また、アクセルは自らを特定のテクノロジーの専門家と位置づける最初のパートナーシップとなった。

デイビッド・ファイロ（左）とジェリー・ヤン（右）はヤフーを創業した。細心の注意を払った上でおどけて見せた最初のインターネット・ブランドだった。ヤフーはサイバースペースに秩序をもたらすことを使命と定めたが、ファイロのオフィスは散らかっていた。ローラーブレイド、CDケース、潰された炭酸飲料の缶、マイクロ・タイムズ誌の古い号、青い格子縞のポリエステルのブランケットなどで一杯だった。

孫正義はヤフーの創業者たちを説得して前例のない1億ドルの出資を受け入れさせた。もし、拒んだら、ライバルたちにお金を投じると告げて迫った。高額の小切手を手に、賭け金をつり上げることをいとわない孫。そのような意欲旺盛な彼のことを、競争相手たちは、無謀なポーカー・プレイヤーや北朝鮮の独裁者になぞらえた。

ピエール・オミディア（左）はベンチマーク・キャピタルの手を借りてイーベイの創業で一発当てた。ベンチャー投資のチームはメグ・ホイットマンを口説き、安泰な会社の仕事を辞めて、無名のスタートアップの経営者に転身するよう働きかけた。イーベイをビーニーベイビーズ（小さい動物のぬいぐるみ）の取引サイトだとあざ笑う声もあったが、同社はベンチマークに50億ドルの利益をもたらした。

相応の敬意を抱いていた。加えて、かつて相棒だったジミー・トレイビッグが安定したＨＰを離れ、ベンチャーキャピタルの支援を得て、タンデムを立ち上げるのを目の当たりにしていた。かなりうまく運んだ独立劇だった。[31]

ロスアルトスでの面会は上首尾に終わった。クラウスはメトカーフと同様に、負けず嫌いのテニス愛好家だった。２人はコンピューターの将来について意見が一致した。ＰＣをネットワークにつなげば、その有用性は指数関数的に増えていく。この見方は後にメトカーフの法則として知られることになる。ネットワークの価値は、そこに接続された機器の数の２乗に比例して高まるというものだ。

数日後、クラウスはメトカーフの右腕であるハワード・チャーニー、そのほかの初期の従業員たちに会った。スリーコムについて知れば知るほど、夢中になっていった。ＨＰを退職したら、安定した会社とは別れて、報酬も減る。しかし、それは無から有を作り上げ、多くの株式を得るチャンスだった。

クラウスが次にしたのは、妻のゲイにこの話を切り出すことだった。２人でランニングをしているときを選んだ。快適な朝で、ゲイは走ることが大好きだった。クラウスは自分がスタートアップと契約するかもしれない、エキサイティングなチームを率いるだろうと話した。自分はこのようなことに、ずっとあこがれていたのだと強調した。

ゲイは何も言わず走り続けた。やがてクラウスが目をやると、泣いていた。

クラウスはメトカーフに電話して助けを求めた。家族との話し合いはうまく進んでいなかった。メトカーフとハワード・チャーニーがゲイ、クラウスと夕食を共にすべきだったのだろう。クラウス夫妻はメトカーフ、チャーニーと食事をした。その後でゲイは「ハワード・チャーニーはこれまで会ったなかで最も賢い人ね」と言った。

そして続けた。「ボブ・メトカーフはこれまで会ったなかで最もカリスマ性があるわ」

ゲイはトーンを上げた。「一体何のために彼らはあなたを必要としているの？」

クラウスは尋ねた。「それはイエスということ？」

ゲイは答えた。「やってみるといいわ[32]」

＊

クラウスを迎えることが決まり、メトカーフは1株20ドルの価格を提示する準備が整ったと考えた[33]。しかし、「大人」の監督下で事業を進めることになっても、ベンチャーキャピタリストたちは頑として譲らなかった。このときまでに、彼らはキューム方式を慣例化していた。遅かれ早かれ、彼らはスリーコムの経営陣をテコ入れしたのであり、メトカーフが先手を打ったのは事実でも、構図を一変させるほどではなかった。ニュー・エンタープライズ・アソシエイツのディック・クラムリッチは1株13ドルに固執した。１９７０年代にロルムというコンピューター・メーカーの支援で成功したことで知られるジャック・メルチョも1株13ドルを提示した。メイフィールドは1株7ドルから引き上げたものの、この13ドルという魔法のような水準を上回ることは拒否した。結託しているのだとメトカーフは疑った。シリコンバレーのネットワークは、気前の良さが魅力だが、カルテルを感じさせる。徒党を組んでメトカーフに立ち向かっていた。

メトカーフは、より広く網を張ることを決意した。シリコンバレーの名だたるVCから資金調達することで良しとするつもりはなかった。ボストンの資金提供者にも豊富にお金があった。資本はいくらでも手に入った。

メトカーフにとっての朗報は、ボストンのベンチャーキャピタリストたちもクラウスの起用に好感を持ったことだった。彼らは出来上がったチームに投資することを選好した。スリーコムには最高レベルの発明家と、最高レベルの経営者がいた。すぐにボストンの著名な金融機関のVC部門であるフィデリティ・ベンチャーズが1株21ドルでスリーコムに資金を拠出すると公言した。ついにメトカーフは目標の20ドルを超える評価額を獲得した。[34]

意を強くしたメトカーフはクラムリッチに電話した。「ディック」と切り出した。「我々が考える我々自身の価値を認めてくれる人々を捕まえた。彼らはデューデリジェンスに1カ月ほしいと言っているだけだ。君が今の条件にこだわり、1カ月も待てないと言うなら、取引は願い下げだ」[35]

メトカーフはクラムリッチがスリーコムの1株当たりの価格を引き上げると期待した。メトカーフにすれば、オークションで見つかった新しい価格をVCが尊重しないはずがなかった。カルテルが破られた以上、降参するべきだった。

クラムリッチは挑発に乗らなかった。フィデリティの1株21ドルと競うつもりはなく、メトカーフの幸運を祈ると述べた。クラムリッチは自分にはスタートアップの価値を評価することが、たとえ、その判断を支える客観的で定量的な指標が少ない場合でも、可能だと信じていた。

メトカーフはフィデリティのほうに向き直り、「タームシート（条件規定書）」に署名する用意があると強調した。タームシートとは民間の投資案件について価格やその他の主要な条件を記した文書である。このときばかりは、ボストンのベンチャー投資のコミュニティが、サンドヒル・ロードの仲良しクラブの鼻先から西海岸の案件を奪い取ろうとしているように見えた。しかし、メトカーフはすぐに問題に直面した。すなわち彼自身が後に「オー・バイ・ザ・ウェイ（ああ、そういえば）症候群」と命名することになるフィデリティの姿勢のことで、メトカーフは次から次へと追加の条件を突きつけられた。「ああ、そういえば、この取引には一つの条件があります。それはほかにも投資家がいることです」。フィデリティは単独で出資に応じるつもりはなかった。

メトカーフが最初にこの要求を見たとき、その理由を「うぶ」で経験が不足しているからだと受け止めた。ボストンの連中は共同出資者を欲していたが、彼らのネットワークに賛同者はいない様子だった。メトカーフはあまり深く考えずに、1株21ドルを支払う別のパートナー探しに着手し、最終的に喜んで参加するニューヨークのグループを見つけた。しかし、これで一件落着ではなかった。メトカーフは続いて二つ目の条件を提示された。「実は、我々に必要なのは西海岸のファンドです」とフィデリティはこだわった。ボストンの連中は明らかに、シリコンバレーの追認を強く望んでいた。メトカーフはもう少し熱心に回り、1株21ドルの水準での投資に積極的に応じてくれる西海岸の小さなＶＣを探し当てた。ところが、ボストン側は拒否した。西海岸の主要なＶＣでなければならなかった。メトカーフが見つけた候補はその範疇に入らなかった。

それでも1株20ドルのハードルを越える決意を固めたメトカーフは、再び投資家を回り、10万ドルの出資に応じる西海岸の主要なＶＣにたどり着いた。

フィデリティが今度、彼に告げたのは「我々が本当に求めているのは、西海岸の主要なＶＣのかなりまとまった規模での参加です。さもないとこの取引をまとめることはできません」だった。

メトカーフがイライラさせられる課題をいくら解決しても、また新しい課題が次に現れた。ボストン側のタームシートの詳細規定には、新しい内容、条件が書き込まれ続けた。出資者たちに会社の取締役全員の指名権を与え、第三者の経営への介入を許さない「エクスプローディング・ボード」の条項が出てきた。ほかにも「ラチェット・ダウン」という条項があった。これは、スリーコムが将来、より低い価格で新たに株式を売却するのを防ぎ、出資者たちを株式の希薄化の悪影響から守るものだった。フィデリティは弁護士たちをけしかけて、スタートアップが抱える本質的なリスクを徹底的に管理しようとしていた。つまり、フィデリティはスタートアップには失敗がつきものであることを認識したくなかったということだ。失敗するときには、いくら取締役会に対する権限を持ち、株式の価値下落の防止措置を講じても、効力がないにもかかわらず。

結局、フラストレーションが募る1カ月が経過し、メトカーフは1株21ドルの約束は蜃気楼だと結論づけた。彼がそれに近づくたびに消えた。スタートアップにとって最も希少な資産は時間である。時間の浪費にかけて、ボストンのベンチャーキャピタリストたちの右に出る者はいなかった。

尻尾を巻いてクラムリッチのもとを訪ねることを避けたいメトカーフは、代わりにジャック・メルチョに会った。同じく1株13ドルを提示したシリコンバレーのベンチャーキャピタリストの1人である。

メトカーフは「この取引を成立させなければなりません」とメルチョに伝えた。急いで資本を注入しないと、スリーコムは従業員に給料を支払えなくなってしまいそうだった。メトカーフは株式の評価を受け入れて、資金調達の過程を終わらせたかった。

メトカーフは「一つだけ決めておきたいことがあります」と言い添えた。フィデリティ・ベンチャーズを出資者の顔ぶれから外すことだった。[36]

これにより、シリコンバレーのネットワークは瞬く間に取引を終了させた。メルチョは受話器を取り上げメイフィールドとディック・クラムリッチと話し合った。メルチョのファンドは45万ドルの拠出を約束し、メイフィールドとクラムリッチは30万ドルずつ、さらにスリーコムと関係のある小口の投資家たちが合わせて5万ドルを出資することになった。この契約には無益な詳細規定はなく、間際になっての追加条件もなく、そしてメトカーフが会社にかける時間を削ってまでお金集めに奔走することを求めてもいなかった。1981年2月27日の金曜日、スリーコムは株式の3分の1と引き換えに、110万ドル分の小切手を受領した。この日に現金が手に入らなければ、給与の支払いに間に合わなかった。[37]

メトカーフは望んでいた1株20ドルの評価を手に入れられなかった。しかし、ボストンの拷問者たちに、最後にもう一度電話をかけて満足した。彼らがスリーコムに投資することはないと通告した。

「なぜだ」と憤慨する反応が返ってきた。「我々はあなたを支援したではないか。ほかの誰も（支援を）しそうにないときに」

「違う」とメトカーフは言い返した。「あなたたちは私に嘘をついた。ほかの誰も（嘘つきを）しそうにないときに」[38]

＊

スリーコムは1984年に上場し、初期の投資家に15倍のリターンをもたらした。しかし、この成功はより大きな現象のほんの一部でしかなかった。パーソナル・コンピューターの革命が勢いを増し、ベンチャーキャピタリストたちが持つネットワークを形成する機能が特に威力を発揮した。アップルやコンパックが生産するＰＣは、ディスクドライブ、メモリーディスク、ソフトウエア、そしてイーサネットをはじめとするネットワーク機器など数々の補完的な発明品と結びついてこそ有益性が高まる。これらの「周辺機器」は別々の会社によって作られており、それぞれがこのシステムの中核となるＰＣと互換性を持たなければならない。そこでベンチャーキャピタリストたちはシリコンバレーを駆け回り、ウォーカーズ・ワゴン・ホイールなどのバーでエンジニアたちと交流し、技術的な雑談に耳を傾けた。例えば、どのプロトコル（通信手順）がより受け入れられつつあるのかについて情報を集め、それを採用する企業を支援した。毎週、決まって水曜日と金曜日にワゴン・ホイールに立ち寄ったセコイアのドン・バレンタインは、このやり方を「空母モデル」と名づけた。[39] ベンチャーキャピタルの資金は、艦隊の中心に位置するＰＣに仕えるスタートアップの船団を立ち上げたからである。

ＰＣの周辺を埋めるように、ベンチャーキャピタリストたちは盛んに企業間の技術連携を仲介した。例えばセコイアはスリーコムの2回目の資金調達に参加し、同社にシークという半導体メーカーとの協業を提案して、技術面の課題解決の作業を支えた。両社はノウハウを持ち寄るウィンウィンの関係の構築に乗り出し、シリコンバレーの人々が言うところの「共有することでより価値が高まる企業秘密もある」を実証してみせた。[40]

さらに例を挙げれば、クライナー・パーキンスはサン・マイクロシステムズと、先端的な半導体のメーカーであるサイプレスに出資した。この二つの案件の若き責任者、ジョン・ドーアは両社が協力して新しい高性能の電子部品、ＳＰＡＲＣマイクロプロセッサーを生産するよう誘導した。この半導体はサンのワークステーションの性能を向上させた。本書でこれから詳しく取り上げるドーアは、非常に活動的なテクノロジーの伝道者（エバンジェリスト）で、このような連携を広げることに極めて熱心だった。ドーアは日本の強固な産業ネットワークを真似て、クライナーの投資先企業を豊かなつながりの中に組み込む「ケイレッツ・モデル」を提唱した。そもそも、企業の創業者とは、強い圧力を背中に受けながら、技術的な不具合を修正したり、売り上げを心配したりと、常に仕事に追い立てられるものだ。ベンチャーキャピタリストの務めはそのような創業者が直面する価値観と現実の間のギャップを見極めて、本人に進むべき道筋を伝えることである。

スタートアップどうしの協業を促進するには、一種の繊細さが必要だった。シリコンバレーの「コーペティション」の文化では、あるときには協力し合い、また別のときには競争し合う。このバランスを保つこともベンチャーキャピタリストの役目であり、協業にあたっては、秘密を共有し、それでいて信頼が揺らがないようにすることが肝要だった。

１９８１年にドーアは、半導体メーカーのシリコン・コンパイラーズをネットワーク機器メーカーのアンガマン・バスに紹介した。先行したシークとスリーコムの提携と同様に相乗効果が見込まれた。クライナー・パーキンス（ＫＰ）がシリコン・コンパイラーズとアンガマン・バスの両方に出資していたため、お互いに相手を信頼できるものと想定して、ノウハウの共同利用をすぐに始めた。「ＫＰのお墨つきがあったからこそ、我々は相手の信頼性、倫理性を早めに受け入れた」とアンガマン・バスのある技術者は後に振り返った。[41] しかし、しばらく共同作業を進めたものの、アンガマン・バスにはシリコン・コンパイラーズの製品が良いものには思えなかった。その特注の半導体は、インテルから調達可能な、はるかに安価な標準品とほとんど変わらないように見えた。アンガマン・バスは提携を解消し、これですべて終わったと理解した。

ところが、事態は両社とクライナー・パーキンスにとって厄介な方向に転がっていった。拒絶されたシリコン・コンパイラーズが、アンガマン・バスのライバルであるスリーコムと新たな関係の構築で合意したのである。ドーアが主導した協業が実を結ばなかった結果、アンガマン・バスの知的財産が最も熾烈な競争相手の手に渡る可能性が出てきた。アンガマン・バスの経営陣はクライナー・パーキンスに「これは許されない」と抗議した。「我々は、自分たちが知っているすべてを教えた[42]」

この後に起きたことはシリコンバレーの秘密の魔術の一例である。アンガマン・バスの創業者の1人のラルフ・アンガマンは側近たちを伴って、サンフランシスコのエンバカデロ・センターの高層階にあるクライナー・パーキンスの見事なデザイナー・オフィスを訪ねた。サンフランシスコ湾を見渡せる素晴らしい眺望だった。アンガマンは自分の訴えの全容を同VCの実力者であるトム・パーキンスに説明することになった。ドーアとシリコン・コンパイラーズのチームも同席した。パーキンスは現代によみがえったソロモン王のような司会ぶりで聞き取りを進めた。「これ（今起きていること）は正しくないと我々は主張した」とアンガマンの側近の1人が回顧した。

「では、あなたたちの望みは何ですか」とやがてパーキンスは尋ねた。彼の執務室には彼が収集した高性能スポーツカー、ブガッティの模型が飾られていた。

ラルフ・アンガマンは勇気を振り絞り、補償として法外な金額を口にした。50万ドルを要求した。

ドーアは真っ青になった。アンガマンの同行者の1人は、ドーアが今にも気絶するのではないかと感じた[43]。

「少し席を外していただいても、よろしいですか」とパーキンスは依頼した。

アンガマンと彼のチームはロビーに出た。側近の1人は「なかなかの度胸でしたね」と言った。

やがて彼らはパーキンスの執務室に呼び戻された。

「よろしいでしょう。我々が50万ドルを支払います」。パーキンスはあっさりと告げたが、並々ならぬ譲歩だった。アンガマンはスリーコムがシリーズAの資金調達で獲得した金額のおよそ半分に相当する補償金を、自社株を1株たりとも渡すことなく手にすることになった。

「分かりました。すべての訴えを撤回します」とアンガマンは答えた[44]。

「VCは常に競争と協力の間の微妙な境界線を歩いている」とアンガマン・バスの同僚の1人は後に語っている。「VCの全体としての存在意義は、投資先企業との関係を管理すること、つまり適切なときにはそれを利用し、適切でないときには問題を起こさないことにある」[45]。クライナー・パーキンスのビジネスはフェアプレーを徹底するという評判にかかっていた。投資先を含むビジネス全体の基盤となるこの深い信頼を維持するためなら、50万ドルは決して高くはなかった。[46]

これはシリコンバレーにとっての恵みにもなった。ベンチャーキャピタリストたちが新興勢力の間のコーペティションの管理に成功したことは、1980年代のシリコンバレーの勝利と大いに関係していた。評判と信頼のおかげで、費用のかかる訴訟はめったに起きなかった。何十社ものベンチャー企業がそれぞれのビジネスのために奮闘しつつ、それでいてシリコンバレーの協調的な雰囲気は失われなかった。例えば、半導体ではVCが支援するスタートアップのLSIロジックやサイプレス・セミコンダクターが特殊な回路の市場開拓で功績を上げ、シリコンバレーは世界の半導体産業におけるリーダーの地位を取り戻した。[47] ディスクドライブの分野では、西海岸のVCが80年代初頭に50社余りのスタートアップを支援した。過剰な参入で数十社の失敗があったものの、生き残った勢力は垂直統合型の東海岸の巨大コンピューター企業からこの産業を奪い取った。[48]

全体として北カリフォルニアのハイテク企業は、80年代を通じて6万5000人を超える新たな雇用を生み出した。これはボストン周辺が創出した雇用の3倍超にあたった。80年代末には、アメリカ国内の急成長するエレクトロニクス企業の上位100社のうち、39社がシリコンバレーを本拠地としていた。ボストン地域はわずか4社にとどまった。[49]

*

1980年代にシリコンバレーで最も輝いていた星は、シスコという意外な技術者集団だった。その中心人物はレン（レナード）・ボサックとサンディ・ラーナーの夫婦で、2人はそろってベンチャーキャピタルから簡単に資金を調達できるタイプではなかった。ボサックの思考様式は、激烈で、非友好的で、ロボットのようだった。「レンは一種のエイリアンで、人々を怖がらせた」と妻のラーナーは打ち明けた。[50] 一方、ラーナーは過酷な子供時代を生き抜き、性格には荒々しい一面もあった。あるとき、彼女が馬の背中に裸で寝そべり、ポーズを取る写真がフォーブス誌に掲載された。

ラーナーは父親がおらず、母親はアルコール依存症という環境で育ち、多くの時間をカリフォルニア州の牧場でおばと共に過ごした。16歳で高校を卒業するまで、彼女は国旗に忠誠を誓うことを拒み、ある反戦デモでは警官たちと小競り合いになった。将来の技術者としては驚くことに、牛の群れを飼うビジネスを運営していた。銀行で下位の従業員として短期間働いたあと、カリフォルニア州立大学チコ校（通称チコ・ステート）に進学した。もっぱら、そのひどい応援歌「見よ、チコ・ステートを。（中略）男子学生たちは筋骨隆々とし、美しい女子学生たちはますます美しい」で知られる大学である。ラーナーは政治学を専攻し、共産主義理論の比較研究に没頭した。彼女の政治的な立場はかなり左寄りだった。彼女の考えでは国防総省にふさわしい予算規模とは「組織消滅のお知らせを発送するのに十分な枚数の切手」に相当する金額だったと、後に同僚は明かした。[51]

ラーナーは2年で学位を取得すると、クレアモント・マッケナ大学で計量経済学の修士課程に進んだ。学問の道もぼんやりと考えたが、裕福になりたい気持ちが強く、コンピューターに関心が移った。そこから、スタンフォード大学で計算機数学をさらに修めることになった。彼女は遅れた大学から学界の頂点へと驚くべきスピードで登り詰めた。スタンフォードの当該プログラムでは唯一の女性だった。同じプログラムにレン・ボサックがいた。洗練されていて目立つ存在だったという。ラーナーによれば、「スタンフォードのオタク文化はかなり極端だった」[52]ものの、ボサックは「入浴のやり方や銀食器を使った食事の作法を知っていた」[53]。2人は光ファイバーの中を通る信号並みの速さで恋に落ちた。[54] 1980年に結婚した。

修士号を取得したラーナーはスタンフォード大学のビジネススクールでコンピューター設備の責任者の仕事を得た。ボサックはコンピューターサイエンス研究科で同じ職に就いた。2人のオフィスは500ヤード（約460メートル）離れているだけだったが、互いのコンピューターの間では通信できなかった。ボブ・メトカーフのイーサネットを導入していたボサックの研究科では、ローカル・エリア・ネットワークを構築して内部での情報のやり取りは可能だった。しかし、ラーナーのビジネススクールでは別のプロトコルを採用していた。これらの二つのネットワークを架橋する試みに誰も成功していなかった。

ラーナーとボサックは大学に承認を求めないまま、この問題の解決に取りかかった。後のシスコの伝承によると、2人は愛のメッセージを送り合おうとしていた。まず、異なるプロトコルを採用する二つのネットワークを結びつける技術的課題を突破した。続いてボサックはより高度な制御機器、すなわちマルチ・プロトコル・ルーターの開発に着手した。様々な規格に対応したネットワークをつなぎ合わせる機能を持つこのルーターは「ブロードキャスト・ストーム」と呼ぶ、悩ましい現象を解決した。数千台のコンピューターから情報のパケットが一斉送信（ブロードキャスト）されると、ネットワークに負荷がかかりすぎて、通信障害が生じる現象である。

　ボサックはスタンフォードの多くの同僚たちの力を借りて、これらのクラッシュを回避するハードウエアとソフトウエアを集め、2人が「ブルー・ボックス」と呼ぶものを作り上げた。そして、2人は同軸ケーブルをマンホールや下水管に通し、スタンフォードの広がり続けるキャンパスにあった約5000台のコンピューターすべてを結び始めた。この時点で大学側は2人の取り組みをまだ認めていなかった。「それはまさにゲリラ戦だった」とラーナーは後に振り返った。[55] しかし、認可の有無はさておき、この既存の小さなネットワークどうしをつないで、大きくしたネットワーク（ネットワークのネットワーク化）は、強固であることが判明し、ラーナーはそこに商機を見いだした。彼女とボサックは自分たちをお金持ちにする何かを手にしていた。そのテクノロジーは会社を興すに値した。

　ラーナーとボサックは、この複数のネットワークを接続して運用するインター・ネットワーキングの手法をほかの大学に販売することを許可するよう、スタンフォードの大学当局に提案した。スタンフォードは起業を奨励する大学として評判だったものの、この件は認めなかった。技術スタッフへの対応は、終身在職権を持つ教授陣への対応ほどには寛容ではなかった。このカップルはスタンフォードが合理的に振る舞わないのなら、ルールを無視することが妥当だと判断した。「そこで我々は目に涙を浮かべながら、5ドルを持ってサンフランシスコの州務長官事務所を訪れ、シスコシステムズを会社として登記した」とラーナーは回顧した。[56]

1986年、ラーナーとボサックはスタンフォードを辞めて、シスコでフルタイムで働くことにした。スタンフォードの元職員3人が加わり、自家製のマルチ・プロトコル・ルーターの販売を始めた。資金繰りに苦労する創業者たちは、ベンチャーキャピタルからの出資を求めて、交流イベントに顔を出しては、何十人もの投資家たちに事業を説明した。しかし、努力した甲斐はなかった。一つの理由はベンチャー投資のブームが冷めたことだった。投資過剰でリターンが低下し、パートナーシップ型の民間のベンチャー投資ファンドの資金調達額は85年には24億ドルに落ち込んだ。その前年および2年前は共に30億ドル超の水準だった。[57]

マルチ・プロトコル・ルーターが特許で保護されていないことも問題だった。スタンフォードはシスコが切り開いたインター・ネットワーキングの手法に所有権を主張していた。創業者たちの資質に対する疑問もあった。ボサックは無口ながら、しょっちゅう理論にかかわる独り言をつぶやいた。このアルゴリズムをめぐる独白を聞かされることに辟易したラーナーには、削除のキー操作を意味する「コントロール・D」と叫ぶ癖がついてしまったほどだった。ラーナー自身にもベンチャーキャピタリストを遠ざけてしまう問題があった。元々の性格、家族がバラバラだった子供時代、それともほぼ男性ばかりの分野で女性に降りかかった偏見のせいなのか、彼女はひどく相手と摩擦を引き起こしやすかった。

投資家たちには拒絶されたものの、シスコのチームは辛抱強かった。会社の運営を続けるために、クレジットカードの与信枠を上限まで使い、給与支払いは先延ばしにした。ラーナーは副業からの稼ぎで会社の費用を立て替え、共同創業者の1人は個人の資金を会社に融資した。[58] ボサックの仕事を重んじる姿勢は暴走気味だった。「1週間に100時間余り働いてようやく真摯に取り組んでいると言える」と主張した。そして「生活をきちんと整えるには、1日に1回の食事、2日に1回のシャワーで済ます必要がある」と訴えた。[59] その後、製品への注文が舞い込み始め、チームの決意は一層強固になった。カップルがボサックの両親と同居している郊外の住宅に、茶色の集荷・配送用のトラックが定期的に回ってくるようになった。[60]

1987年に入ると、シスコの事業には2、3人を追加採用できるほどの進展が見られた。しかし、ベンチャーキャピタルの支援なくして、重力を振り切る「脱出速度」に到達することは不可能だった。実践的な助言を得ていないラーナーとボサックは、安い報酬で、しかもエキセントリックなやり方で人材を採用していた。財務担当副社長には、スタートアップの経験を持たない元海軍将校が就いた。新しい最高経営責任者（CEO）に至っては、軍とつながりのある研究室にルーターを納めることに拒否権を発動した。シスコの機器が故障・誤動作したなら、第三次世界大戦の引き金を引いてしまいかねず、自分はその責任を負い切れないからだと説明した[61]（翌日、この判断は撤回された。あるシスコの元従業員が思い出すには、「誰かがボトルを手に取り、彼の頭を殴ったと聞いた」という[62]。シスコがもたついている間に競合相手が登場した。87年の半ばにボストンのエンジニアで連続起業家のポール・セベリーノがウェルフリート・コミュニケーションズという名前のライバル企業設立のために600万ドルもの資金を調達した。セベリーノがインター・ネットワーキング市場の競争を制するかのように見えた。

しかし、このときからシスコの運勢が、シリコンバレーならではの流儀で変化した。シスコの反軍的なCEOの知人に法律家がいて、その知人の法律事務所のパートナーであるエド・レナードが偶然にもベンチャー業界の人々と一緒に仕事をしていた。世界経済の別の場所では、このことは何の意味も持たないだろう。レナードのような法律家が、中途半端な知り合いのために、しゃしゃり出てきてベンチャーキャピタルの幹部に案件を打診することなどないだろう。ところが、シリコンバレーの実力者たちは、よその実力者たちとは違った。むしろ面倒をかけられることを前向きに受け止めた。紹介し、紹介されることが仕事の一部だった。レナードにとって、ベンチャーキャピタルに大穴の起業家を引き合わせることができたなら、彼の地位が上がるだけの話だった。

実際に紹介する前に、レナードはボサックとラーナーに会い、2人の事業の将来性を見極めようとした。2人は闘争的なスローガンをあしらったTシャツを着ていた。ボサックはレナードが発した言葉一つひとつに、あらゆる角度から批判を加えた[63]。

不安はあったものの、レナードがセコイアのある友人に電話をかけると、まもなくドン・バレンタインにつながった。レナードは「あなたの役に立つかどうか、わかりませんが」と断りつつ、「とても風変わりな人たちの会社を紹介します」と切り出した。

ノーラン・ブッシュネルとスティーブ・ジョブズを支援した投資家だけに、バレンタインは単に創業者たちが普通ではないという理由で、シスコを門前払いするつもりはなかった。バレンタインが気にしていたのは、シスコのルーターが創業者たちの言う通りに機能するのか確かめることだった。もし、そうであるならば、無限の可能性が開ける。ネットワークをネットワーク化することができるテクノロジーには莫大な価値があると考えられた。

バレンタインはチャーリー・バスに助言を要請した。スリーコムのかつてのライバルであるアンガマン・バスの創業者の1人である。バスはセコイアが投資を検討中の案件について、コンサルタントを務めており、セコイアにパートナーとして加わることを検討していた。[64] 彼はシスコのテクノロジーがボサックの主張するような性能を本当に発揮するのか突き止めると約束した。

すぐに答えが見つかった。ヒューレット・パッカード（ＨＰ）がシスコの初期の顧客で、バスはＨＰにいる友人と会話した。その友人からの情報には、良いニュースと悪いニュースの両方があった。ＨＰが実際に使ってみたところ、ボサックのルーターは優れもので、それを手に入れるためなら、いくら支払っても構わないほどだという。しかし、シスコへの投資はトラブル覚悟で行わなければならない。ＨＰのエンジニアたちの評判では、ボサックと一緒に仕事をすることは無理だという。

バスの判定では、人格の問題というマイナスがテクノロジーの素晴しさというプラスを上回っていた。バスにはボサックが投資対象に値するか疑問だった。[65]

バレンタインはバスの報告に耳を傾け、逆の結論に達した。彼は既にボサックと面会し、欠点を理解していた。彼が知り得た限りでは、ボサックが唯一、ロボットのような態度を崩したのは、炭酸飲料のドクターペッパーに手を伸ばしたときだった。ボサックの大好物だった。バレンタインはラーナーのことも見定めた。彼女は賢く、明晰だが、けんか腰で、けたたましく、チームをまとめ上げる役目にはふさわしくなかった。[66] しかし、バレンタインに言わせれば、これらは問題ではなかった。HPが示したシスコのルーターへの反応は、自社のエンジニアたちが倉庫の「ドアの蝶番を引き裂いてでも製品を入手しようとした」と証言したに等しかった。[67] ラーナーとボサックが一緒に仕事をしにくい相手だとしても、バレンタインが2人より上の地位に就いて抑え込めば済むことだった。

セコイアがシスコに対するデューデリジェンスを進めていた最中の1987年10月19日の月曜日、株式相場が大暴落した。代表的な株価指数であるダウ工業株30種平均は前週末比で23％下落した。ある銀行家がセコイアのオフィスに昼食に訪れた。彼は厳しい表情で告げた。「(株式を)買うのはやめなさい。おしまいです[68]」。しかし、バレンタインは前進を続ける決意を固めていた。営業部隊を持たない7人だけの会社が売り上げを計上している。このような事例はめったになかった。
　1987年末、セコイアは正式に出資した。250万ドルでシスコの株式の3分の1を取得した。[69]一見すると、シスコにとってかなり有利な内容だった。6年前のスリーコムの場合、会社の発展のもっと初期の段階での契約ではあったものの、投資家グループが同じく株式の3分の1を得るために出資した金額は110万ドルにとどまった。しかし、バレンタインはシスコの弱みを分かっていたため、それを踏まえて出資の枠組みを設計していた。株式のさらに3分の1は、既存および将来の経営幹部・従業員向けに確保した。これによりバレンタインは創業者たちからリーダーシップを引き継ぐ新しい経営陣を採用できることになった。[70]株式の残りの3分の1はラーナーとボサックが保有し続けるが、その大半を議決権のないストックオプションに置き換えたため、バレンタインが取締役会の決定権を握ることになった。ボサックは取締役就任を認められたが、ラーナーは排除された。彼女のほうが扱いにくかったこと、あるいは性差別（セクシズム）が理由だったかもしれない。ラーナーが不満を表明したため、バレンタインは後日、彼女の地位を再検討すると約束した。[71]
　やがてバレンタインは本当にシスコの指導体制を見直した。しかし、焦点はラーナーの扱いではなかった。あのCEOが、ラーナーとボサックの信頼を失ってしまい、バレンタインも彼を気に入ることはなかった。バレンタインは彼を解任し、自ら暫定CEOに就き、会長を兼ねることにした。さらに、技術責任者にセコイアの屈強なパートナー、ピエール・ラモンドを据えた。もはやシスコを経営しているのは誰で、それは好ましいことなのか、そうではないのかという疑問は出なくなった。スタンフォード大学の職員を辞めて、シスコの立ち上げに参加した共同創業者の1人、カーク・ロウヒードはバレンタインが権力を掌握したことに秘かに喝采を送った。「私が待ち望んでいたプロフェッショナルがやってきた」と彼は感じた。「私が時間をかけて築き上げたものが、成果を上げようとしていた。レンとサンディに台無しにされたくなかった」[72]

技術部門の組織づくりを任されたラモンドは、セコイアの人脈を駆使して新しい人材を採用し始めた。この動きに対し、自分のコントロールが利かなくなると感じたラーナーが猛烈な勢いで反撃に出た。

「この男は脳死状態だわ」。ラーナーはラモンドが選んだエンジニアの1人が出社するなり叫んだ。「脳死状態よ」。彼女は次のエンジニアに対しても大声で繰り返した。

ラモンドはすぐに、これはラーナーが好む言い回しなのだと受け止めることにした。[73]

一方、バレンタインは暫定的ではなく、本格的にCEOが務まる人物を社外から探すことにした。彼は候補者それぞれに自分がこれまでに行った最もとっぴなことについて説明するよう求めた。彼にはクレイジーな行動を恐れない経営者が必要だった。シスコがクレイジーな会社だったからだ。

「私はとっぴなことを決して行いません」とある候補が答えた。

「分かった。お前は死んでいるも同然だ」とバレンタインは心の中で思った。[74]

1988年秋、バレンタインはジョン・モーグリッジに白羽の矢を立てた。ハネウェルのベテラン幹部で、スタートアップを率いたものの、成功させることができなかった経験も持っていた。モーグリッジはハネウェルでは「物事を成し遂げないための仕事のやり方を大いに学んだ」と中身とは逆に明るい調子で告白した。この言葉はバレンタインの耳に心地よく響いた。彼は自惚れを忌み嫌うのと同じくらい、謙虚な姿勢を好んだ。会社組織全体の機能不全を実体験したことは、シスコに移るにあたっての完璧な準備と言えた。[75]

外部からCEOを連れてきたものの、この戦略にはリスクを伴うこともバレンタインは認識していた。才能のある創業者を維持できるなら、それに越したことはない。会社を作り上げ、所有している創業者には、偉大な組織を目指す金銭的な、そして感情的な誘因がある。サッターヒルはキュームで外部から起用したCEOを技術担当の創業者と組ませた。しかし、創業者を補完することと、創業者を追い落とすことは違っていた。

バレンタインはモーグリッジを成功に導くため、彼に創業者に匹敵する誘因を与えた。具体的には、シスコの金銭的な成功のおよそ6%が自分のポケットに入るような形で、モーグリッジにストックオプションを付与した。この比率は、CEOを兼ねる一部の創業者よりも高く、彼はそれだけリスクも報酬も大きい環境に身をさらすことを意味していた。[76]バレンタインは創業者が抱く感情的な誘因の再現にも努めた。起業家にとっては興した会社の成否に自尊心がかかっている。バレンタインはモーグリッジに惰性で経営を続けたら、解任すると明確に伝えた。「私は人選が上手ではない」とした上で「しかし、自分の間違いは直ちに改める」と威嚇するような口調で述べた。[77]

モーグリッジの起用を耳にしたラーナーは激怒した。モーグリッジのことを脳死状態だと訴えた。バレンタインと再び対峙し、執務室で怒鳴り散らした。シスコの残りの経営陣の間でも激しい喧嘩が起きた。あるとき、ライバルの副社長どうしが殴り合う事態となった。会社が契約している心療担当の医師が呼び出された。「彼の役割は、必ずしもお互いを好きにさせることではなく、お互いに相手に対して物理的な行動を起こさせないようにすることだった」とモーグリッジは回想している。[78]

チャーリー・バスがシスコの創業者たちは投資の対象にふさわしいのかと疑った理由を容易に目で確かめることができた。しかし、バレンタインとモーグリッジは機能不全に陥っていた集団を一歩一歩まじめな会社へと変えていった。新しい財務担当役員、マーケティング担当マネジャー、そして本社の営業部隊を配置し、それまで存在していなかった製造部門を立ち上げた。[79]彼らは厳格なコスト管理の文化を植えつけ、規律を全社に浸透させた。モーグリッジは出張の際に遠縁のいとこの家に泊まり、ホテル代を節約した。これはシスコのマネジャーたちに旅客便ではエコノミークラスに乗るよう迫る道徳的な権威づけとなり、自身もエコノミークラスを利用した。何人かが異を唱えると、モーグリッジは「仮想ファーストクラス」で出張できると答えた。目を閉じ、キャビアを想像して、窮屈なエコノミークラスから心の中で席を移動すればよいという。

セコイアの出資から2年後の1989年末、シスコは従業員174人のきちんとした会社になっていた。[80] バレンタインが予見していたように、売り上げも利益も爆発的に拡大した。[81] 悲しいことにラーナーも爆発した。彼女は自分自身にシスコの新入りたちはすべて顧客をないがしろにしていると思い込ませた。「当否は別として、私は顧客を彼らから守ろうとしていた。私は彼らをそのような相手と見なしていた」と後に打ち明けた。[82] 彼女はますます短気になり、ボサックとの結婚も破綻した。これまで彼女の暴言に耐えてきた同僚たちにとっても我慢の限界だった。

1990年の晩夏のある日、バレンタインがサンドヒル・ロードのオフィスに到着すると、アシスタントが不吉そうな表情で迎えた。最高財務責任者（CFO）のジョン・ボルジャー以下、シスコの7人の幹部が会議室で待っていた。「私の誕生日か何かを祝うためにいるのではないと、すぐに感じた」とバレンタインは後に語っている。

来訪者たちは単刀直入に言った。サンディ・ラーナーを辞めさせるべきだと訴えた。応じなければ、例の8人の反逆者と同じく、シスコの幹部グループは一斉に退社しそうだった。[83]

会合は1時間足らずで終わった。来訪者たちが帰ると、バレンタインはモーグリッジに電話した。

「この私に反乱の行方が託されている。どうしたものだろう」と尋ねた。

「私が彼らにあなたに会うようにと告げたのです。あなたが同意するなら、彼女は去るべきです」とモーグリッジは答えた。[84]

バレンタインは賛成した。そこでモーグリッジは執務室にラーナーを呼び出した。彼の話によれば、彼がこのとき説明しようとしたのは、彼女は自分自身のためにシスコを離れるべきだということだった。シスコの成功のおかげで、金銭的には働く理由がなくなった。また、彼女の行動から判断する限り、シスコにいても幸福ではなかった。「あなたがこのように人生を送りたいのか、私には分からない」とモーグリッジは主張したと記憶していた。[85] しかし、ラーナーはモーグリッジの願い出を拒否した。引退するつもりはなかった。そこでモーグリッジは本題に入った。「本日があなたの最終日です」と通告した。[86]

ラーナーの解雇を知らされたボサックは同調して辞めた。自分たちが創設した会社の内側に2人が再び足を踏み入れることはなかった。かつてラーナーに「エイリアン」と形容されたボサックは、地球外知的生命体の発見を目指す取り組みに資金を拠出し続けた。[87] ラーナーは持てるエネルギーを「アーバンディケイ」という化粧品ブランドの育成に注ぎ、美容産業複合体の「バービー人形」的な美学に挑戦して、成功を収めた。このアーバンの製品の一つに「ブルーズ」という名前のマニキュア液がある。あざ（ブルーズ）とは戦士にふさわしい結末だった。

＊

シスコを舞台にした創業者たちの追放劇はシリコンバレーの神話の一部となった。ベンチャーキャピタルの非情さが露呈した瞬間という見方もあった。バレンタイン自身、この話題づくりに加担し、人々を解雇するタフガイの印象を培った。しかし、シスコをめぐる真実、そしてほかの場所でも起きている創業者の排除をめぐる真実は、もっと微妙なものだ。ベンチャーキャピタリストとは必ずしも斧で創業者を切り刻む者ではない。多くの場合、出資先の上位のマネジャーたちが、彼らの長に対して牙をむき、彼・彼女は退社を余儀なくされている。[88] バレンタインはラーナーの追放を許可したが、それはシスコの経営陣のほかの構成員たちをつなぎとめるためでもあった。また、ラーナー追放の経緯は、おそらくベンチャーキャピタルの冷酷さよりも、ハイテク企業が抱える性差別のほうを、より多く物語っている。1990年時点でアメリカ全体のエンジニアに占める女性比率はわずか9%で、シリコンバレーのスタートアップでは、もっと低かった。[89] これほど孤立した環境に置かれることはつらかっただろう。

セコイアがシスコに出資するにあたって定めた条件も物議を醸した。ラーナーは数年後、自分が金融・財務情報に疎いことにバレンタインがつけ込んだと非難した。[90] シスコのタームシートでは、創業者たちの持ち株のうち3分の2については、4年かけて段階的に権利を確定させるとしていた。ラーナーとボサックが退社した1990年8月時点では、この条件がついた株式の3分の1で権利が未確定だった。創業者たちの持ち株全体では4分の1弱に相当した。その後、法的な対立に発展し、創業者たちは愚直に振る舞うことをやめた。打ち合わせに白いストレッチリムジンで乗りつけるようなロサンゼルスの攻撃的な弁護士を雇った。[91] 法的な和解に達したものの、その内容は外部に明らかにしていない部分もあり、ラーナーとボサックはそれぞれ少なくとも4600万ドルずつ、おそらくもっと多い金額を手にしてシスコと縁を切った。2人がセコイアの出資を拒否していれば、シスコを支配し続けることができた。しかし、その場合、より小さなパイを、より大きく切り取るようなもので、2人の富はかなり少なかっただろう。[92]

シスコから得られるより大きな教訓は、シリコンバレーの興隆とかかわりがある。当然のことながら、この地域の名だたる企業の大半は、強い意志を持った創業者によって作り上げられており、手柄は創業者のもので、彼らにはそれを投資家と共有する習慣はなかった。その点、シスコの場合、ベンチャーキャピタルの貢献が大きかったことは、紛れもない事実である。ドン・バレンタインは会社の主導権を握り、創業者たちを追い出し、自前のチームを結成して経営にあたった。この積極的に関与していくハンズオン型の西海岸のベンチャー投資のスタイルが、その後の成功につながったのは間違いない。

対照的にシスコの東海岸のライバルであるウェルフリートは東海岸に特徴的な理由でインター・ネットワーキング市場でのリードを失った。ウェルフリートは優れた技術陣を擁し、創業者のポール・セベリーノは尊敬を集める発明家だった。しかし、まさにセベリーノが名声を確立した人物だったがゆえに、彼の興した会社の支援者たちは、あまりに多くを彼に一任した。支援者たちは彼が時間をかけて製品を完璧に仕上げることを認めてしまい、製品の市場投入が遅れた。[93]「ウェルフリートは技術的な細部の議論に何日もかけていた」とボストンのハイテク企業のある幹部は悔しそうに振り返る。「その間にシスコが参入し、売り上げを確保した」[94]

結局、シリコンバレーは一つの成功した会社を得たにとどまらず、業界全体を手中に収めたのである。１９９０年代から２０００年代にかけて、シスコはネットワーキング・ビジネスで圧倒的な存在となった。ドン・バレンタインはその10年前にはＰＣという空母に仕える周辺機器メーカーの船団の編成に取り組んだ。今度はクズ同然のスタートアップを自分が支援して、空母級の存在に発展させた。バレンタインは、そのようなシスコの周りにスイッチングとルーティングのネットワーク機器メーカーの船団を配置し、自ら旗艦の甲板に立った。シスコの新規株式公開（ＩＰＯ）でセコイアは約40倍のリターンを確保したが、その後も長く会長職にとどまった。

この特権的な立場にあったバレンタインには、どのような革新的なネットワーク技術がシスコに必要になるか、先々を見抜くことができた。結果的にセコイアの支援するスタートアップが次々にシスコに買われてゆき、利益が積み上がった。セコイアの評判は高まり、シリコンバレーは繁栄した。

第6章

「用意周到」派と「臨機応変」派

Planners and Improvisers

1987年のある日、起業家のミッチ・ケイパーはプライベート・ジェットに搭乗してボストンからサンフランシスコへと向かっていた。「もう少し待ってもらえるかな」。ケイパーは同乗するソフトウエア・エンジニアのジェリー・カプランに告げると、カバンからポータブルPC、コンパック286を引っ張り出した。小さなミシンほどの大きさがあった。

ケイパーは「自分のメモを更新しなければならないんだ」と言って、ポケットから何かを書き留めた付箋紙や引き裂いたノートを数枚ずつ取り出した。ふさふさした髪の彼はこのとき、くつろいだ海辺にでも行きそうな装いをしていた。ソフトウエア会社を興す前は、ディスクジョッキーや、精神安定のカウンセラー、スタンダップコメディアン（ステージに立ちマイク1本で笑いを取る芸人）、そして「超越瞑想」法の講師などで生計を立てていた。エスクァイア誌は彼のプロフィールを「（ボクシング映画の主人公）ロッキー・バルボアとヨガの達人を足して2で割ったような人物」と形容した。[1]

ケイパーは「紙に書く過程を省略して、これらを直接、コンピューターに入力する方法があればよいのだけれど」と続けた。

カプランは、おそらく可能だと示唆した。コンピューターをもっと軽量、小型にして、どこにでも持ち運べるようにしたらどうだろう――。

カプランとケイパーはこの構想の実現性について議論した。コンピューターのディスクドライブは1個が2ポンド（約900グラム）で、バッテリーも数ポンドする。ガラスのディスプレーも重い。しかし、それぞれの分野での進歩で将来のコンピューターの減量化は可能だ。最も厄介な課題はキーボードだった。60個余りのボタンが必要で、縮小には限界がある。2人は昼食をとり、カプランはうたた寝をした。

カプランが起きると、ケイパーはまだコンパックのキーを叩いていた。思いがけず、カプランに寝覚めのひらめきが舞い降りた。「文章をタイプ打ちする代わりに、ある種のペンで直接、スクリーンに書くという入力方法を考えてみないか」と口にした。

これにケイパーが反応した。「それは紙のノートやメモ帳にかなり近い機器だね」

カプランはこのたとえに、しばし心を奪われた。次世代型のコンピューターたりえるのか、考えをめぐらせた。

そして、カプラン自身が後に「宗教的啓示の現代科学版」と表現する瞬間が訪れた。ケイパーも明らかに同じ感情を抱いていた。とろんとした目に、涙をたたえ始めた。「我々はつかの間、言葉を発することができなくなっていた」と、カプランは後にシリコンバレーでの起業をめぐる色鮮やかな回顧録に記した。[2]

ケイパーは落ち着きを取り戻すと、このペン入力のコンピューターという着想をビジネスに結実させようと決意した。自分自身のそれまでの経験から実現可能だと信じていた。彼は１９８１年、ロータス・ディベロップメントと命名したソフトウエア会社を創業した。蓮（ロータス）という名前は仏教徒の悟りを想起させた。もっとも、２年後の同社の株式公開と結びついたイメージは、もっぱら資本家の利益だった。一時期、ロータスは表計算プログラムによってソフトウエア業界の世界最大手となり、ケイパーはクライナー・パーキンスをはじめとする支援してくれたベンチャーキャピタルに短期間で35倍のリターンをもたらした。ペン・コンピューターの会社なら同じ芸当を再現できるかもしれないとケイパーは想像した。

数週間、考えをめぐらせたあと、ケイパーはカプランに提案した。「（発案者の）君がこのプロジェクトを進めてみないか」と迫った。

「これまでに事業を手がけたことは一度もないんだ」とカプランは拒んだ。

「ロータスを興したときの僕に、もっと多くの経験があったと思う？」とケイパーは笑いながら聞き返した。「大丈夫さ。ベンチャーキャピタルを紹介するよ」

＊

その後の展開は、1980年代末のシリコンバレーにあったベンチャー投資を取り巻く雰囲気の半分を映し出していた。投資資金の急増に伴い、新しいタイプのパートナーシップ型のVCが続々参入し、それらには得意な領域を自覚し、注意深くことにあたる傾向があった。今や確立された存在となったこの業界で自らの道を切り拓くために、新興勢力は問いを立てた。最良のVCはどのように運営されているのか、その手法に改善の余地はないのだろうか――。

新規参入組のうち最も考え抜いて事業を展開したのがアクセル・キャピタルだった。特定のテクノロジーの分野に投資を絞り込んだ最初のVCだった。ソフトウエアと通信に深い専門性を蓄積して優位性を保ち、それらの分野で起業家を支援し、健全なエグジットへと導くことを目指した。同時にアクセルは、事前の用意を怠らない「準備された心（プリペアード・マインド）」と自ら呼ぶことになるアプローチを採用した。次の大きな鉱脈を掘り当てようとあちこち探すのではなく、将来性が見込まれるテクノロジーやビジネス・モデルについて経営コンサルタント的な事前調査を実施した。もっとも、この熟慮を重んじる文化と並んで依然、直感に従うベンチャー投資家も大勢いた。彼らは突破口を開くアイデアは定義からして衝撃的なもので、どれほど心の準備をしても予測できないと信じていた。この「用意周到」派（プランナー）と「臨機応変」派（インプロバイザー）の綱引きは、これから本章で見ていくように、ＶＣ業界のあり方を試すことになった。

ペン入力コンピューターの開発資金を調達するため、ケイパーはカプランを連れてシリコンバレーの「臨機応変」派の実力者、ジョン・ドーアに会いに行った。ユージン・クライナーとトム・パーキンスの引退に伴い、ドーアは友人であるビノッド・コースラと共にクライナー・パーキンスの先導役となり、まったく新しい産業を生み出すような真に革命的なスタートアップを支援しようとしていた。人々を惹きつける救世主的な存在であるドーアは、怖いもの知らずの創業者たちのビジョンを彼らよりも情熱的に擁護して慕われ、頼りになる投資家だった。

ある起業家はドーアが相手に注ぐ「司祭のような熱意と競走馬のようなエネルギー」に驚いた。本当ライバルの投資家も「ジョン・ドーアは様々なことについて、これは史上最高だと言った。本当に何度も」と敬意と皮肉を交えて語っている。[3] 痩身で、禁欲的で、神経質なエネルギーを次々に噴出するドーアは、ほとんど眠らず、危険な運転をし、そして一度に3カ所にいようと激しく努力しているように見えた。ある金曜日の午後、トム・パーキンスがドーアに翌日、ヨットで一緒に過ごさないかと誘ったところ、「確実ではありませんが、東京にいる必要が出てくるかもしれません」という答えが返ってきた。[4]

ドーアは忙しすぎて自分の物欲に気づかないように見え、これにはミッチ・ケイパーのヨガの感性に訴えるものがあった。ドーアは実用性の高いバンで動き回り、しわくちゃのカーキのパンツに無地のボタンダウンのシャツを着て、ネクタイは2本しか持っていないと言われた。それでも、初期の思いがけない成功、具体的にはコンパック、サン・マイクロシステムズ、そしてロータスなどに由来する報酬で、サンフランシスコのパシフィックハイツ地区に素敵な家を購入した。この1軒目の眺めを妨害していた家も買い取り、高さを削って、邪魔なバルコニーを取り外し、ゲストハウスに衣替えした。ケイパーがボストンからサンフランシスコを訪れた際には、必ずそこに泊めさせてもらった。

ケイパーとドーアのこれまでの関係を考慮したなら、資金調達にあたってクライナー・パーキンスが最初の訪問先になったことに不思議はなかった。とはいえ、その進め方は普通ではなかった。カプランによれば、彼とケイパーは今回は予備的な協議だと想定してクライナー・パーキンスのオフィスに向かったため、事業計画も収支予測も準備していなかった。

ところが思いがけず、会議室に案内され、パートナー全員の前で説明するよう求められた。何も失うものはないと覚悟したカプランは、即興で熱弁を振るった。壮大な展望を強調することで、準備不足を補って余りある内容にした。カプランは未来のコンピューターはノートブックのように、軽くて薄いものになると主張した。それを示すため、彼は革製のフォルダーを放り投げ、パートナーたちの前にポトリと落として見せた。

しばらくして、ドーアがホテルにいたカプランに電話をかけてきた。これも予想外だった。ドーアがどのようにして連絡先を探り当てたのか見当がつかなかった。カプランの混乱をよそに、ドーアは彼の会社に出資するつもりだと告げた。

カプランは慌てた。実際には会社をまだ設立していなかった。ないものはなかった。クライナー・パーキンスは投資する前に、多少の財務情報を確認する必要はないのだろうかと、自問した。ドーアは「我々はあなたと、あのアイデアを支持する」ときっぱりと言った。カプランのビジョンにお金を投じるのであり、細かなことは関係なかった。

2人とも翌日以降、出張予定があり、乗り継ぎのセントルイス空港で落ち合えるようにスケジュールを調整した。ドーアはカプランとゲートで会い、合意に達した。クライナー・パーキンス、ミッチ・ケイパー、ビノッド・コースラの3者で計150万ドルを出資し、カプランのプロジェクトの持ち分の3分の1を得る。ドーアは新会社の会長に、ケイパーとコースラは取締役に就く。

ドーアは新会社の呼称について尋ねた。

「大文字でGOです。出発だ（GO forth）、目指せ（GO for it）、黄金（GOLD）のすべての言葉の最初につくGOです」とカプランは答えた。

「上場する（GO public）のGOでもある」とドーアはつけ加えた。

＊

ところが、会社の立ち上げから1年後、GOはどこにも向かっていなかった。投資家にビジョンを売り込むことと、それを実現することとは別物だった。カプランと2人の共同創業者は実用に堪えるノートサイズのコンピューターを完成できずにいた。資本も不足していた。

1988年のある取締役会でドーアはカプランに心配は無用だと安心させた。追加の資金が必要だったが、調達は困難ではない。「誰もがこの取引に参加したがる」とドーアは確信を持って発言した。

もっとも、ビノッド・コースラは「その際に（株式の）価格は適切でなければならない」と注意を喚起した。第一弾となったGOの150万ドルの資金調達では1株40セントに設定された。そして、同じ顔触れの資本家チームが追加で50万ドルを1株60セントで拠出した。カプランはまだ製品を発売していない会社にしては高値だと懸念した。コースラも同じ考えのようだった。この第二弾の資金調達ではGOの企業価値が600万ドルに見積もられていた。

コースラへの賛同意見が表明される前に、ミッチ・ケイパーが割って入った。彼は今回はGOの企業価値を（第二弾の資金調達の）2倍にしたいと望んでいた。「1200万ドルだ」と意気軒高だった。

カプランはドーアがケイパーの高揚感を抑えてくれると期待して目をやった。この会長は両手で頭を抱えていた。「私は彼（ドーア）がミッチェル（ケイパー）に、それはたわごとだと丁寧に伝えるための、言葉を選んでいるのだと想像していた」とカプランは後に記している。

ドーアは数秒間、じっと座ったままだった。そして、左足を床にバウンドさせて突然、立ち上がった。「我々は1600万ドルを要求すべきだと思う」と強調した。

ドーアとカプランは互いを凝視した。ドーアの回想では、彼とケイパーは単に、この判断が難しい資金調達の条件設定にあたり、限度いっぱいで公正な評価額を決めるという、自分たちの仕事をしていただけだった。しかし、カプランにはこの場面が、ケイパーとドーアの2人がポーカーのプレイヤーよろしく、相手の賭け金を引き上げさせている印象がぬぐえなかった。共同創業者のもう1人、ケイパーは椅子に深く腰を下ろして、ドーアとカプランの間に挟まれないようにしていた。

「質問するだけなら害はないので、言わせてもらうが、これは危険なゲームではないか」とコースラが再び口を開いた。「今回のような中間段階の資金調達では企業価値の評価は非常に不安定になりがちだ。お金の出し手に、その会社では資金が尽きかけていると思われてしまったなら、(彼らの立場が強くなるように)資金がなくなるまで待たれてしまう。すると、評価額が底割れを始めてしまい、結局、誰もが出資に二の足を踏むことになる」

ドーアは言い返した。「そもそも正しい評価額はあるだろうか。株式を買いたい人と、売りたい人が出会うだけのことだ」

取締役会の終了後、カプランはケイパーと内輪で話し合った。神経質に「これで、うまくいったんだろうね」とカプランは語った。

ケイパーが「あまりにもね」と反応した。「とてつもない高い評価額に鼻血が出そうだ」

カプランは「要するに、連中（ドーアとコースラ）は専門家だ」と強調した。「我々が企業価値を判断してはいけない。連中はいつもお金を出しているのだから、任せておけばいい」

数日後、カプランはドーアに電話をかけ、誰に対して出資要請の説明を進めるべきか助言を求めた。ドーアは目まぐるしい速さで名前を次々に挙げた。一般のベンチャーキャピタリスト、VCの子会社を持つ企業、クライナー・パーキンスのリミテッド・パートナー、いくつかの投資銀行、さらに加えてスティーブ・ジョブズ――。

カプランのメモを取る手が痛くなった。「もう十分です」と叫んだ。彼は後に、クライナー・パーキンスの関係者に電話をすることは、消防署の番号にかけることに似ていると記している。「彼らは大勢でやってきて、慈悲深くも一途な激情でプロジェクトに襲いかかる傾向がある。彼らが立ち去るとき、火は確かに消えているが、家具は水浸しになり、窓は壊れているかもしれない」

カプランはドーアの投資家リストに従って自分のスタートアップを売り込むことにした。ところが、いくら回っても、彼らは興味を示しこそすれ、出資を約束しなかった。苛立ったカプランはドーアのもとに戻り、「見てください。我々にはもう4週間分の現金しか残っていません。その後は（廃業した地元のファストフード店）『ドギー・ダイナー』と同じ運命です」と語った。「誰もあの評価額では出資に応じません」

ドーアは「分かった」と答えた。「では12（1200万ドル）に減額しておしまいにしよう。公表してくれ」。ケイパーが最初に提案した評価額を支持した。

カプランは21人の出資者候補に電話して、月曜日の午後5時までに返事をくれるよう依頼した。ところが、1件も返ってこなかった。

翌朝、カプランは再びドーアの番号をダイヤルしたが、留守番電話になった。歯を食いしばりながらメッセージを残した。「ジョン。これは火曜日のモーニング・コールです」と始めた。「誰にも出資する気がありません。お手上げです。我々は何をしたらよいでしょう」

正午にドーアから折り返しがあった。彼がニューヨークの投資会社ベッセマーの関係者と話したところ、パートナーたちが関心を持ちそうだという。カプランは現地に飛び、売り込みをかけるべきだと指摘した。

カプランは言われたとおりにしたが、さらに屈辱的な目に遭った。ベッセマーのチームには、まったく興味がない様子だった。彼らはこの面会のせいで、急いで次の出張へと「空港を走らなければならなくなった」とはっきりと言った。カプランが空港を駆けて、西から東へ大陸を横断して説明に来た事実を無視していた。

カプランはこれで終わりだと考え、ドーアに電話して伝えた。

しかし、ドーアはあきらめなかった。「確信を持ってこの（売り込みの）技能を繰り返し練習しなければならない」と彼は後に語っている。シリコンバレーでは彼ほど巧みなやり方で様々な企業のビジョンを説明できる人物はほかにいなかった。[6] ドーアはカプランからあったＧＯの従業員の退職金に対する質問には答えず、カプランと彼の共同創業者たちに翌週月曜日の午後5時にクライナー・パーキンスの会議室で待っているようにと依頼した。

当日、約束の時刻になると、ドーアは挨拶も抜きに会議室に入ってきて、テーブルの中央に電話器を置いた。

「スコット・スパーリングは何と言っていたかい？」。彼はハーバード大学の基金でベンチャー投資を担当するパートナーの名前を挙げた。

「（接触したのは）随分、前のことです」とカプランは答えた。「彼は評価額が高すぎると考えていた様子でした」

「どの水準なら高すぎないと彼は受け止めるのだろう」

「分かりません」

「電話で尋ねてみよう」。ドーアはスパーリングの番号にかけた。カプランはボストンでは午後8時すぎだと抵抗したが、お構いなしだった。スパーリングの妻が受話器を取った。背後から赤ん坊の声がした。

「スコットと話すことはできますか。お願いします」

「少々お待ちください」とスパーリングの妻が答えた。「彼は膝の上に赤ん坊を乗せています」

スパーリングに代わると、ドーアは単刀直入に聞いた。「スコット。我々はこの資金調達を決着させなければならないが、（最大の出資者となって条件を決める）リード・インベスターがまだいない。あなたの立場を教えてほしい」

「うまくいけば、これは大きな市場になる」とスパーリングは回答した。「しかし、1200万ドル（の企業価値）は過大評価だ」

「いくらならリードを引き受けるだろうか」

「800万ドルだ」

「その水準なら、いくら出資する？」

「200万ドルまでだね」

ドーアはミュート・ボタンを押した。「1株ではいくらになる？」と彼は電卓を叩いているカプランに尋ねた。

「およそ75セントです」とカプランは数字を挙げた。ケイパーとドーアが応酬の際に取り上げていた数字よりかなり低かった。それでも、スパーリングは第二弾の資金調達の際の企業価値600万ドルに比べて、まずまずの高額を提示していた。

ドーアはGOのチームを見て言った。「皆さん、これに応じる気はあるかな？」

「我々はこれで満足です」とカプランが返答した。

ドーアはミュートを解除し、「スコット。これで取引は成立だ」と述べた。「ジェリー（カプラン）が明朝、事務処理を始めるために電話する」

ドーアはボタンを押して電話を切ると、GOのチームに向き直った。「おめでとう、皆さん。リードを捕まえた」。そのように言うと、会議室を出ていった。体は細いが針金のように強く、角張った眼鏡をかけた消防士は、次の緊急事態へと急いだ。

ドーアの介入後、数日のうちにカプランは600万ドルを調達することができた。彼自身の目標だった500万ドルを上回った。その後、彼は1993年まで奮闘し、定期的にドーアの助けを得て追加の資金を集めたものの、ペンで操作するコンピューターを製造するという構想を実現できなかった。最終的にGOを安値で通信会社AT&Tの一部門に売却した。彼の支援者たちには、ほとんど何も残らなかった。

GOの物語は、ベンチャーキャピタルの一つの類型として、ドーアの向こう見ずで、度を越した投資に対する姿勢を明らかにした。彼は事業計画の裏づけのない即興のプレゼンテーションに基づいて資金を投じた。自分なら意志の力で技術的な飛躍を実現できると信じていた。野心を最大限に膨らませるよう促すドーアは、おそらくカプランの目論見を狂わせてしまい、実現可能だったかもしれない漸進的な進歩の道からカプランを遠ざけた。

GOは「(広い用途を目指さず、例えば宅配サービスの) UPSの配達員向けなど狭い領域で役に立つようにすべきだった」とミッチ・ケイパーは後に振り返った。「GOの一件は、起業家にとってクライナー・パーキンス（KP）のアプローチが持つマイナス面を示した。その会社がホームランを打てないなら、三振をしようが、何をしようがKPにはもう構うつもりはない。やるからには思い切りやれ、中途半端はダメだ、と言っているようなものだった。(中略) KPのアプローチには傲慢さがある。世界を変えようというエゴの塊だ」[7]

ケイパーはドーアのスタイルがトラブルを招くことを正しく理解していた。ＧＯでの失態と同時期に、ドーアとコースラはダイナブック・テクノロジーズという次世代のラップトップ・コンピューターのメーカーを立ち上げたが、投資家の資金３７００万ドルを使い果たして廃業した。[8]ドーアはこのほかにもヒト遺伝子のスクリーニング、アンチエイジングの医薬品、化学品の設計自動化など一連の技術的展望を吹聴したものの、失敗に終わっている。[9]

彼はトム・パーキンスが残した戒めの言葉を忘れていたように見える。すなわち、技術的課題に直面する会社に投資する場合、最初にすべきことは、発光するほど高温の白熱型のリスクを取り除くことだった。

＊

クライナー・パーキンスがシリコンバレーの豪放磊落な精神を体現していたとしたなら、新興の挑戦者であるアクセルは意図的に違いを打ち出していた。同ＶＣを旗揚げしたアーサー・パターソンとジム・スワーツの２人は既に業界のベテランで、「臨機応変」派というよりは「用意周到」派に位置づけられた。また伝道者の集団というよりは戦略家のグループに分類された。とりわけパターソンは自他共に認める知性派で、ウォール街の辣腕法律家の子息にして、ハーバード大学の学部と大学院（ビジネススクール）で学んだ。彼は技術者としての背景を持つ一部のライバルたちほどには次のテクノロジーに傾倒せず、金融市場、ビジネス・モデル、さらには政府の政策により広く関心を持った。彼は広範囲に本を読み、手際よく理論に整理し、またアクセルのアプローチを体系化した内部文書をまとめた。19世紀の微生物学の父、ルイ・パスツールから借用したアクセルの標語「準備された心」を思いついたのも彼だった。パスツールは「幸運は準備された心にのみ宿る」と思慮深く観察した。

パターソンは背が高く、細身で、一種の貴族的な偏屈さを備えていた。あるとき、アクセルの新入りに夕食として12本の焼きトウモロコシと、自分のワインセラーにあった特別なボルドーだけを提供して驚かせたことがあった。[10] ジム・スワーツも違った意味でクライナー・パーキンスの幹部たちとは対照的な人物だった。ペンシルベニア州の小さな町で育ち、バス運転手や農場労働者として生計を立てていた男の息子だった彼は、品性や規律を重んじた。[11] クライナー・パーキンスの「臨機応変」派は救世主的なビジョンを語ったが、スワーツは堅実な創業者を支援し、財務管理を徹底し、その立ち振る舞いに節度や誠実さ、現実主義を漂わせていた。ある起業家が自分の会社の取締役会にスワーツを迎え、名刺を準備したことがあった。このときスワーツは名刺の束を、目に余るお金の浪費だと非難する怒りの手紙で包んで突き返した。起業家は手紙を開くと、スワーツの激しい言葉にハッと息をのみ、そして彼の考えは正しいと判断した。起業家はその手紙を机の上に置き続け、日々の規律ある支出を心がけた。[12]

アクセルの設立は１９８３年で、キャピタルゲイン課税の引き下げと、プルーデント・マン・ルールの変更を受けてベンチャー・ファンドへの資金流入が急増した時期にあたった。前例のない規模で投資資金が集まるなか、既存の有力ＶＣが優良案件を独り占めするようになっていた。インテルやアップルの場合のように、リード・インベスターが一緒に投資する仲間を連れてきてリスクを管理する時代は終わった。それゆえ、新しい対抗馬たちにとって、チャンスをつかむための明白な一つの方法は、起業家が利用し始めているテクノロジーの分野に自らの投資領域を絞り込んで、アピールしていくことだった。さらに、ベンチャー投資がビジネスとして拡大したことで、この専門領域を深掘りする路線は以前よりも進めやすくなった。つまり、焦点を絞っても、十分な数の案件を選べるようになった。

スワーツはネットワーク機器メーカーの草分けであるアンガマン・バスに賭けて華々しい成功を収めたことで知られた。通信を専門領域と定め、ニュージャージー州マレーヒルにあるベル研究所の研究員たちに短距離の運転で会いに行ける同州プリンストンを本拠地にした。パターソンはソフトウエアを選び、シリコンバレーを地盤にした。必然的に西海岸に軍配が上がった。時間の経過と共に、スワーツが北カリフォルニアを訪れる頻度は高まり、彼も引っ越した。[13]

その専門性を訴える戦略を強調するため、アクセルが１９８５年に組成した２本目のファンドは投資対象を通信分野に特化した。アクセルはファンドの目論見書で、「情報化社会では、事実上あらゆる電子システムがほかのシステムと通信するようになる」と主張し、モデム、ネットワーク機器、動画の共有やその他の通信関連のアプリケーションの市場が巨大になると指摘した。[14]

パターソンとスワーツは、この展望に精力を傾ける決意を示すため、追加的に専門家を複数採用したほか、中身の濃いカンファレンスをスタンフォード大学で開催して通信業界地図にアクセルの旗を立てた。通信業界の重鎮が集う正装の晩餐会がこの年次カンファレンスに関連して開かれ、翌日には先を読む能力に優れた講演者たちが登壇し、300人余りが耳を傾けた。[15] 休憩時間には、起業家たちがスライドの資料を持って投資家たちに事業計画を売り込んだ。ジム・スワーツは後に次のように語っている。「我々の戦略は、ファンドの組成を発表し、報道で通信についての発言が取り上げられ、カンファレンスを企画し、とにかく騒ぐことにあった」[16]

ライバルのVCまでもがこのファンド、アクセル・テレコムに注意を向けた。クライナー・パーキンスは200万ドルを拠出した。アクセルは専門化の戦略を進めた結果、一時的な流行を追うなどの注意散漫に陥らずに済んだと好んで説明した。石油業界にたとえるならば、アクセルのパートナーは、新しい油脈を掘り当てようと、むやみやたらに試掘して回る山師ではなく、その土地の地質学的な特性を調べる理路整然とした探鉱者だった。

ペン入力コンピューターもその違いを示す適例だった。1990年代初期には、GOを真似たスタートアップが数十社も出現し、ゴールドラッシュを祝うカンファレンスがいくつも開かれた。スワーツはそのような祭典の一つに律義に参加し、刺激的な宣伝の実態を確かめた。アクセル流の精査を進めると、ペン入力技術そのものにも、そして、関連ビジネスの見通しにも、今後うまくゆく兆しは見えず、スワーツはそれらにお金を浪費することを拒んだ。はやりすたりに無関心な姿勢のためか、アクセルが投資した案件のうち失敗に終わったものは、比較的少なかった。パートナーシップが10周年を迎えたころの集計では、運用期間が終了した45案件のうち、損失を計上したのは7案件にとどまった。[17]

専門性を発揮できる分野に特化することは、アクセルが攻勢をかける上でも役立った。パートナーたちは投資対象セクターの専門家であるため、起業家の説明の本質部分を素早く把握し、迅速に意思決定を下すことができた。そして、投資すると決めたなら、次の課題は起業家に競争相手のVCを押しのけてアクセルを選ばせることになるが、この過程でも特化戦略が生きた。会社を興すことは孤独な経験であり、創業者は少なくとも最初の段階では、大半の人々には無謀と思えるニッチなプロジェクトに人生と魂を捧げている。このため、起業家は自分の計画を高く評価し、「分かった」と言ってくれる投資家を歓迎せずにはいられない。アクセルのパートナーたちは、起業家のことを徹底的に理解し、その起業家が準備する投資家向け説明資料の文章を完璧なものに仕上げるのを手伝い、次のスライドの中身をそらんじるくらいになることを目指した。内輪では、この目標を「90%ルール」と呼んだ。つまり担当者は、起業家が実際に口を開く前に、その話す内容の90%を予想していなければならないということだった。[18]

アクセルの専門性を訴求するアプローチはベンチャーキャピタリストたちが「隣にある可能性」と呼ぶものを特定するのにとりわけ有効だった。アクセルのパートナーたちは、それぞれ担当セクターにどっぷりと没入し、投資先企業の取締役に就任し、直接観察した内容と経営コンサルタント的な分析を融合させることにより、テクノロジーの次の論理的な進展を予測できた。「すべての案件が、次の案件に導いていく」とは、アクセル内部の別の格言である。[19] スワーツは特に単一の製品分野で繰り返し投資することを好んだ。彼はビデオ会議システムのスタートアップを1986年に支援し、88年には別の会社に、92年には3番目の会社に資金を投じた。このうち2件で合計14倍のリターンを獲得した。[20]

認めなければならないのは、この漸進主義にもコストが発生することだ。既存のパラダイムを打ち破るクライナー・パーキンスの投資スタイルは、隣に進むのではなく、2歩先への跳躍を狙う。アクセルはこれを回避した結果、いくつかの超弩級の勝者を見逃した。同様に、自分たちに近いセクターの知的リーダー層の間に身を置いたため、セコイアのドン・バレンタインが支持したような規格外の挑戦者たちに対して目をふさぎがちだった。

実際、アクセルは80年代の通信分野の多くの案件で中心に位置したシスコに投資しなかった。その存在を認識し、通信に特化したファンドを持っていたにもかかわらずである。それでも、アクセルの選択は意図的なものだった。アクセルは新しい価値を生み出すのに十分なだけエンジニアリングの境界を押し広げたのであり、行き過ぎという過失を犯すほどではなかった。モットーは「単打を狙っていれば、自ずとホームランがついてくる」だった。振ったバットから思いのほか勢いよくボールが飛び出すことはあるものだ。

アクセルの最初の数本のファンドの運用成績は、間違いなく何か大事なことを示唆していた。[21] 通信に特化した2本目のファンド、アクセル・テレコムのリターンは3・7倍で、年率換算では同じ年に組成されたベンチャー投資ファンドのリターンの中央値の2倍に相当した。[22] 最初の5本をまとめると、運用成績はもっと向上する。平均のリターンは8倍だった。その上、驚くべきことに、アクセルのパートナーたちがグランドスラム（満塁ホームラン）を傲慢に追ったりしないと固く決意していたにもかかわらず、それが実現して、運用成績を押し上げていた。2本目のファンドは、いわゆる80対20の法則を確認する以上のことを成し遂げた。投資先のうち上位20％が全体の利益の80％どころか、実に95％を叩き出していた。[23] ほかの初期のファンドも、べき乗則の効果を示した。最初の5本では、投資対象の上位20％がそれぞれのファンド全体の利益の85％を下回ることはなく、平均では92％を占めていた。

つまり、べき乗則は動かしえなかった。たとえ、整然とした方法で臨み、アンチ・クライナー・パーキンスの姿勢で、「準備された心」を持つパートナーシップでも逃れられなかった。

＊

べき乗則がこの業界を支配していることを浮き彫りにしたのはＵＵＮＥＴの存在だった。同社はアクセルの最初の10年間に予期せずに登場した数例のグランドスラムの一つで、今ではベライゾンの巨大な通信帝国に組み込まれてしまい、忘れ去られた会社である。ユー・ユー・ネットという読み方には、異なる時代へ逆戻りしたような響きがある。この奇妙な社名は、略語ではなく、エンジニアたちだけに愛されたソフトウエアのプロトコルに漠然とした着想を得て命名された。ズーム（Zoom）やスナップ、ストライプ、スポティファイなど、後のスタートアップがブランドを意識した、きびきびとした社名であるのに比べると、隔世の感がある。[24]

それでもUUNETのことを思い出すのは有益だ。同社はべき乗則の存在を強調しただけでなく、ベンチャー投資が持つ二つの特徴に光をあてたからだ。第一に、政府が後押しする科学と、VCが支援する起業家には、技術進歩を促す別々の役割があることが、同社を通じて明らかになった。第二に、VCが社会に及ぼす衝撃の核心部分にあるパラドックスを同社は映し出していた。個々のVCは偶然、横方向にそれて幸運に出くわすことがあり、勤勉さや先見の明よりも、好機の訪れ、予想外の発見、そして単にベンチャー投資のビジネスに加わっているという事実がより重要な場合がある。これに対し、システムとしてのVCは一般に認められている以上に強力な社会の進歩の牽引役を果たしているのである。

UUNETは1987年に設立され、当初はバージニア州北部の目立たない非営利団体だった。そのころのインターネットにはコンピューターが10万台程度しか接続されておらず、UUNETはこの制約された状況の打開を事業の目的としていた。[25] インターネットはもともと国防総省の資金で構築された軍事通信システムとして始まり、その後は政府の支援を受けた大学の研究室を含む政府系の研究機関で、科学者のための電子メールや掲示板、ファイル共有のプラットフォームとして使われた。民間企業や個人はこのネットワークに参加できず、商業利用は禁止されていた。しかし、80年代後半には拡大する政府外の科学者のコミュニティが同様のサービスを求めるようになった。ＵＵＮＥＴは、プログラマーたちの緩やかな連合体から25万ドルの融資保証を受け、彼ら向けのインターネットのサービス・プロバイダーとなるべく動き出した。[26]

ＵＵＮＥＴを創設したのは、政府の地震研究センターで働いていた当時30歳代のエンジニアのリック・アダムズだった。垂れ下がった茶色の髪と、あご全体に広がったひげに、普段は白のジーンズにポロシャツという姿だった。アダムズは政府の仕事を続けながら、ＵＵＮＥＴの事業にはパートタイムで取り組んだ。インターネットの基幹部分を利用できずにいた民間の科学者のために、並存するネットワークの基礎を築いた。[27]通常、主要企業はローカル・エリア・ネットワークを介して従業員同士を結びつけていたが、別の企業へのメッセージの送信には非常にコストがかかった。そこでアダムズはシスコのルーターとネットワーク用のソフトウエアを組み合わせて、より安価な接続を実現した。彼はそのサービスの対価を請求したが、費用回収に十分な程度に抑えた。サンドヒル・ロードのメンタリティーとはかけ離れていた。

当初、ほとんど誰もＵＵＮＥＴの役割の重要性に気づかなかった。インターネットは政府のプロジェクトだと当たり前のように思われていた。[28]大衆にオンライン接続をもたらすのも政府だろうと大半の人々が考えていた。実際、１９９０年7月にテネシー州選出の若き上院議員、アル・

ゴアは公的部門の構想として「情報スーパーハイウエー」づくりを打ち出した。既存の電話回線上で運営するのではなく——インターネットは実際にはそうであったのだが——ゴアは光ファイバー回線を新たに敷設して、家庭のテレビを双方向型の機器に変えてしまうことを思い描いた。一足飛びに光ファイバーへ移行することにより、様々な情報と娯楽のコンテンツがまばゆいテクニカラーの彩色でアメリカの家庭に届くようになり、インターネットのくすんだ掲示板に取って代わるという構想だった。

この派手なスーパーハイウエー構想は広く興奮を巻き起こした。1991年、ゴアは自らの構想を支える17億5000万ドルに上る政府の歳出パッケージを提案した。翌92年、大統領選挙に向けてビル・クリントンがゴアを副大統領候補に指名すると、ゴアの知名度は高まった。93年にはスーパーハイウエー構想のインフラ整備の受注を狙って有力なテクノロジー企業が集団で行動し始めた。[29] しかし、これらの進展をよそに、レーダーの視界の外で動きがあった。企業の研究室の科学者たちが、UUNETのもとに群がってきたのである。UUNETもあふれるような収入の増加で、非営利の立場の継続を断念した。

そしてUUNETと、より小さなライバル1、2社の興隆を全米科学財団（NSF）が評価し、政策転換を表明した。政府のネットワークから民間を排除するのではなく、むしろ民間のインターネット・サービス・プロバイダーを陣営に招き入れることにした。その上に、管理まで任せることになった（NSFのネットワークが国防総省のネットワークと相互接続して今日のインターネットの基礎を築いた)。[30] 確かに政府がインターネットを発明した。しかしNSFにとっては、インターネットを大衆の情報伝達手段に位置づけ直し、情報を民主化し、人々の生活を変える作業は、民間部門に任せるのがむしろ最善だった。

物語のこの段階でベンチャー・ビジネスの経験者であるミッチ・ケイパーが登場した。ペン入力コンピューターの事業で資金調達に苦戦していたケイパーには、もう一つのひらめきがあった。ゴアが進める政府主導の光ファイバーのスーパーハイウエー構想は依然、報道で大きく取り上げられていたが、ケイパーの考えでは、実現には、あまりに問題が多く、コストがかかりそうだった。地面を掘り返して光ファイバーを敷設するよりも、銅線(電話回線)上にインターネットを築くほうが圧倒的に安上がりだった。現実にUUNETは、政治的な指示を受けたからではなく、満たし切れないほど押し寄せる顧客の需要に対応するために、ルーターやサーバーを既存の電話網に接ぎ木して、音声回線をデータ回線に変貌させていた。その上、NSFのネットワークの民間への移管の発表により、さらに進展が早まる可能性が開けた。[31] 何百万人もの利用者をオンラインでつなげる手法として、このマーケット主導の動きがゴアの壮大なプロジェクトを凌駕しそうだった。

「よし。これは実現する」とケイパーは自分に言い聞かせた。「一枚かんでみたい」[32]

1992年8月、ケイパーはワシントンを訪れ、リック・アダムズに面会を申し入れた。「ポーカーゲームが行われているが、私の手元には賭けるチップがない。それでも投資したい」とケイパーは率直に説明した。もし、アダムズがＵＵＮＥＴの株式を少々、買うことを認めてくれるなら、自分がベンチャー投資家たちとの橋渡し役となって、相当規模の資本を彼らから引き出してみせるということだった。

アダムズは決めかねた。彼は概して資金提供者に懐疑的だった。ベンチャーキャピタルを監督者としていただき、彼らの質問に答えることなど願い下げだった。アダムズには開かれたコミュニケーションを促進するという使命感があった。この目的の純粋さを失いたくなかった。その一方で、資本を必要としていた。実際に多額の資金がなくてはならなかった。ＵＵＮＥＴが拡大すればするほど、需要がますます急速に膨らんでいた。ネットワークは利用増加によって、一層魅力的になり、さらに潜在的なユーザーを引き寄せるという、循環的なうねりが起きていたからだ。「このプロジェクトは（金食い虫で）ゴミ箱いっぱいに詰め込んだ現金を丸ごと飲み込んでいた」とＵＵＮＥＴの技術部門の責任者だったマイク・オデルは振り返った。「我々はあらゆる場所に機器を設置しなければならなかった。それは、子供たちに用意する大きめのズボンのようなもので、利用の急拡大が前提になっていた」という。[33]

ケイパーは自身の経験も踏まえて、アダムズのベンチャーキャピタルへの懸念を振り払おうとした。[34] ケイパーにもＶＣ嫌いの時期があったからだ。アーサー・ロックの投資先企業で、若手の製品担当マネジャーとして働いていたときのことだった。ある日、ケイパーは取締役会に同席し、「まるで映画『ゴッドファーザー』に出てくるような瞬間」を目撃した。ロックが「腕についたノミを弾くかのように平気な表情で、ある人物、もしくは、あるプロジェクトの処刑を命じていた」[35]。このため、ロータス・ディベロップメントの資金調達の際にケイパーは、ベンチャー投資家たちにとげとげしい態度を取り、利益よりも人間性を優先すると予告したほどだった[36]。しかし、その後はゆったりと構えるようになった。スタートアップが活躍している限り、ベンチャー投資家たちは創業者を尊重して任せてくれると悟ったからだ。「VCに押し切られると決まったわけではない」とケイパーはアダムズに出資を受け入れるよう促した[37]。

アダムズは二つの直観と格闘した。ケイパーが普通の投資家なら、追い返しただろう。その一方でケイパーの理想主義と政治に対する見方には、同志のようなものを感じていた[38]。さらに考えた末に、アダムズはケイパーの助言に従った[39]。

一枚かむことになったケイパーは素早く行動した。UUNETは競争相手が市場に割り込んでくる前に、大きなズボンに合うように成長しなければならなかった。アダムズが投資家にどのような疑念を抱いていたにせよ、このたまたま、東海岸に生まれたスタートアップに、西海岸の真剣なベンチャーキャピタルのお金を集める必要があった。

ケイパーの最初の立ち寄り先はクライナー・パーキンスのジョン・ドーアだった。情報スーパーハイウエーについての興奮は気にしないようにと強調した。数年のうちにインターネットがゴアの構想を粉砕すると伝えた。

GOの場合とは異なり、ドーアは説得されなかった。UUNETはクライナー・パーキンスが好んで支援する類いの会社ではなかった。知的財産を持たないため、より大きな競争相手に対して無防備だった。[40] 大量の資本を必要とするため、クライナー・パーキンスがホームラン級のリターンを得ることもなさそうだった。[41] ドーアはアダムズとの面会を拒否した。

クライナー・パーキンスに一蹴されたケイパーは、アクセルに計画を持ち込んだ。どのベンチャーキャピタルに相談するかは、ほぼ行き当たりばったりで選んでいたため、アクセルが通信を得意としていることは理由ではなかった。たまたまケイパーがアクセルのファンドに最近、資金を拠出した経緯があり、担当者に電話をかけて売り込んだ。インターネットは大きく飛躍する、インターネットを「誰もが話題にする」チャンスが広がっている、とケイパーは力説した。[42]

ケイパーの電話は運に恵まれた。アクセルの熟考型の「準備された心」のプロセスが背後で進行していた。アクセルのプリンストンのオフィスでは、ドン・グッディングという名前の通信担当のアナリストがインターネットの展開について調査を開始していた。西海岸のオフィスでも、別の通信専門家のジム・マクリーンが事態は動き始めていると認識していた。マウンテンビューにあるNSFのインターネットのインフラを運営する拠点を訪れ、高価なサーバーやルーターがずらりと並んでいる様子に目を見張った。

「政府機関がこんな高級な装備を買えるのですか？」。マクリーンは無邪気な言い回しで尋ねた。あるエンジニアが「我々はこれらをタダで手に入れています」と説明した。ルーターの製造元は、政府専用とされるNSFのネットワークに、物々交換で違法接続していた。接続に飢えている彼らは、法を破ってでも欲しがった。[43]

つまり、このときアクセルは三つの異なるルートからインターネットが可能性を秘めているとの感触を得たことになる。ケイパーからかかってきた電話、グッディングの独自の嗅覚、そしてマクリーンが垣間見たオンライン接続への旺盛な需要である。問題は、アクセルがこれらのヒントを投資に結びつけるのかどうかだった。

最初は何も起きなかった。アクセルのチームはリード・インベスターを務める案件を何十も抱え、関心を失っていた。1993年1月末、ケイパーはUUNETを再びアクセルの目に留まらせるため、サンフランシスコのオフィスを訪れた。しかし、投資担当のパートナーが誰も会合に顔を見せず、失望させられた。ケイパーはアダムズに、アクセルは「前向きな決定に近づいているというボディ・ランゲージを発しなかった」と打ち明けた。[44]

しかし、上位のパートナーたちよりも下のレベルでは、ジム・マクリーンが依然、熱心に調査を進めていた。彼はNSFがインターネットの民間への移管を計画していると聞いて、この好機をつかみ取る企業や組織を探していた。調査で行き着いた先がUUNETであり、来たるべきゴールドラッシュの勝者になりそうに見えた。

マクリーンはアクセルの投資チームに説明する機会を得ると、自分が直近の会合で集めた半ダースばかりの名刺を広げて見せた。

「これらの名刺のどこが新しいと思いますか」。マクリーンは強い口調で質問した。

皆、ぽかんとした表情で、一言も口にしなかった。

「全部に電子メールのアドレスが記載されています」とマクリーンは指摘した。パートナーたちが望む証拠として、これに勝るものがあっただろうか。インターネットの利用は急速に広がっていた。今こそ投資すべきだった。

それでも、パートナーたちが押し返した。電子メールを使うためにUUNETは必要ない。コンピュサーブやプロディジー（いわゆるパソコン通信のサービス会社）の会員になれば、300万人の加入者たちとの間でメールをやり取りできる、という理屈だった。[45] 幸運と、優秀な調査員たちによって、UUNETがもたらすチャンスは明確に視界に入っていたのだが、アクセルはまだ気づいていなかった。

ベンチャー投資のビジネスではよくあることだが、アクセルは競争相手の存在に軽く背中を押されて態度を変えた。1993年2月、通信会社のメトロポリタン・ファイバー・システムズがUUNETに接触してきた。

アダムズはケイパーに意見を求めた。メトロポリタン・ファイバーのような企業の投資部門のほうが、ベンチャーキャピタリストよりも好ましいのではないだろうか。

しかし、ケイパーは別の点に着目した。コーポレートキャピタリストか、ベンチャーキャピタリストかは関係ない。重要なのは、両方がUUNETの気を引こうとしていることだった。ケイパーはアクセルのパートナーたちに、メトロポリタン・ファイバーからUUNETに出資の提案が出ていると知らせた。これで両者の競争が「ヒートアップする」とアダムズに断言した。[46]

アダムズはUUNETの本社近くのホテル、ザ・リッツ・カールトンでメトロポリタン・ファイバーの代表者と会った。その人物はホテルのメモ帳に数字を書きつけた。そして芝居がかったように、そのページをはがすと、裏返しにして、アダムズのほうに滑らせながら渡した。メトロポリタン・ファイバーはUUNETの企業価値を800万ドルと見積もり、50万ドルを出資する用意があるとした。[47]

アダムズの次の目的地はアクセルの西海岸の拠点だった。そして、ついに45分間の枠が与えられ、投資委員会に正式に売り込むことになった。プレゼンテーションを行ったあとも、アクセルのパートナーたちはアダムズにさらに3時間、説明を続けさせた。ケイパーが予想したように、奇跡的な温度変化が起きた。

それでもアクセルはまだ金額を提示しなかった。メトロポリタン・ファイバーが示した800万ドルの評価額に匹敵する案を出すには、UUNETが大化けする可能性を信じなければならなかった。リスクに見合うだけの価値があるかが焦点だった。「彼らは市場規模を測りかねている」とアダムズはケイパーに電子メールで連絡した。「彼らはUUNETが（売り上げの規模で）3000万ドルの会社になるのは堅いと見ているものの、1億ドルの可能性があるとは、まだ確信を持てていない」[48]

市場規模に加えて、アダムズの経営能力についても疑問があった。UUNETが成長していくためには、経験豊富で組織運営に長けたリーダーが必要だった。VCはそれが誰なのかを特定し、口説き、そして参加後の取り組みを支えなければならなかった。アダムズが抵抗するリスクもあった。彼のエゴを管理する「子守り」の作業には、UUNETのバージニア州北部という立地は離れすぎていた。

アクセルの共同創業者の1人でソフトウエア分野への投資を担当していたアーサー・パターソンは、手を組めるパートナーがいたなら、出資すると決めた。そして、自分のネットワークを頼りに行動を起こし、ニュー・エンタープライズ・アソシエイツ（NEA）に連絡を取った。NEAはスリーコムに出資したVCの一つで、ボルチモアにオフィスを構え、UUNETのバージニアの施設から遠くない。しかも、ピーター・バリスという名前の幹部がNEAのボルチモアのチームに加わったばかりだった。

数年前、パターソンはバリスに会うためだけに、テキサス州に飛んだことがあった。当時のバリスは、やり手のソフトウエア担当の経営幹部として、ダラスの会社でナンバーツーを務めていた。そのときのパターソンにとっては彼を知ることが仕事だった。[49] 今、テキサスへの出張が報われようとしていた。パターソンはバリスにUUNETに目を向けるよう促した。

パターソンからの電話の数日後、バリスはアダムズのもとを訪ねた。2人は普通にはありそうにないペアだった。アダムズはクマのような体格で気さくだった。バリスはすらりとしていて、名家の出身を思わせた。しかし、パターソンが想像していたように、バリスの経歴は、アダムズのパートナーとして申し分なかった。バリスは法人顧客にデジタル・ビジネスのツールを販売するゼネラル・エレクトリック（GE）の情報サービス部門に一時期、所属していた。

バリスはアダムズにGEが提供しているソフトウエアについて語った。電子会計帳簿、顧客管理プログラム、人事システムなどで、これらのサービスをインターネット経由でも提供できるかについて知りたかった。

アダムズは可能だと請け合った。実際、インターネットを利用すれば、これらのプログラムをGEよりもはるかに安価に提供できそうだった。GEではコストのかさむダイヤルアップ接続で、高額なメインフレーム・コンピューターにアクセスし、事業を展開していた。

バリスは自分が何かに気づいたと理解した。GEにいたおかげで、どのようなオンラインのサービスなら大手の顧客が代金を支払うのか分かっていた。一方、アダムズはインターネットに通じていたため、それらを効率的に提供する方法を知っていた。2人の知識を組み合わせれば、お金を生み出すことができそうだった。[50]

1993年7月、アクセルとNEAは共同でアダムズに4ページのタームシートを提示した。ケイパーとアクセルの最初の接触から半年余りが経過していた。チャンスをほとんど見逃しかけたあと、蛇行しながらも、正しい方向に進んでいた。しかし、出資までのプロセスは終わっていなかった。アクセルとNEAのタームシートでは、UUNETの企業価値をわずか600万ドルと見積もっていた。メトロポリタン・ファイバーより200万ドル少なかった。アダムズは憤慨した。[51]

ところが、競争圧力が再び働き、投資家たちはアダムズに近寄ってきた。今度のそっと背中を押す力は、UUNETのことを、偶然耳にしたシリコンバレーのパートナーシップ、メンロ・ベンチャーズからだった。UUNETの技術部門の責任者マイク・オデルは以前、メンロが支援する会社で働いたことがあった。

メンロの新入りのパートナーで、エンジニアのジョン・ジャーブはオデルを頼ってアダムズへの面会を取りつけた。エンジニアリングの共通点がある2人は意気投合した。

アダムズはジャーブに600万ドルの見積もりを拒否する方針であり、もっと高い評価の獲得を目指していると伝えた。

「私にタームシートを書かせてほしい。あなたたちには、はるかに大きな価値がある」とジャーブは熱意を示した。[52]

ジャーブは正式にタームシートをまとめ、UUNETの企業価値を800万ドル強とした。アクセル・NEA連合とメトロポリタン・ファイバーの両方の提案を上回った。NEAでもバリスがアダムズと一緒に仕事をすることを強く望み、即座にジャーブの高い評価にそろえた。これを喜んだアダムズはバリスに、NEAと独占・排他的に契約する意向を伝えた。最終的にバリスが投資家の中でUUNETの支援にあたって最良の立場を得た。しかし、VCは自らの評判と人的なネットワークを守りながら行動する。バリスはその見本として、ライバルたちを締め出すことをしなかった。彼はアーサー・パターソンに誘われたのであり、アクセルを出し抜くことを拒んだ。アクセルは結局、新しい評価に同意した。1993年10月、NEA、アクセル、メンロの3者で計150万ドルをUUNETに出資した。[53]

＊

ベンチャーキャピタルの投資に至るプロセスはリレー競技に感じられる。UUNETに真っ先に投資すると決めたミッチ・ケイパーは、バトンをアクセルのアーサー・パターソンに渡した。パターソンはそれを次にNEAのピーター・バリスに送った。東海岸を拠点とするバリスには、この3人の中でUUNETに対して最も面倒見の良い対応ができそうだったからだ。バリスもUUNETにとって効果的な経営者たちを採用して、自分は背景に隠れることにした。

バリスはジョー・スクワージニに声をかけた。GEインフォメーション・サービシズのベテランである。52歳のスクワージニはUUNETの若きエンジニアたちとは自然に調和するようには見えなかった。

スクワージニが採用面談に現れたとき、UUNETのリック・アダムズはGEの企業文化を移植しようとする人物は不要だと率直に告げた。

スクワージニは抗議した。自分は典型的なGE流の堅物に見えるかもしれないが、アマチュア無線の愛好家でもあると主張した。

アダムズはその程度では納得しなかった。

スクワージニは「この会社の誰よりも、はんだづけが得意だ」と言い張った。今にも熱したコテで電線をつないで、自分が経営陣入りの有資格者だと証明しかねない勢いだった。

アダムズは感心した。「私ははんだづけが、からっきしダメだった。だから我々は彼を雇った」と後に語っている。[54]

副社長の地位を与えられたスクワージニは、UUNETの自由奔放な会社運営に一定の枠をはめようと取り組んだ。すぐに、この任務の緊急性が明らかになった。UUNETの財務内容を整理する過程で、ある経理担当者が未払いの請求書が詰まった箱を見つけた。購入したルーターやその他の機器の債務が計上されずに、放置されていた。総額は75万ドルという恐ろしい水準に達していた。UUNETが集めたばかりの出資金の半分に相当した。シリーズAの150万ドルの資金調達から数週間で、会社のお金は底をつきかけていた。

誰かがこのニュースをUUNETの投資家たちに伝えなければならなかった。投資家たちの出資の根拠となっていた財務諸表が虚偽だと判明した。うれしいニュースではなかった。もし、UUNETが上場企業だったなら、現金収支の大幅な修正は、株価を著しく押し下げただろう。また、UUNETに銀行からの借り入れがあったなら、この種の困惑させる出来事のあとでは、追加融資は見込めなかっただろう。UUNETのこの先の展望は、ベンチャーキャピタルの支援者たちの反応にかかっていた。彼らが打撃を冷静に受け止め、渋々ながらも追加出資しない限り、UUNETは運転資金を使い果たしてしまいそうだった。

何年も経ってからバリスが振り返るには、もし75万ドルもの多額の失態についてのニュースをアダムズが伝えていたなら、UUNETの将来は危うかった可能性があったという。VC側はかねてアダムズの経営能力を疑問視しており、負債の未計上を受けて、損切りや、手じまいへと動くとも考えられた。しかし、悪いニュースをアダムズが運ぶ必要はなかった。ベンチャーキャピタリストたちはUUNETでも会社運営に関与するハンズオン型で投資を進めていた。バリスは既にスクワージニを送り込んでおり、スクワージニは投資家側が信頼を置く大人だった。重大なミスについての取締役会への説明を自ら買って出た年長者なら、若き会社を救うことができそうだった。

取締役会の当日、スクワージニはGE流にスーツとシャツを着こなし、「(ビジネスの戦場に向かう)装甲仕様のウイング・チップ靴」を履いた。面接でアダムズが言ったことはどうでもよかった。今こそ可能な限り堅物となり、パリッと糊のきいた装いで登場すべきだった。スクワージニは投資家たちを打ちのめす報告をすると、彼らの目を見て、このような不手際を終わらせると誓った。新しい財務管理の態勢を整えた。素人の仕事を終わらせたと伝えた。

出席者のうちバリスと、メンロ・ベンチャーズのジョン・ジャーブにとっては、恐怖でいっぱいになる時間だった。2人ともベンチャー投資のビジネスには新参者だった。UUNETに賭けることに、それぞれ幹部のパートナーたちの承認を得てはいたものの、容易な作業ではなかった。ジャーブはメンロの創業者であるデュボース・モンゴメリーにかけられた言葉を鮮やかに記憶していた。モンゴメリーは腕をジャーブの肩に回しながら「ジョン、いい結果を出せ」と言った。ところが、事態は良い方向に進んでいなかった。ジャーブはこの仕事を続けることができるのか不安だった。

一方、バリスはスクワージニの説明を聞きながら当惑し、「心の中が空っぽになった」という。NEAのパートナーたちは、もともとUUNETに乗り気だったわけではなかった。「言ったとおりだろう」の瞬間が訪れようとしていた。ボルチモアのオフィスに戻る車を運転しながら、バリスは考え続けた。このニュースをパートナーたちにどのように伝えたらよいのだろう、どのような言葉を選んだらよいのだろう――。

現実には、言葉の選択などどうでもよかった。重要なのは、ベンチャーキャピタリストの役割が銀行とも株式市場とも異なることだった。次から次へと危機に見舞われ、崩壊するスタートアップを相手にベンチャーキャピタリストは人生を送っている。逆境の最初の兆候で慌てて逃げ出したりせずに、対策を講じてこそ、ベンチャーキャピタリストだった。何年も経ってから聞かれたとき、アクセルのパターソンはUUNETでのつまずきをまったく思い出せなかった。バトンをつないだ3人のうち、最も年季が入った彼は、何十回も同様のアクシデントを経験した。バリスも、パートナーたちの反応を心配しつつ、次に踏み出すべき現実的な一歩について考えていたと記憶している。「お金は既に振り込まれた。我々はここにいる。さてどのように対処するか、ということだった」[55]

VC側はUUNETから撤退するのではなく、補償の措置を手に入れた。彼らは100万ドルの追加出資を約束する代わりに、大量の株式を要求した。「頭に銃を突きつけられている感じだ」とアダムズはケイパーに電子メールを送った。件名には「VCのごり押し」とあった。これはケイパーが常々口にしていたことの裏返しだった。スタートアップがうまくゆかないときには、VCは罰する、だった。[56]

それでもアダムズが不本意ながら認めたように、倒産するよりは処罰を受けるほうがましだった。1993年12月、彼はベンチャーキャピタリストたちが差し出した命綱を受け取った。

＊

結果的には、この75万ドルの債務の発覚は、UUNETの最終的な勝利の予兆の出現と時期が重なった。同じ12月、ニューヨーク・タイムズ紙はビジネス・セクションの1面でモザイクという名前の革新的なウェブ・ブラウザーを取り上げ、「埋もれた財宝のありかを示す情報化時代の地図」だと表現した。[57] ほぼ1年前、同じジョン・マーコフ記者はアル・ゴア版の情報スーパーハイウエーをめぐる興奮を切り取って記事にしたが、新たな話題が紙面を飾った。それまで情報スーパーハイウエーに比べると、やぼったい印象のあったブラウザーが、マウスでカーソルを動かし、クリックするだけでウェブサイトを飛び回ることを可能にしたモザイクによって突如、魅力的な存在に変わった。従来、インターネット上で情報を探すには、「Telnet 192.100.100」といったコマンドを打ち込む必要があった。今では、ユーザーが単語や画像をクリックすれば、ウェブ・ページを呼び出せる簡潔なものになった。ミッチ・ケイパーの、もう一つのひらめきは的中した。UUNET版の情報化の未来が、アメリカ副大統領版のそれを凌駕した。

UUNETの出資者たちに残されていた課題は一つだけだった。アダムズと彼のチームがこのチャンスを確実にものにするように、念には念を入れることだった。1994年の最初の数週間、ピーター・バリスはアダムズと定期的に朝食を一緒にした。バージニア州北部の自宅からボルチモアのNEAのオフィスへの道のりの途中にあるプークスヒル・マリオットに立ち寄った。コーヒーと卵料理をとりながら、バリスとアダムズは外部からCEOを招聘するかどうかというデリケートな問題を含め、人事と戦略について話し合った。バリスは人脈を駆使してスター級のCEO候補を探し回り、春までには相当な進展があった。アダムズはバリスに信頼を寄せ、外部のCEOを試してもよいと考えるようになった。そしてバリスが見つけ出した。

肝心な点は、バリスがこの候補者を説得してUUNETに参加させることができるかどうかだった。名前はジョン・シッジモアといい、また別のGEインフォメーション・サービシズのベテランだった。バリスは彼の「起業家的な図太さ」を備えた一面を記憶していた。GE在籍当時、シッジモアの電話はいつも鳴りっぱなしで、多くの人々が彼の執務室をふらっと訪ねてきた。一座の中心を占めるシッジモアは、タバコを口にくわえ、片手にコーヒー・カップを持ち、その堂々としたたたずまいにバリスは感嘆するしかなかった。それから10年ほどが経過した目下の問題は、シッジモアが既に別の会社を経営する約束をしており、45万ドルの支度金を手にしていたことだった。シッジモアが既に別の会社を経営する約束をしており、UUNETに移るよう勧めると、予想どおりのあしらいを受けた。バリスがシッジモアにそれを破棄して、UUNETに移るよう勧めると、予想どおりのあしらいを受けた。「一体なぜ私がこの小さな会社に行きたがると思うのですか。ヨーヨーネット、ウィーウィーネット、その他のどのような名前であなたが呼ぼうとも、その気はありません[58]」

そこで、バリスは自分が初めてアダムズに出会ったときに感じた衝撃について説明した。自分やシッジモアが法人顧客に販売していたプログラムをインターネット経由で、ほんのわずかなコストで提供できることだった。「マージン（利益率）の大きさについて考えてください。そして、そのマージンが（UUNETに参加した際に付与される）あなたの個人的な持ち株の価値にどのような影響を及ぼすかを想像してください」とバリスは誘惑するように語った。シッジモアにとってUUNETは好機そのものであり、GEインフォメーション・サービシズ全体の作戦プランを書き換えてしまう力を秘めていた[59]。その社名がヨーヨーネットやウィーウィーネットであろうとも、ただの小さな会社ではなかったのだ。

バリスの説明は、シッジモアの心に響いた。すぐに焦点はシッジモアがどれだけの持ち株を要求するかに移った。１９９４年６月、彼は全社の６％相当で合意、契約した。これはジョン・モーグリッジがシスコに参加する際に得た自社株とほぼ同じ比率だった。また、ＵＵＮＥＴを支援するベンチャーキャピタルがそれぞれ50万ドルずつを最初に出資して受け取った株式の比率とも同じくらいだった。

シッジモアが経営陣に加わり、バリスの役目はほとんど終わった。ＣＥＯが運転席に就いたＵＵＮＥＴでは、ベンチャー投資家たちからの資金調達を迅速に３回進めて、猛烈な勢いで規模を拡大した。そしてバリスが当初から理解していたＧＥにあてはめて想定すべきサービスの対応を実践した。１９９５年１月、ＵＵＮＥＴはマイクロソフトから情報ネットワークのインフラの構築を成約した。インターネットの活用を前提にした同社では初めての基本ソフト「ウィンドウズ95」向けのものだった。翌月にはシッジモアがオンライン・サービスではマイクロソフトの最大のライバルであるＡＯＬからも同様の契約を勝ち取るという、異例の成功を収めた。これらはコークとペプシの両方を顧客にするに等しく、ＵＵＮＥＴは飛躍的な成長軌道に乗った。３カ月後の95年５月に株式を公開した。

１９９３年時点に遡れば、誰がＵＵＮＥＴを支援するかをコイントスで決めることができたかもしれない。メトロポリタン・ファイバーという企業の投資部門か、それともアクセルのベンチャーキャピタリストかである。結局、アクセルには信じられないほどの儲けが転がり込んだ。上場によってＵＵＮＥＴには９億ドルという評価額がついた。そして、事態は見事に一周して区切りを迎えた。メトロポリタン・ファイバーが再び現れ、経営権の取得を提案した。UUNETの企業価値を20億ドルと見積もった。才能以上の運に恵まれて、アクセルは最初に取得した株式から54倍のリターンを得た。NEAはさらに長い期間、株式を保有した結果、より多く潤った。[60] メンロも同様のリターンを実現した。利益は1億8800万ドルに上った。個々のベンチャーキャピタリストは数々の間違いを犯したが、ベンチャーキャピタルはシステムとしてUUNETを支援し、何百万という人々にインターネットの利用を広げた。

リック・アダムズは投資家たちに対して何度も疑念を抱いたものの、適切に報われたと感じた。「もう一度お礼を申し上げたい。これまで何年も私を正しい方向へとそっと押してくれてありがとう」。彼は上場後、ミッチ・ケイパーに書き送った。「私は1億3800万ドルを手にしている。とても現実とは思えない」と付け加えた。[61]

*

UUNETの物語には締めくくりのエピソードがあり、それはベンチャーキャピタルの機能に対する理解を深めてくれる。ニューヨーク・タイムズ紙が1993年12月に紹介した魔法のようなウェブ・ブラウザーのモザイクは、納税者が支払った税金で支えるイリノイ大学の研究室で生まれた。これもまた政府が後押しする科学がオンライン革命に弾みをつけた一例である。しかし、このブラウザーの発明を主導したマーク・アンドリーセンはイリノイ州に長くとどまらなかった。政府は基礎科学には長けているが、「科学の進歩」を「社会を変える製品」にすることは苦手だった。

大学側の間違いは才能のある人々が常に学内にいると思っていたことだ。アンドリーセンは大学内に設置されていた国立スーパーコンピューター応用研究所に時給6ドル85セントの臨時職員として所属し、ブラウザーを開発した。[62] アンドリーセンがモザイクによってオタクの有名人になると、同研究所は常勤のポストを提示したが、その条件はブラウザーへの関与をあきらめることだった。これは典型的な官僚的策略だった。プロジェクトの成功を若き俊英ではなく、研究所そのものの手柄にしようとした。[63] これを受けてアンドリーセンは公共セクターを辞めて、シリコンバレーに移った。彼はジム・クラークという名前の発明家とチームを組むことにした。クラークは才能ある人々の価値と、その生かし方を理解していた。

イリノイ大学はモザイクを広く一般に公開し、ビジネスにつなげようとした。アンドリーセンはこれでは失敗に終わると確信し、優れたバージョンのブラウザーを急いで開発することにした。確実に巨大化すると見込まれる市場を押さえるためだった。彼は小切手を持ったクラークと一緒に、古巣のアーバナシャンペーンにあるキャンパスを訪れた。2人はモザイクのプロジェクトでアンドリーセンの元々の協力者だった7人に面会した。クラークは宿泊先ホテルのスイートルーム——後に「ありきたりの部屋で、枕の上にチョコレートが1枚置いてあっただけ」と書いている――に7人を個別に呼び、採用条件を示した。時給6ドル85セントの職員には驚愕的な待遇だった。年俸6万5000ドルに、自社株10万株という内容だった。クラークは彼らに「持ち株の価値は100万ドルを超えると強く確信している」と話した上で、「5年以内に私が望むように事態を推移させて、1000万ドル以上にするのが目標だ」と説明した。[64] 当然のように、エンジニア7人全員がこのチャンスに飛びついた。アンドリーセンも数に入れると、8人の反逆者を解放したのである。

クラークは自分がその前に興したシリコン・グラフィックスで得た資金を新しい事業に注ぎ込んだ。同社は3D画像を扱う高性能コンピューターの市場の開拓者的な存在だった。クラークはベンチャーキャピタリストのことを快く思っていなかった。スタートアップの株式をほぼ丸ごと持ってゆき、彼には3%程度の微々たる持ち分しか残さず、粗末に扱った――あるいは彼がそのように認識した――からだった。[65] シリコン・グラフィックスの取締役会では、クラークが顔を赤くして、最初の支援者であるメイフィールド・ファンドのグレン・ミュラーを怒鳴りつけたものだった。ミュラーは黙ってそれを受け止めていた。[66]

クラークが1994年に8人の反逆者を採用したとき、彼の罵りの対象だったベンチャーキャピタリストたちは、新しい試みを支援しようと熱意を見せた。このときには、イリノイ大学とは正反対の行動を示した。イリノイ大学は才能ある人材を見くびり、彼らが背中を向けて去るがままにしたが、ベンチャーキャピタリストたちは沼地をかき分けるように進んで、何とかして人材を自分たちのものにしようとした。シリコン・グラフィックスに投資していたＮＥＡのディック・クラムリッチは、若手を担当者として指名し、クラークにつきまとわせた。クラムリッチはクラークのすることには、必ず加わりたかった。グレン・ミュラーも同じくらい熱心だった。クラークが新しいウェブ・ブラウザーを作っていると聞きつけたミュラーは、繰り返し電話をかけて、投資の機会を与えてくれるよう求めた。クラークはこれを退けた。

それでもミュラーは自分の車からもう一度電話した。再度の懇願を聞き入れないクラークにミュラーは言った。「ジム。あなたが投資させてくれないと、パートナーたちが私を殺してしまう」

１週間後の１９９４年４月４日、クラークは正式にモザイク・コミュニケーションズを設立した。彼の妻が電話でニュースを知らせた。グレン・ミュラーが散弾銃を口にくわえて、引き金を引いたという。自家用ボートに乗り、メキシコのカボサンルーカスの沖合で亡くなった[67]。

クラークはこの悲劇をあれこれ考えないようにして、自分の会社を築き上げることに専念した。そして３００万ドルに上るモザイク・コミュニケーションズのシリーズＡの資金調達計画をまとめた。結局、発行株すべてを自分で購入し、出資比率は５割になった[68]（そのころまでにモザイク・コミュニケーションズは社名をネットスケープに改め、翌年に上場するが、若きマーク・アンドリーセンの持ち株はわずか３％と、クラークがシリコン・グラフィックスで持っていた水準と同じだった）[69]。しかし、クラークがどれほどベンチャーキャピタリストたちを軽んじていたとしても、彼らの支援が必要だった。クラークは会社を大きくしたかったが、銀行が支援してくれるとは限らなかった。

1994年秋、クラークはベンチャーキャピタリストたちに出資を呼びかけた。このときのモザイクの企業価値を、自分が数カ月前に出資した際の3倍に設定した。1800万ドルである。評価額の大幅な引き上げを正当化する材料はほとんどなかった。規律のある企業価値の算定を信条とする冷静なベンチャーキャピタリストなら、クラークの評価額を法外なものとみなしただろう。まだ製品を出荷してもいない、VCが支援するスタートアップで、これほどの評価額を得た前例は皆無だった。

クラークが真っ先に接触した相手はグレン・ミュラーのファンド、メイフィールドだった。驚くことではないだろうが、この時点でメイフィールドにはクラークの案件に関心がなかった。クラークが次に向かったのは、シリコン・グラフィックスでつながりがあるディック・クラムリッチだった。しかし、評価額の3倍増に対してクラムリッチも、彼のパートナーたちも尻込みした。そこで、クラークは値札シールに驚くような小心者ではない、先見の明を持った、あるいはクレイジーとも言えるほどのベンチャー投資家を探した。当然ながら、クライナー・パーキンスのジョン・ドーアにたどり着いた。

クラークが適切な標的を選んだことはすぐに明らかになった。世界を変える可能性がある案件に、杓子定規な投資基準を当てはめず、臨機応変に対応するドーアの姿勢は、GOとダイナブックでは自らをトラブルに巻き込む結果となった。しかし、彼の激しい野心は、モザイクに、そして何より歴史のこの瞬間に、うってつけだった。以前、ドーアが自分は単なる会社ではなく、新しい産業の創出を目指していると豪語したとき、彼は誇大広告で興奮を巻き起こしていたに等しかった。しかし、モザイクは本当に画期的だった。このブラウザーは人々の情報へのアクセス、コミュニケーション、共同作業のあり方を変革すると考えられた。

モザイクは同時にべき乗則の進化が新たな段階を迎えたことを示していた。そもそもベンチャーキャピタルのリターンは満塁ホームランの有無が大きく左右する。その理由の一部は、スタートアップをめぐる力学であり、大半の新しいビジネスは失敗に終わるが、勢いを得たものは指数関数的な成長を遂げることができる。これはテクノロジー系の企業だけでなく、ファッション・ブランドやホテル・チェーンにも言える。

ただし、テクノロジーの領域に焦点を合わせたベンチャー投資がべき乗則に支配されている、もう一つの理由がある。スタートアップの基盤にあるテクノロジーそのものが指数関数的な進歩を遂げる可能性を秘めていることだ。ドーアはその経験と気性から、この現象にはとりわけ敏感だった。インテルで若きエンジニアだったとき、ドーアはいわゆる「ムーアの法則」が半導体を利用する企業の価値をどれほど変えてしまうかを目の当たりにした。この法則によれば、半導体の能力は2年で2倍になる。したがって、半導体を有効活用するスタートアップはより高品質で、より安価な製品を作り出すことができる。モデムやデジタル腕時計、パーソナル・コンピューターの心臓部にある半導体のコストは、2年で半減し、4年で75％減り、8年で87・5％減少する。

このような追い風を受けて、テクノロジー系のスタートアップが利益を飛躍的に拡大させることに何ら不思議はない。

モザイクが、そしてより一般的にはインターネットが、この現象を加速させた。繰り返しになるが、ドーアはほかの大半の人々よりもこれを理解していた。インテルで働いていただけでなく、ボブ・メトカーフとも知り合いで、メトカーフの法則がムーアの法則よりも爆発的な推進力を持つことを理解していた。半導体のように単に2年で能力が2倍になるのではなく、ネットワークの価値は利用者の数の2乗に比例して高まっていく[70]。つまり、ネットワークの発展は指数関数的というよりも、2次関数的である。2倍を続ける場合よりも、2乗を続ける場合のほうが、相当早く成長する。

さらに、ネットワークの発展は時間の経過に縛られず、利用者数の変化によって決まる。ドーアがクラークに会ったとき、インターネットの利用者数は、向こう2年間で3倍になろうとしていた。言い換えれば、この間に価値は9倍に膨らもうとしていた。同じ期間で半導体の能力はわずかに2倍になるだけだが、ネットワークの価値はもっと力強く拡大する。また、メトカーフの法則はムーアの法則――それ自体が十分に劇的な推進力を持つ――に取って代わるものではなく、むしろそれを複合する。これから先のインターネット上での情報のやり取りの激増は、その有用性の急速な向上（メトカーフの法則）と、モデムやコンピューターのコスト低下（ムーアの法則）の両方によって促進されることになる[71]。

クラークの売り込みに耳を傾けたドーアは出資を決意した。数百万人をインターネットに引き寄せる魔法のようなブラウザーには、ほぼ無限の可能性が備わっていた。このスタートアップの株価をいくらと見積もるかは二の次だった。

面会の直後、ドーアはパートナーのビノッド・コースラに翌日の土曜日にクラークとアンドリーセンに会うよう促した。NEAとメイフィールドはモザイクを退けたが、ドーアは高い評価額でも受け入れるに値すると確信していた。

コースラはマウンテンビューのエルカミノとカストロの2本の通りが交わる角にある創業者たちのオフィスを訪ねた。彼はベンチャー投資を金融のオプション取引になぞらえて考えることを好んだ。この賭けでは、当初投じた金額を超える損失を被ることはない。しかし、儲けの大きさには制限はない。べき乗則とスタートアップ、ムーアの法則とコンピューターの能力、メトカーフの法則とネットワークというそれぞれの関係を考慮し、さらにこれらの法則の複合的な効果を踏まえれば、モザイク・コミュニケーションズは、まさに持っておくべきオプションの一つだった。コースラは訪問後、ドーアに電話した。「それ（出資）をやるべきだ」[72]

数日後、クラークとアンドリーセンはクライナー・パーキンスの投資委員会全員の前で説明するために戻ってきた。アクセルの「準備された心」のような熟考のプロセスは存在しなかったが、クライナー・パーキンスにとって重要ではなかった。45分でパートナー全員が投資を承認した。「この値段が高いことは分かっている」とあるパートナーが発言した。「特に、背後にいる技術担当のグル（リーダー）が12歳の少年に見える人物とあっては」[73]。それでも会議室のテーブルを囲んだ全員がトム・パーキンスのもう一つの戒めの言葉を記憶していた。ベンチャーキャピタルでは、評価額を値切るのではなく、適切な案件を支援することを通じて成功を収めよ――。

1995年8月、モザイク（ネットスケープ）が上場した。取引初日の終値で計算すると、クライナー・パーキンスが当初の500万ドルの出資で得た株式には、2億9300万ドルの価値があった。[74]ネットスケープの株価はさらに上昇し、含み益は5億ドルに達した。リターンは約100倍と、アクセルがUUNETで得たそれのおよそ2倍に相当した。

この種の大当たりに直面すると、クライナー・パーキンスの賭けのうち何件が無価値になったかは、ほとんど意味がなくなった。インターネットの時代を迎え、ターボ付きべき乗則（ターボ・パワー・ロー）が支配する会社の株式取得には、いくら投じても構わなくなった。

第7章

ベンチマーク、ソフトバンク、そして「誰もが1億ドルを必要としている」

Benchmark, SoftBank, and "Everyone Needs $100 Million"

1995年の初めに開かれたUUNETの取締役会で、ある出席者が奇妙な響きの社名を口にした。株主であるアクセルの通信担当アナリスト、ドン・グッディングもそのやり取りを聞いていた。彼はベンチャーキャピタル業界の先駆けとなるアクセルのホームページを構築中だった。ネット上で時間を過ごす間、最も優れた情報を紹介する便利な案内サイトに何度も立ち寄っていた。ヤフーという名前だった。

ヤフーだって。会議室のテーブルの周りから笑い声が上がった。真面目な会社ではないね――。

実はグッディングはヤフーをアクセルの投資委員会に提案すべく準備を進めていたが、これで怖気づいてしまった。馬鹿にされるようなアイデアを売り込んでも意味はなかった。[1]

あるＶＣがミスを犯しても、別のＶＣが挽回するという、おなじみのパターンが数週間後に展開された。シリコンバレーのベテランであるビル・ドレイパーが、ヤフーを作り上げた人物たちの居所を突きとめた。スタンフォード大学のキャンパス内に置かれた質素なトレーラーからサイトを運営していた。

ドレイパーは身をかがめてトレーラーに乗り込んだ。背の高いドレイパーは自転車やスキー板の間を何とかくぐり抜けて「コニシキ」と名づけられたコンピューターの前にたどり着いた。このコンピューターの持ち主は口数の少ない大学院生のデイビッド・ファイロだった。おどけた名前が好きで、コニシキとは彼の一押しの力士（小錦）の名だった。

ファイロは何か確かめたいことがあったら、質問してくれとドレイパーに促した。

ドレイパーは自分が評議員を務めるイェール大学の授業料は分かるかとファイロに尋ねた。

ファイロがいくつかのキーワードを入力すると、コニシキの画面に数冊の分厚い本が並ぶ画像が現れた。イェールの初期のホームページだった。さらに何度かキーを叩くと、答えが表示された。授業料は年間２万１０００ドルとあった。

ドレイパーはひどく驚いた。新しいネットスケープのブラウザーはネット上を動き回るのに役立つが、お目当ての情報にたどりつくための、ディレクトリ（保存場所）を示すことも検索のサービスも提供していなかった。ドレイパーは目の前で行われたデモによって、オンラインの空間では、ほとんど何でも見つけることができるのだと気づかされて、デジタルの魔法を見ているように感じた。ドレイパーはこのとき、自分の一族の資産の管理・運用を任せている息子のティムにヤフーへの投資を勧めようと考えた。[2]

これと前後して、眼鏡をかけた粋な人物もトレーラーに向かっていた。ドレイパーはサンドヒル・ロードがまだ舗装されず、ティムが柄の部分が高く伸びたエイプハンガーのハンドルの二輪車を乗り回していた当時を知る、シリコンバレーではさしずめ王族の一員のような存在だった。一方、この訪問者はウェールズ出身のマイケル・モーリッツという名前の叩き上げの人物だった。大学院生のときに渡米し、タイム誌向けにシリコンバレーで取材し、テクノロジー界の有名人たちと知り合った。１９８０年代の半ばにモーリッツは自ら起業し、短期間だったが、顧客にテクノロジー系のニューズレターやカンファレンスを提供した。続いて86年、あまりありそうにない転職の事例だったが、セコイアに移った。

モーリッツはトレーラーに乗り込むと、コンピューターをはじめとする機器が放つ猛烈な熱に後ずさりした。床には脱ぎ捨てられた服とピザの空箱が散らかっていた。窓にはブラインドが下ろされ、まぶしい光が画面に映り込まないようにしてあった。そして、壁にはゴルフクラブが何本か立てかけられていた。[3] この状態を見れば、トレーラーの中の収容者たちには、ゴルフ場のフエアウエーへと逃げ出すことが必要に思われた。
モーリッツも、グッディングとドレイパーと同様に、ヤフーには抗しがたい魅力があることを認めた。このウェブサイトには何百万人もの利用者が続々と集まっていた。インターネット版のTVガイド誌とも言える新しい媒体となって、ここから消費者を欲しい情報へと導くサービスを展開していた。問題はこのインターネットの案内役がいかにしてお金を稼ぐかにあった。
「それでは、利用者にいくら請求するつもりですか」。モーリッツはファイロと彼の盟友のジェリー・ヤンに尋ねた。[4]
ファイロとヤンは視線を交わした。互いに相手の考えが分かっていた。この訪問者だけが理解していなかった。[5]
ヤフーは無料だとモーリッツに返答した。2人は博士論文執筆の気晴らしとして、ネット上の情報整理を始めていた。それは趣味であり、フリスビーの愛好会に加わったり、ホラー映画の鑑賞に延々とふけったりするのと同じだった。2人にとってのゴールは遊び心を持って楽しむことであり、収入にこだわって退屈な思いをすることではなかった。2人は「ブライアンが集めたラバランプ（液体の入ったカラフルな照明）」、「クアドラレイで目撃されたアルマジロのホームページ」といった好奇心をくすぐる一風変わったサイトをリストにまとめていた。[6]そして、2人がとっぴな名づけ方を好んでいたことからも、2人が何しようとしていたのか、モーリッツには手がかりになったはずだった。コニシキと併用していたワークステーションの名前は同じく力士から取った「アケボノ（曙）」だった。ヤフー（Yahoo）は、使いやすさを追求している意味を込めて「少し気の利く階層的でお節介なデータベース（Yet Another Hierarchical Officious Oracle）」の頭文字から取った。顧客への課金は事業にかける2人の思いに反していそうだった。

モーリッツが初めてセコイアに現れたとき、一部からは懐疑的な視線で迎えられた。彼はオックスフォード大学で歴史学を修め、元雑誌のジャーナリストで、2冊のビジネス書の著者だった。技術や経営に携わった経験はなかった。面接が終わると、あるセコイアのパートナーは「こいつは何も知っていない」と叫んだ。しかし、ドン・バレンタインはモーリッツを幅広い分野で学習能力を発揮するタイプと見て、反対意見を却下した。また、バレンタインは経験に頼って惰性で進む人材よりも、貪欲な新参者を採用することを好んだ。[7] 運が回ってきたのか、変わった経歴のモーリッツが真価を発揮するときが訪れようとしていた。

ベンチャーキャピタリストたちから資金を調達するが、顧客には無償で製品を提供する――。モーリッツにはヤフーが意図していたこのやり方の先例を思い浮かべることはできなかった。[8] しかし、既存の枠組みを掘り下げることをやめて、「水平思考」で少し発想を広げると、ヤフー方式が機能することにモーリッツは気づいた。彼の出身であるメディア産業では、既に大きくなっている企業がまさにヤフーのやり方を実践していた。ラジオ局もテレビ・ネットワークも無料でニュースや番組を放送し、その一方で広告主に料金を請求して利益を上げていた。さらに、メディアの関係者たちは、気の利いた名前をつけて陽気な筋書きの物語を提供していた。不真面目と利益は矛盾しなかった。この類似性を踏まえて、モーリッツはヤフーの構図をドレイパーよりもしっかりと把握した。モーリッツは単にヤフーのサービスを高く評価しただけでなく、インターネットをめぐる今後のビジネス・モデルを理解した。

モーリッツはヤン、ファイロと雑談を続け、その態度を尋問者から付添人へと微妙に切り替えた。この案件は争奪戦になると認識したからだ。ヤフーも自分より大きなインターネット企業であるAOLとネットスケープからの買収提案を検討していた。モーリッツはライバルたちを追い払うため、細心の注意が必要な質問まで口にし、答えにはじっくりと耳を傾け、2人の若き大学院生たちの考えを確かめようとした。後年、ヤンはほかの言い寄ってきた企業ではなく、モーリッツと手を組むことを選んだ理由を問われて、彼には「魂」があったと謎めいた回答をした。[9] この日のモーリッツからの最初の質問はうまくかみ合わず、先行きが危ぶまれたが、それでもモーリッツとヤンは気持ちが通じ合っていた。

双方が合意に至る過程で、重要なやり取りがあった。ヤンがモーリッツに社名を変えること、おそらくもっと真剣さを感じさせる名前への変更は必要かと尋ねた。モーリッツは、かえってセコイアがヤンを支援しなくなると断言した。[10] この返答には、ヤンにとって思いもよらない理由が隠れていた。モーリッツはジャーナリスト時代に、スティーブ・ジョブズに関する洞察に富んだ本を書いていた。ヤフーは貴重な名前で、インスピレーションがあり、記憶に残ると主張した。[11] アップルと同じだという。

これが直感的な反応だったにしろ、狡猾的なものだったにしろ、モーリッツは決め手となる完璧な回答を提示した。モーリッツはジョブズのことをシリコンバレーの誰にも劣らないくらい理解していた。そのような彼があまり知られていない2人の大学院生と、名高い伝説的な人物の関連性を指摘したとき、説得力があった。あらゆる偉大なベンチャーキャピタリストたちと同じく、モーリッツは、たとえ最も自信を持った創業者たちが相手であっても、彼らの使命感をより大きく、より力強く表現してみせる術を身につけていた。それは究極的な誘惑する力だった。

1995年4月、セコイアは正式に97万5000ドルを出資し、ヤフーの株式の32%を取得した。ファイロとヤンはそれぞれ25%を保有し、残りはヤフーのスタッフに割り当てることになった。モーリッツが外部から連れてくる最高経営責任者（CEO）に付与する分も含まれていた。ビル・ドレイパーの息子のティムが株主に加えてほしいと申し出てきた。チャンスに飛びつくのがモーリッツより遅れた彼は、それまでの主義・主張を変えたような熱意を見せた。しかし、セコイアは断固として拒んだ。リスクを取って、できるだけ多く投資することを望んだ。

＊

このセコイアによるヤフーへの出資を契機に、1990年代後半にインターネット関連のベンチャー企業への投資が熱狂的な勢いで積み上がり、テック・バブルの崩壊でクライマックスを迎えることになる。製品に対してほとんど、もしくはまったく料金を課していない企業を支援するという、これまでにない取り組みがベンチャーキャピタルの間で急速に広がった。スタートアップは、今年の収益や来年の収益ではなく、その勢い、牽引力、利用者の広がり、あるいはブランド――少なくとも理論上は将来、収益化できるもの――に基づいて評価されるようになった。

ヤフーの事業展開にさらに弾みをつけるため、モーリッツはヤンをシリコンバレーの顔として、また本人はその比較に抵抗したものの、一種のスティーブ・ジョブズの再来として位置づけようと動いた。[12] 1970年代のカウンターカルチャーを擁護したジョブズは、ローマ時代の護民官さながら裸足で、PCビジネスを始動させた。

これに対し、90年代後半は多くの移民、とりわけアジア系の移民がシリコンバレーで頭角を現し始めた時期にあたり、台湾系アメリカ人のヤンはスタートアップの新しいあり方の伝道者として登場したと言える。彼の写真は頻繁に雑誌に掲載された。白い歯をのぞかせた大きな笑顔、濃い黒髪、大学生風のチノパンが特徴だった。彼はテクノロジー系のカンファレンスに登壇して、ヤフーのオンラインでの集客戦略を詳細に説明した。彼はこの分野の専門家であると同時に、マーケティングの第一人者でもあった。1995年のある会合で、ヤンがその場を盛り上げると、ほかならぬボブ・メトカーフが隣にいた人物に、「これは最初の優れたインターネット・ブランドになる」と自信たっぷりに言い切った。[13]

ヤフーには自分たちからは言いふらしたくない事実があった。新しいテクノロジーを前面に打ち出した企業ではないため、ブランド構築に邁進するしかなかったことだ。自慢する特許はなく、技術面の優位性を誇示することも難しかった。サイトでの情報分類は、ネットサーフィンや個々のサイトの選り分けを通じて行われ、大半が手作業だった。結果的にヤフーはトム・パーキンスの戒めに、否定的な意味であてはまる事例だった。技術的なリスクを伴わないものの、競争相手から自らを守る強みを持たないため、市場開拓のリスクはかなり大きかった。さらに、勝者総取りの論理によってヤフーの事業をめぐる競争は熾烈になろうとしていた。インターネットの利用者はネット上の情報を探すにあたって一つの方法に引き寄せられる傾向があった。勝者はオンライン広告で一番大きなシェアを獲得し、負け組はわずかなシェアを甘受しなければならなかった。

この極端なべき乗則に直面していたヤフーには、従来型のテクノロジー企業のように振る舞う選択肢はなかった。新しい製品を発明して市場に投入し、技術的な目新しさが収入と利益をもたらすことに期待をかけるという進路はなかった。むしろ、人々の間にライバルたちよりも多くの興奮を生み出し、勢いのあるオーラを放つ必要があった。これは、後続のインターネット企業を先取りするような、不安定な堂々めぐりの論理だった。つまり、成長し続けることこそが、ヤフーの成長のカギになっていた。ヤフーが初期の段階で収入を生みだすことに成功しても、そのすべてをマーケティングの費用に投じて、事業を拡大し続けなければならず、利益は上がらなかった。[14]現実には、広告収入では足りなかった。セコイアからの100万ドル近い出資を得てから8カ月後、ヤフーはもう一度、資金調達に臨むことになった。

伝統的なベンチャーキャピタリストであれば、技術的な優位性がなく、ブランド以外に実質的に価値のあるものを持たず、お金を使ってばかりで、利益の上がらない事業を見たなら、ヤフーに対して同社が欲する救命ロープを渡すことを拒んだだろう。しかし、1995年の後半には、この伝統は過去のものになっていた。同年の夏のネットスケープの上場により、インターネット時代の到来がルールをどれほど変えてしまったかが明らかになった。ターボ付きべき乗則を体現する企業がもたらす利益は天文学的であり、それに賭けないという判断はあり得なかった。

さらにネットスケープやUUNETなどの大当たりの銘柄は、大学や年金の基金に注目され、多くの追加的な資本が投じられた。ある集計によれば、アメリカのベンチャー投資の受け皿となるリミテッド・パートナーシップには95年に100億ドルもの資金が集まった。5年前の30億ドルから急増した。[15] シリコンバレーでは、これほどの資金があり、べき乗則の論理への信頼も高かったため、ヤフーの資金調達は、実現が決まったも同然だった。

＊

資金を出す人物が、この上ない理想的なタイミングで現れた。背が低く、ほっそりとした起業家の孫正義だった。ソフトバンクという名前の会社を興し、ソフトウエアの流通事業で大ヒットを飛ばして、日本のビル・ゲイツとの評判を得ていた。出自に恵まれた人々とは違って、孫は自分の腕一本で成功をつかみ取った。しかも、その極端な実例だった。彼は日本社会の周縁に位置していた在日韓国人の両親のもとに生まれた。子供時代には、鉄道の線路わきの不法に占拠した土地に建つ小屋で、3人の兄弟と一緒に育った。人生の始まりが貧しかったことは彼の伝説を輝かしいものにしたが、重荷でもあった。孫の父親は安本という日本の姓を名乗り、民族的な出自を隠そうとしたが、それがかえって息子を16歳で家を出てカリフォルニアに向かうよう駆り立てた。彼は出発にあたり、「すべての人間が同じであることを証明するために、孫正義の名前を使う」と誓った。[16] 後年、孫の同僚は、彼の根深いアウトサイダーとしての心理が並外れた投資スタイルの鍵だと述べている。孫は、たとえ自分の財産が数十億ドルもの価値があるときでさえ、何も失うものがない向こう見ずのように賭けた。

1995年の秋、孫はカリフォルニアでの2度目の冒険の最中だった。1度目にはカリフォルニア大学バークレー校で経済学の学位を取得し、日本に戻ってソフトバンクで財を成した。今度はインターネットのゴールドラッシュの風を受けて、事業の重心を日本からアメリカに移しつつあった。アジアの起業家としては、極めて大胆な跳躍だった。つながりを持たない部外者が、シリコンバレーの濃密なネットワークに浸透することには困難が予想された。しかし、孫はアメリカのテクノロジー分野の出版社とコンピューター関連の主要なカンファレンスを主催する会社の経営権を取得していた。次の心躍る最先端領域を見定めることに役立つ情報の流れと人脈を手に入れた。

1995年11月、孫はマウンテンビューにあるヤフーの新しいオフィスを訪れた。スタンフォード大学のキャンパスからは数マイルの距離だった。ヤンとファイロは自分たちでペンキを塗って壁を補修した。ファイロの作業空間は散らかっていて、あちこちにローラーブレードやCDケース、押しつぶされた炭酸飲料の缶、マイクロタイムズ誌の既刊号、青い格子縞のポリエステル製ブランケットがあった。皮肉な話だが、そのようなファイロの職業上の任務はサイバー空間に秩序をもたらすことだった。[17]

オフィスの現状を他人に見せることが恥ずかしいヤンとファイロは、訪問者にフレンチ・レストランへ連れて行くと申し出た。孫はその提案を断った。彼は仕事に取りかかりたかった。

孫はその後のキャリアで資金の調達も、それを投じる約束も実に迅速に進めると評判になった。2016年にはビジョン・ファンドと呼ぶ投資事業体の立ち上げを計画し、サウジアラビアの皇太子にそこへの資金の拠出を要請した。孫はわずか45分の時間枠の間に皇太子から450億ドルを引き出した。[18] ヤフーの創業者たちと会ったこのときも、孫は同じく直截な物言いで協議を進めた。私はまとまった規模でヤフーの株式を持ちたい。一方、私を出迎えてくれた側は私の資金が欲しい。したがって、会話を複雑にする必要はない、と説明した。

孫はファイロとヤンに2人がヤフーの企業価値をどれほどと考えているか明かすよう求めた。

創業者2人はためらいがちに4000万ドルという数字を提示した。8カ月前にセコイアが出資した際の300万ドルから大幅に引き上げた。

孫は即座に了承した。迷いはなかった。クライナー・パーキンスのジョン・ドーア以上に出資の用意ができていた。

「しまった。もっと高くするべきだった」とヤンは心の中で思った。[19]

孫はヤフーのシリーズBの資金調達を主導し、総額500万ドルのうち半分以上を拠出した。セコイアと通信社ロイターがソフトバンクより少ない金額を分担した。[20]しかし、孫にとってこれは始まりでしかなかった。翌96年3月、ヤフーのオフィスに再びやってきた。

この間、4カ月が経過したが、ヤフーからお金が次から次へと出ていく傾向に歯止めはかからなかった。ライバルたち、特に検索エンジンのエキサイトとライコスがそれぞれにブランドを確立しようとしており、ヤフーはその先を行く必要があった。結果的にファイロとヤンはシリーズBで調達した500万ドルのかなりの部分をマーケティングに費やしていた。さらにエキサイトとライコスもつい最近、追い上げの取り組みを強化したばかりだった。マーケティングにあてる費用を拡大するため、それぞれに上場の計画を発表した。フロントランナーの地位を死守したいヤフーもゴールドマン・サックスに株式公開の手配を依頼した。

孫は相変わらず、体つきはきゃしゃで、相手を威圧する雰囲気もなかったが、バズーカ砲を携えていた。ソフトバンク単独で総額1億ドルをヤフーに出資すると提案した。シリコンバレーではこれまで見たこともない金額だった。引き換えに30％相当の株式を追加的に取得したいという。

孫の提示額からヤフー全体の評価額を計算すると、彼が初めて出資した4カ月前の約8倍（3

億3333万ドル）に跳ね上がったことを意味していた。しかし、もっと驚くべきだったのは、孫の示した出資額と持ち株比率の関係であり、シリコンバレーでは前例がないほど意欲的だったことだ。[21] 最上位クラスのＶＣによる典型的なベンチャー投資ファンドは2億5000万ドル前後の資金を集めるが、その40％にあたる1億ドルもの資源の拠出を単独のＶＣが引き受けることはなかった。[22] プライベート・エクイティ（非上場企業などを専門とする投資家）や、買収する側の企業がしばしば1億ドル規模の投資を行うものの、その代わりに対象企業を完全に支配下に置くことが想定された。これらとは対照的に孫は、株式の過半数を握らない少数（マイノリティー）の投資家にとどまりながら、前代未聞の金額を投じようとしていた。[23] これは孫の背後にソフトバンクの巨大なバランスシート（貸借対照表）があるために可能なのであり、彼はヤフー発足時にセコイアが出資した100倍もの金額を注入しようとしていた。

孫の爆弾発言でヤン、ファイロ、そして、その場にいたモーリッツは、しばし言葉を失った。動揺したヤンは、ありがたいことだが、それほどの資本は不要だと答えた。[24]

「ジェリー。誰もが1億ドルを必要としている」と孫は言い返した。[25]

孫は間違っておらず、疑いを差しはさむ余地はほとんどなかった。少なくともオンライン上でブランドが注目を集めようと闘い合う新しい時代において孫の指摘は当たっていた。ヤフーが上場を準備していたのは、まさに資本が必要だからだった。

「ネットスケープに選んでもらうには、いくらかかるのだろう」と孫は続けた。人気ナンバーワンのブラウザーであるネットスケープは、そのサイト上の検索エンジンになる権利を入札にかけていた。孫はこのことに言及していた。もし、エキサイトやライコスがヤフーより潤沢な資金を持っていれば、そのどちらかが優位に立つことになる。

ヤンはネットスケープの請求額は多額になると認めた。したがって、1億ドルは役に立つだろうと同意した。勝者総取りの新しいブランドの競争では、ヤフーの将来の成長は、実は目先の成長にかかっていた。成長のための資本が不可欠だった。

問題は誰がそれを提供するかだった。若い会社が大量の資金を調達する通常の方法は、上場であり、それを今、ヤフーが計画していた。しかし、そこに孫がやってきた。この韓国系日本人のアウトサイダーは血管の中にある種の魔法の冷却剤を入れているようだった。彼は普通なら公開市場を通じて得られる規模の資金を、礼儀正しく、威張ることもなく、簡便な私的な取引として提示していた。しかも、この大胆な提案で直ちに合意する用意があった。

モーリッツとヤフーの創業者たちが答えを導き出すには少々時間がかかった。孫の提案は確実性という点で魅力的だった。新規株式公開（IPO）には失敗のリスクが常につきまとうからだ。ただし、その一方でゴールドマン・サックスは上場にあたり、ヤフー株には孫の提案の優に2倍にあたる価格がつく可能性を示唆していた。ゴールドマンがこれを実現できれば、IPOの成功によってセコイア、ヤン、そしてファイロはもっとお金持ちになる。

ヤフー側のチームが結論を下す前に、孫はまったく予想外の行動に出た。彼はモーリッツと創業者たちにヤフーの主な競争相手の名前を挙げてほしいと頼んだ。

「エキサイトとライコスです」と彼らは答えた。

孫は連れてきた補佐役の1人に「それらの名前を書き留めてくれ」と命じた。

孫はモーリッツと創業者たちのほうに向き直った。「私はヤフーに出資しない場合、お金をエキサイトに投じる。そして、あなたたちを叩きのめす」と告げた。

ヤンとファイロは、とりわけモーリッツは孫に威嚇されて、はっと気づいた。頼りになるインターネットのガイド役を目指す競争では勝者は1社しかいないだろう。それゆえ、1億ドルもの小切手を切ることができる投資家は、誰が競争に勝つかを決めてしまう。デジタル界のドン・コルレオーネ（映画『ゴッドファーザー』の主人公）さながら、孫はモーリッツに拒否することが不可能な提案を示していたのである。モーリッツはこの後、二度と同じ立場に置かれることがないようにすると決意した。[26]

ヤフー側のチームは、中座したい旨を孫に伝え、自分たちだけで話し合った。モーリッツは2人の創業者に、ライバルを支援するかもしれないという孫の脅迫を真剣に受け止めなければならないと伝えた。シリコンバレーのベテランは、それまでに投資したスタートアップに背を向けることはない。ベンチャーキャピタルは繰り返しのゲームであり、信頼を得るためには、関係を尊重する必要があるからだ。ところが、強引に割り込んできた孫は、不文律を知らなかった。シリコンバレーのしきたりが彼を引き留めることはなさそうだった。[27]

30分後、決断した3人が戻ってきた。孫の出資を受け入れる。ただし、IPOは続行するという内容だった。

さらに少し追加の交渉をしたあと、孫は最終的に1億ドル超をヤフーに投じることになった。[28]シリーズBで既に取得した分を含め、孫の出資比率は41%に高まった。セコイアの持ち分は19%に希薄化し、ファイロとヤンは17%ずつを保有した。

1996年4月12日、ヤフーは上場した。株価は急騰し、初日の終値は孫の取得時の価格の2・5倍になった。[29]息をのむような大当たりだった。孫には即座に1億5000万ドル余りの含み益が転がり込んだ。モーリッツは後年、この光景が与えた心理的な影響を次のように思い起こした。セコイアではドン・バレンタインがシスコへの賭けで得た1億ドルが単一の投資案件から上がったリターンの過去最高額であり、ヤフーの株式公開まで超えたことはなかった。「1件で1億ドルを突破することなど、どれほど長い時間が経過してもお目にかかれないのではないか」と考えていたという。[30]

ところが、孫は上場直前にヤフー株を購入し、1億ドルの大台にわずか数週間で載せてしまった。しかも、何もないところから新たに経営陣を組み立てるといった、ベンチャーキャピタルなら体験する心痛を感じることなく、記録を塗り替えた。ベンチャー投資のビジネスは様変わりした。

変化は二つの形態で現れた。第一の変化は派手で明確であり、第二の変化は次第に顕在化する微妙なものだった。明らかに変わったのは、孫自身である。日本にとどまらず、あらゆる場所で知られるようになった。触れるものすべてを黄金に変えるデジタル界のミダス王という新たな評判を生かして、彼はヤフーでの大儲けに続いて、目もくらむような電撃戦を演じ、ほとんど立ち止まることなく、ガラクタから宝石を選り分けていった。

ヘッジファンドの用語を借りるなら、彼はアルファ――熟練の投資家が適切な銘柄を選び出して得る報酬――には関心を向けなかった。ベータ――相場全体の上昇など市場にいるだけで手に入る利益――ばかりを気にかけていた。孫のファンドを運用していたある若手の投資家は、1996年から2000年にかけて少なくとも250社のインターネットのスタートアップに投資したことを覚えていた。つまり、孫はおよそ1週間につき1社、通常のベンチャー投資責任者の10倍ないし、おそらく20倍という尋常ではない勢いで出資を進めていた。[31] この無鉄砲な人物は同時に投資先の30社余りで取締役に就任していた。ある孫の右腕は後に「経験が浅い私には、それが異常だと分かっていなかった」と述べた。[32]

孫はヤフーに適用した作戦プランを繰り返し実行して、上場を控えたレイト・ステージ（シード、アーリー、ミドルの各ステージの次にくるスタートアップの成長段階）の企業に大きく賭けた。1997年末、彼はウェブサイトを載せるサーバーの運営（ウェブ・ホスティング）会社の草分けであるジオシティーズに対し、ソフトバンクとヤフーのバランスシートを利用して1億ドルを投じた。同社が翌年8月に上場すると保有株式の価値は2倍となり、最終的には10億ドルを優に超す桁外れに大きな利益を実現した。98年には、いつものやり方の変形として、既に上場していたオンライン金融サービス会社、イー・トレードの株式の27%を購入した。このために4億ドルを投じたが、1年後には株式の価値は24億ドルに急増した。

また、ソフトバンクのバランスシートへの依存度を引き下げるため、孫は新しい種類のベンチャー投資ファンドを立ち上げた。レイト・ステージに特化したファンドで10億ドルの資金を積んだ。後にその目的を「成長投資（グロース・インベスティング）」と呼ぶことになる。[33]一方で孫は、日本でのつながりを利用してアメリカの勝ち組企業の日本法人を設立した。ヤフー・ジャパン、イー・トレード・ジャパンなどである。[34]孫が活躍していない舞台はほとんどなくなっていた。彼は韓国、日本、そして香港でベンチャー投資ファンドを立ち上げた。ルパート・マードックのニューズ・コーポレーションと組み、オーストラリア、ニュージーランド、そしてインドに投資した。ヨーロッパではフランスのメディア・コングロマリットであるビベンディと提携した。中南米ではメキシコシティ、サンパウロ、そしてブエノスアイレスにベンチャー投資の拠点を構えた。

一連の猛烈な活動を通じて、孫はベンチャー業界で10年後により明白になる変化の出現に備えた。本書でこれから見ていくように、成長投資は2009年ごろからシリコンバレーのベンチャー投資の主力分野の一つとなり、またベンチャーキャピタルは極めて地域的なビジネスからグローバルな市場を意識したものに変身した。これらはヤフーが見せた変化からも論理的に導くことができる。

ブランド力で競争するインターネット企業にとって、成長は必須条件であり、そこに投資家が成長のための資金を提供する機会が生まれた。またブランド力で競争するインターネット企業は、最先端技術の上に成り立っているわけではないため、シリコンバレーというハイテクの中心地から遠く離れた場所でも繁栄することができた。金融の世界ではよくあることだが、最初に状況の変化を察知し、新規のニーズに対応する資金を用意した企業こそ、競合他社が目を覚ます前に、大きな利益を上げることができる。ある集計によれば、孫は1996年から2000年の間に個人資産を150億ドル増やした。[35] 当時はジョン・ドーアも、ドン・バレンタインも、ほかのベンチャーキャピタリストたちもフォーブス誌のビリオネア（保有資産10億ドル以上）の番付に載らない時代だった。

＊

第二のより微妙な変化はセコイアの内部で起きた。ヤフーが華々しく株式市場にデビューして以降、ドン・バレンタインと同僚たちの興奮は高まるばかりだった。ヤフーの企業価値は1年間でゼロから6億ドルに急拡大したため、古株のパートナーたちは利益を確定して換金し、分け前に与ることを望んだ。モーリッツの回顧によれば、「毎週、皆が落ち着かない気持ちで話題にしていた。ヤフーの株価はいくらで、どれほどばかげた高い水準にあり、とんでもない事態を招いていて、もし株価が暴落したなら何が起きるだろうか、という具合だった」[36]。

しかし、モーリッツ自身の考えは違った。孫が手にした利益の大きさ——その一部はセコイアを踏み台にして得たものだった——を見て、ヤフーの残りの株式を持ち続けると決めた。勝ち馬に乗ることには多くの利点があったからだ。セコイアがシリーズAとシリーズBの出資で得たヤフー株は、上場初日の終値で合わせて60倍のリターンを記録した。それはそれで喜ばしいが、肝心なのは倍率よりも、ドルで表示された利益の絶対額である。セコイアの儲けは孫に比べて少なかった。

モーリッツはヤフーへの出資がセコイアの転換点になったと考えていた。ちょうどドン・バレンタインが最前線を退き、モーリッツが頭角を現した時期と重なった。モーリッツは彼と同世代で攻めを重視するダグ・レオンと共にパートナーシップのリーダーに就いた。バレンタインをはじめとする大恐慌期に生まれ、第二次世界大戦のころに成長した世代は保守的で、彼らの家族はすべてを失いかねない恐怖を抱えながら暮らしたことがあった。「(ポーカーの賭けに失敗して)チップを全部没収されることを恐れる人は、テーブルから自分のチップを早々と片づけてしまう」とモーリッツは振り返った[37]。例えば、アップルのケースでは、バレンタインはＩＰＯの前に株式を売却した。これにより利益は素早く現実のものとなったが、アップルの上場でさらに増えたであろう株式の値上がり益をリミテッド・パートナーは享受することができなかった。

対照的にモーリッツは、戦後のブームの申し子であり、自分の人生において成功体験しかなかった。ウェールズで育ち、オックスフォード大学、ウォートン校（ペンシルベニア大学ビジネススクール）を経てセコイアに入り、40歳の誕生日を迎えて間もなく、ヤフーで金鉱を掘り当てた。彼と同世代のベンチャーキャピタリストたちには、古い世代のような事態が悪い方向に進む可能性を懸念する傾向が、はるかに弱かった。「我々はこれらの企業について、すべてがうまくいった場合に何が起こるのかを、めまいがしない程度に想像してみた。これがセコイアで起きた大きな変化の一つだった」とモーリッツは振り返った。[38]

ヤフーへの出資はセコイア内部の文化的な衝突を露わにした。慎重な保守派と楽観的な後継者たちの闘いである。モーリッツはこの機会をとらえてヤフー株の長期保有を主張し、パートナーたちに株式の売却、リターンを乗せた返金は段階的に進めるべきだと説いた。そしてパートナーたちに先例のシスコの場合、上場から数年が経過したあとに含み益が大きく膨らんだことを思い起こさせた。上場した１９９０年、シスコの株式時価総額は２億２４００万ドルだったが、94年には１００億ドルに跳ね上がった。この議論に勝ち、権威を固めたモーリッツはヤフー株の最終的な売却を99年11月に延期させた。このとき株価は上場時の14倍にあたる１８２ドルで取引されていた。見事な先延ばしのおかげで、セコイアがヤフーから得た利益は、それ以前の全投資案件の利益の合計額よりも多くなり、セコイアがシスコから得た利益の10倍以上に達した。その秘訣を、モーリッツは「もう少し辛抱強くなることを学んだだけだ」とそっけなく述べた。[39]

しかし、さらに深いところに核心部分がある。モーリッツはヤフーでの経験と孫の手本を踏まえて、ベンチャー投資は常に状況に順応しなければならないと考えるようになった。また、彼は巨額の成長投資の資金には、キングメーカー的な力があり、投資先企業にシリコンバレーを超えた、より広域の事業展開を促すことを知った。やがてセコイアは、これらの教訓を効果的に実践し、資金の調達・提供で比類のない強さを発揮することになる。

*

孫がシリコンバレーでその名を認められつつあったとき、対照的な対抗馬が登場した。ベンチマークという名前のベンチャーキャピタルである。共同創業者のうち、ブルース・ダンレビー、ボブ・ケーグル、アンドリュー・ラクレフの3人はシリコンバレーのほかのＶＣに所属した経験があった。4人目のケビン・ハーベイは自らこの地でソフトウエア会社を興し、ロータス・ディベロップメントに売却した。このように地理的に集中していただけに、ベンチマークの強みはグローバルというよりもローカルにあった。アンチ・ソフトバンクである。[40]さらにベンチマークは規模の大きさよりも機敏さを重視した。第一弾のファンドは８５００万ドルと意図的に小さめにした。孫が1社のために切る小切手の金額よりも少なかった。「神は大きな兵器庫の側にいるのではなく、最高の射撃を行う者たちの側にいる」とベンチマークは設立目論見書で主張した。[41]ベンチマークの旗揚げに参加したパートナーたちは、スリムで的を絞った態勢によって「根本的に優れた枠組み」を用意できていると信じていた。ファンドの規模が小さいということは、彼らがベータではなくアルファを目指して、個々の投資案件を慎重に評価することを意味していた。また、小さいということは、それぞれのパートナーが取締役への就任をほんの一握りの会社にとどめ、投資先に付加価値を与えることを保証した。加えて、小さいということは、4人のパートナーの仲間意識を醸成した。ベンチャーキャピタルの業界はもともと雄々しく単一栽培（モノカルチャー）に励む世界だが、ベンチマークのチームには、冗談やユーモアで特徴づけられつつも、男性的な均一性がとりわけ強烈に表れていた。

最後に、小さいということは、弱さの兆候では決してなかった。ベンチマークは望めばより多くの資金を調達できた。さらに、彼らはファンドが上げた利益のうち、自分たちゼネラル・パートナーの取り分を業界の標準である20％ではなく、それを超える水準にすると宣言して、強気の構えを示した。[42]同時にファンドの運用手数料は比較的低水準にとどめた。パートナーたちは単にお金を集めることではなく、結果を出すことによって報酬を得るつもりだった。

一部のベンチャーキャピタルは、投資対象の選択が業務の10分の9を占め、起業家に対するコーチングはあとになって必要だったらやること、と考えていた。ベンチマークのパートナーたちは、この二つに50対50の姿勢で臨んだ。確信を持って案件に着手することは、たいてい不可能であり、ベンチャー投資ではその性格上、賭けがゼロになるケースが多々あった。[43]そこでベンチマークはアルファを確実に作り出すため、起業家と一緒に困難に立ち向かった。「あまりに（案件に）かかりっきりで、空を見上げる時間もない」とあるベンチマークのパートナーは笑った。[44]

懐疑的な人々なら次のように反論するだろう。ホームランを放ってファンドの運用成績を押し上げてくれる最良の起業家は、投資家からの意見をほとんど必要としない。反対に、劣った創業者に惜しみなく時間を費やしても投資先の状況は変わらないだろうと。しかし、ベンチマークはこの類いの敗北主義を退けた。こつこつと支援を続けていれば、のろまに見えていた人物が勝者に化けることもある。「魔法のような展開は起きるものだ」とあるパートナーは主張した。[45]また、難しい仕事にひるまなかったという評判が高まれば、その忠誠心は報われるだろう。うわさが広がり、続々と起業家が集まってくる。

厳しい局面に起業家と一緒に立ち向かうことは、相手の感情を理解する共感を働かせることでもあった。ベンチャーキャピタリストは、自分の考えが間違っている可能性を認識した上で、助言を与えなければならず、しかも、それを巧みに伝えなければならない。[46]正しいタイミングをとらえて話すことは、その技量の一部である。相手が聞く耳を持たないときに意見を述べても意味がない。助言が本当に求められている好機をつかまえなければならない。

「ベンチャーキャピタルとは何だろうか」。ベンチマークの創業者の1人、ブルース・ダンレビーが考える答えは次のような場面に表れている。「金曜日の午後6時15分。机回りを片付けて、帰宅しようとしていると、投資先のCEOから電話がかかってきた。『少し時間を頂戴できるだろうか。当社の人事担当の副社長が秘書と付き合っている。技術担当の副社長は辞めてノースカロライナ州にもどりたがっている。配偶者がここでの生活を好きになれないからだという。売り上げをごまかした営業担当者を解雇しなければならない。私自身も医者に診てもらったところ、健康上の問題があった。おまけに製品のリコールが必要だと考えている』。そこでベンチャーキャピタリストが言う。『今すぐそちらに向かいましょうか。それとも朝食を一緒にしますか』」[47]

ベンチマークのトレードマークである好感度の高さを体現していたのがボブ・ケーグルだ。ケーグルはミシガン州フリントで育ち、大学教育を提供する地元のゼネラル・モーターズ・インスティテュートで学んだ。同インスティテュートに在籍中は、6週間交代で教室とGMの工場に通い、エンジニアリングを修めた。ケーグルは続いてスタンフォード大学のビジネススクールに進んだ。細長いボンネットに白頭鷲を飾った金色のポンティアック・トランザムに乗ってやってきた。彼のまっすぐな眉毛、整えた口ひげ、そして短く伸びた下あごのひげは、3本の平行線を形成していた。彼が笑うと周りもつられて笑った。彼は起業家と一緒に「人間らしさを引き出す」案件で仕事をすることを好んだ。[48]

ケーグルはエンジニアリングの教育を受け、中西部の自動車業界にルーツを持っていたにもかかわらず、どちらとも関係のない企業を喜んで支援した。ベンチマークを共同で創業する前、彼は当時所属していたベンチャーキャピタルに、シアトルを拠点とするスターバックスという名前のコーヒー店チェーンに投資するよう説得を試みたことがあった。また別の機会には、ジャンバ・ジュースというスムージー店の外に長蛇の列ができているのを見て、あまりに好奇心が募り、その日の朝に予定していたスタッフや顧客との面接をキャンセルしたことがあった。[49]

ベンチマークを立ち上げたあとには、テクノロジー系のスタートアップへの出資と、消費者向けのベンチャー・ビジネスへの支援の間を行ったり来たりした。アクセルのように、ある産業に特化する戦略は避けた。このような彼のアプローチにテーマがあるとしたら、それは人間らしさが表れている事業に投資してきたことだった。1997年、ケーグルは自分の興味のすべてを組み合わせたような存在を見つけた。そのスタートアップはテクノロジー系であり、しかも消費者向け事業を展開していた。そして人間的な要素を大いに含んでいた。同時にそれは、後にベンチャーキャピタリストたちの間で所有可能なネットワーク効果と呼ばれるようになる、新たなネットワークと個人の関係がもたらす効果を初めて具現化していた。

このテクノロジーを用いて消費者向け事業を進めるハイブリッド型のベンチャー企業を興したのが、ソフトウエア・エンジニアのピエール・オミディアだった。イラン人の両親のもとパリに生まれた彼もまた、シリコンバレーで功成り名を遂げることになる移民の1人だった。そのころまでに移民は現地の科学・エンジニアリング関連の労働力のざっと3分の1を占めるまでになった。[50]彼は社会の階層的な秩序に反発する初期のインターネットのコミュニティにどっぷりと浸かった。髪型はポニーテールで、ひげの先を細く尖らせ、眼鏡をかけていた。[51] 彼自身にとって少々悔しかったのは、既存の大手企業のオンラインでの販売促進を支えるスタートアップの創業に参加し、働いた経験だった。結果的に既にある権力を民主化させるどころか、揺るぎないものにしてしまった。この社会的な影響を相殺するため、オミディアは中古品の売り手と買い手を結ぶ、オンラインのオークションのツールを考案した。誰もが自由に使える仕組みであり、一種の償いだった。

初期のインターネットのルーツに忠実であろうとしたオミディアは、オークションに集まってきた売り手と買い手を単なる利己的な取引人たちではなく、一つのコミュニティと見なすことを好んだ。例えば、互いに相手を評価（レーティング）するフィードバックのシステムを作り上げた。これが思いやりのある行動を促すと考えた。オミディアはオンラインの掲示板を加えて、画像のアップロードの方法をはじめとする、お役立ち情報を共有した。このコミュニティの新しい参加者は質問があれば、掲示板に投稿し、システムに習熟している人が自発的に時間を割いて回答してくれた。１９９６年２月、オミディアはインターネットオークション・サイトのトラフィックが自分の契約の上限を超えたため、これをアップグレードするための料金の支払いに協力を求めた。この訴えは善意を前提としていた。売り手には自分の利益のうち、わずかな金額をオミディアに送金することが期待されていたが、それを強制する考えはなかった。すぐにオミディアが人間の本性を明るく見ていることの正しさが立証された。年末までにオミディアのもとに毎月

40万ドルが集まった。

オミディアは本業を辞めて手伝いを2人雇った。彼はサイトから余計なものを削除し、このオークションのプラットフォームをイーベイと名づけた。毎月40％増の勢いで成長したが、もっと印象的だったのは、その原動力だ。マーケティングに多額の費用を投入したヤフーとは異なり、イーベイのマーケティング予算はゼロだった。その代わりの牽引役がメトカーフの法則であり、熱狂的な勢いで利用者が増加した。オークションのネットワークの規模が大きくなるにつれて、その価値は飛躍的に拡大していった。出品者が増えれば増えるほど、多くのバーゲン・ハンターが引き寄せられ、買い手が多数集まれば集まるほど、一層多くの売り手がその場所を活用した。さらに、様々な企業が製造したルーターやスイッチをつなぎ合わせて出来上がる通信のネットワークとは違って、イーベイはこのオークションのネットワークを丸ごと所有していた。イーベイは単にネットワーク効果の恩恵を受けていたのではなく、いわばネットワークが生み出す手数料の１００％を獲得し、独り占めしていたようなものだった。

成長が成長を呼ぶループを作り出したおかげで、イーベイにはベンチャーキャピタルに頼る金銭的な理由がなかった。必要な資金は内部に積み上がっていた。毎月、収入のおよそ半分が利益として残った。しかし、オミディアと彼を助けていた2人の友人には、もはや手に余る事態だった。彼らはこれほどのペースで自らの力で加速していくビジネスを制御する術を持たなかった。オミディアは経営上の指導を求めて、以前オンラインの販売促進のスタートアップを成功に導いてくれた人物に相談した。ベンチマークのブルース・ダンレビーだった。
見た目は屈強だが、物腰は親しみやすいダンレビーは、ベンチマークが掲げる、苦労している創業者を助けることは将来きっと報われるという信条を身をもって示していた。彼はハンズオン型のカウンセリングに誠意を込めてあたり、例えば、取締役会の一員になることを子育てになぞらえた。これからの数年間の対応で人生が変わる、そのような局面に立ち会っているということだった。

あるとき、ダンレビーは皆の記憶に残したいと思うエピソードがあれば、話してほしいとせがまれた。彼はやむなく更迭したＣＥＯについて触れた。そのＣＥＯの能力を超える規模に会社が成長したことが理由だった。数年後、そのＣＥＯはベンチマークの別のスタートアップを経営しないかという誘いを快諾した。ダンレビーが公平に扱ってくれることに常に感謝していると語ったという[52]。オミディアの場合、そのＣＥＯとは違って、ダンレビーにトンネルから光の中へと連れ出してもらうまでもなかった。自分の会社を成長させていた。それでも、彼のことをとても好感し、定期的に連絡を取っていた。

「私の運営するイーベイという電子商取引のサイトが勢いに乗っています」とオミディアは報告した。

「それはいいね。事業計画書を送ってくれないか」とダンレビーは答えた。

オミディアには具体的な計画はなかったが、数カ月後の１９９７年初めに再び連絡した。

「なぜ送って……」とダンレビーが言いかけたところで、オミディアがさえぎった。
「会えませんか。昔のよしみで」
ダンレビーは快諾し、カレンダーに予定を入れた。[53]
面談の日が近づくと、ダンレビーはボブ・ケーグルに同席するよう説得した。ベンチマークではケーグルが消費者向けビジネスへの投資を担当していた。オミディアはスライドの資料を持たずに現れ、代わりにオークションのサイトを実演した。要するに、これはインターネット上ではまれなお金を稼いでいるサイトだった。しかし、爆発的に増えるトラフィックが重荷となって、イーベイのサーバーは実演中にクラッシュした。オミディアを恥ずかしい思いから救うため、ダンレビーは安心させるように話した。「我々のインターネットへの接続は安定していない。申し訳ない」[54]
ケーグルは面談を終えた当初、懐疑的な気持ちだった。その後、イーベイのウェブサイトを確認して驚くほど手を加えていないことに気づいた。書体はクーリエで、色彩は白黒のみ。出品リストも単調だった。しかし、よくよく見るうちに、印象が変わった。ケーグルは手彫りの釣り具ルアーの収集家で、このサイトには出身地ミシガン州の職人の手になるものを含め、素晴らしい作品が多数並んでいた。魅了されたケーグルは、1回応札してみたが、負けてしまった。それでも、彼にはある商品を目にして、脳内の何かとつながったときのような感覚、ピンとくるものがあった。ルアーが彼を引っかけていた。

ケーグルはオミディアに再び会った。今度はベンチマークのオフィスの外でだった。ベンチマークの初期の物語を詳細かつ巧みに再現した作家のランダル・E・ストロスは、その著書の中で、オミディアのコミュニティへのこだわりにケーグルが強い関心を示した様子をとらえている。オミディアはあらゆる角度からイーベイのコミュニティについて語った。我々はコミュニティを作り上げ、コミュニティから学び、コミュニティを守っていくと力説した。これに似た説明を聞いたことがある、ほかのベンチャーキャピタリストたちは、同じ言葉の繰り返しに、すぐに耳をふさいだという。「彼はオンライン・コミュニティについてのアイデアを売り込んでいた。でも私は、何のことだ、と思った」とそのうちの1人は振り返った。[55] さらに、わずか10ドルのトロフィーを扱う蚤の市のような売り買いに基づいてビジネスを構築するという発想を嘲笑する人々もいた。まるでビーニーベイビーズ（小さい動物のぬいぐるみ）の取引サイトだと指摘する向きもあった。[56]

しかし、「人間らしさを引き出す」案件を選ぶケーグルは異なる反応を示した。「この男は善良だ」と受け止めた。[57] 消費者向けビジネスとソフトウエアの両方を支援してきたベンチャーキャピタリストとして、ケーグルには優位性があった。消費者向けビジネスは、顧客とつながることがすべてであり、顧客をコミュニティとして扱うことは、一つの良い方法だった。また、ソフトウエアのビジネスでは、かねてネットワーク効果の威力が理解されており、オミディアの「コミュニティ」はソフトウエアの専門家たちが「ネットワーク」と呼ぶものを指すくつろいだ言い回しかもしれなかった。ネットワーク効果はジョン・ドーアがネットスケープでお金を稼ぐことができた理由であり、イーベイが爆発的に普及しつつある理由でもあった。

　イーベイの成長率はベンチマークのほかのパートナーたちにも強い印象を与えた。「企業が指数関数的に成長しているとき、それが突然止まることはない」とアンディ・ラクレフは後に語っている。そして、投資家に当該企業を支援するべきかどうかを本当に教えてくれるのは「第二次導関数」、つまり売り上げの増加率の変化だと続けた。[58] 同僚たちの支持を得たケーグルはイーベイに670万ドルの出資を提示した。会社全体の評価額は2000万ドルだった。

　オミディアの目標がお金持ちになることだけにあったなら、ケーグルからの申し出を拒否したかもしれない。オミディアは複数の新聞社を傘下に持つ企業から総額5000万ドルの対抗提案を受け取っていた。しかし、オミディアはケーグルに対してもダンレビーと同じくらい好感を抱くようになっていた。また、ヤフーの創業者たちと同様に自分のことを理解していると思えるベンチャー・ビジネスの関係者と一緒に進みたかった。出資契約がまとまり、ベンチマークから送金されたが、オミディアは銀行口座に預けたままにした。彼が欲しかったのはケーグルの人脈であり、助言だった。資本は必要なかった。

*

　ケーグルの最初の行動は外部からイーベイのＣＥＯを見つけることだった。彼は最近、ベンチマークに5人目のパートナーとして加わり、経営人材の紹介会社を共同創業したこともあるデイビッド・バーンに相談した。経営幹部を起用するスキルは、ベンチャーキャピタルに求められる中核的な能力としてますます認識されるようになり、優先順位は経営学やエンジニアリングの学位よりほんの少し低い程度だった。

バーンは玩具メーカーのハズブロで部門長を務めるメグ・ホイットマンを高く評価し、偶然にもケーグルはビジネススクール時代からの友人に彼女を推薦されていた。ケーグルがこの玩具メーカーの経営幹部について知れば知るほど、彼女がCEOに最適だと考えるようになった。ホイットマンは消費者向けのブランドを最大限活用する方法を理解していた。ケーグルの表現を借りれば、彼女は顧客の視点を経営戦略に生かすために必要となる「カスタマー・エクスペリエンスの感情的な要素」をつかみ取る力を持っていた。[59]

問題はベンチャーキャピタリストのバリスがUUNETのトップにシッジモアをスカウトしたときに似ていた。どのようにして上級の経営人材を無名のスタートアップに飛び込むよう説得するかが焦点だった。オミディアはベンチマークによる出資を受ける前から、イーベイに強力なマネジャーを招こうと試みていた。しかし、蚤の市に加わるリスクをいとわない人物はいなかった。今回、ベンチャーキャピタルのベンチマークが登場してオミディアの事業に太鼓判を押した。そして、ベンチマークはデイブ・バーンが興した経営人材の紹介会社ラムジー・バーンのサービスを利用することにした。この二つのステップが進展したことで格が上がり、ホイットマンは面談に応じた。彼女自身も将来に備えて、人材紹介会社との関係づくりが必要だったのかもしれなかった。

ホイットマンは1日休みを取って西海岸へと飛び、ケーグルとオミディアに会った。彼女は興味をそそられた。ケーグルが強調したように、イーベイの成長には本当に拍車がかかっていた。2度目の訪問では別の点に気づいた。ほかの小売業とは異なり、イーベイには在庫がなかった。それゆえ、保管のコストも、輸送費も、手間もかからなかった。結果的に利益率は非常に高水準だった。

ホイットマンは3度目の訪問では家族を伴ってやってきた。ホイットマンにイーベイへの参加を何とか促すために、ケーグルは彼女と家族を自宅での夕食に招いた。ホイットマンの夫は熟練の外科医で、イーベイの将来展望に疑問を持っていた。ケーグルは彼を安心させるために最善を尽くした。夫婦には2人の息子がいた。そこでケーグルは宿泊先に土産の品が入ったバッグを届けさせ、それぞれにスタンフォード大学の帽子を贈った。ホイットマン一家は西海岸での生活がどのようなものか知りたがっていたため、ケーグルは不動産業者に彼らを魅力的な地域へと案内させた。ケーグルはベンチマークのパートナーたちとの内輪の会合で、経過を報告すると共に、吉兆と言える展開について説明した。ホイットマンによると、息子の1人がケーグルの13歳の娘をキュートに感じたという。

「かなりうまく進んでいると思う」とケーグルは同僚たちに打ち明けた。[60]

しばらくして、ホイットマンはイーベイがまたとないチャンスを提供していると判断した。同僚や上司の助言に反して彼女は家族と共に西へ引っ越し、彼女の周囲の誰も聞いたことがなかった会社に移籍した。[61]

＊

有能なCEOを起用したイーベイはIPOへと進んだ。セサミストリートのビッグバードが飛び出すびっくり箱をはじめとして、何百万点もの商品を扱い、事業は成長し続けていた。ケーグルはこれまでと同様に熱心に取り組んだが、前面には出ずに背景にとどまった。ホイットマンとオミディアがうまく連携している限り、事態を複雑にするつもりはなかった。

1998年9月、イーベイは正式に上場した。1株18ドルで売り出した株価は跳ね上がり、取引初日の終値は47ドルとなった。その後、不安になるほどの急騰ぶりを何度か見せて、10月後半には73ドルをつけた。ヤフーよりも劇的な上昇のスパイラルを演じた。セコイアでは巨額の含み益をめぐり世代間に亀裂が生じたが、ベンチマークがまず示した反応は、冗談とユーモアに満ちたものだった。

「ヤバい」とバーンが驚いてみせた。

「まだ上がっていく」とダンレビーは株価の先行きを予想した。

「今、売っても構わないだろうか」とバーンが尋ねた。
「そのお金のほとんどをこのテーブルの上に置いていくならね」とダンレビー。
「ああ、私は腰抜けだ」とバーンは笑った。
誰かがケーグルはGM並みの時価総額になるまで、イーベイ株を決して売らないだろうと大きな声で言った。テーブルの周りがどっと盛り上がった。[62]
株価はロケットのように上昇を続けた。11月9日、１０３ドルで引けた。翌日は１３１ドルをつけた。金融のコメンテーターたちは表現に苦慮した。その1人が次のように述べた。「それは、考えられる限りの、あらゆる魅惑的で、人を困惑させる不条理が、すべて一つの巨大な原始的なイベントにまとまっていくのを見ているようなものです。言い換えれば、マーク・マグワイアが目隠しをして打席に立ち、ホームランを４００本も続けて打つのを目撃するようなものです」。このコメンテーターは、1株18ドルで株式公開を準備した銀行家たちが、その後の強気のアナリスト・リポートに追随する姿勢を示していることを皮肉った。彼らは「真正面から、まさに面と向かってこの株式を大々的に売り込んでいる」と指摘した。どのようにすれば、6週間前にイーベイ株は「18ドルの価値だと言い、今になって、おっと間違えました。１３０ドルの価値です」と説明できるのかと問いかけた。[63]
イーベイの株価が過大評価かどうかはさておき、ベンチマークはベンチャー投資の歴史を塗り替えた。それまでに誰もが知っている案件では、セコイアによるヤフーへの出資と、クライナー・

パーキンスが高速大容量のインターネット接続サービス会社のアットホームに資金を投じた件が、最大のホームランで両VCにそろって6億ドルから7億ドルの間の利益をもたらした。[64] ベンチマークのイーベイからの利益は、株価の行方次第だったが、優に10億ドルを超す見通しにあった。11月末に株価は200ドルに急騰した。

さすがにベンチマークのパートナーたちもめまいを感じた。「これは熱狂だ。馬鹿げている」とケーグルはうめいた。小売りのアマゾン・ドット・コムなど投資家にお気に入りのほかのインターネット銘柄に比べれば、イーベイは少なくとも利益を上げている点を強調できた。しかし、1株当たりの純利益の何倍の値段がついているかという指標（株価収益率）で見た場合、イーベイの株価は現実離れした水準で推移していた。

ケーグルはスターバックスの創業者であるハワード・シュルツと協議した。ケーグルが彼をイーベイの取締役会に招いていた。株価は問題を引き起こしているとの判断で2人は一致した。暴落は必至であり、ストックオプションを付与して最近採用した従業員たちには無価値になる。どのようにして彼らを引き留めるかが課題だった。[65] しかし、株式市場はイーベイの従業員の士気など気にかけなかった。1999年4月、株価は600ドル台に乗せた。[66]

同月、ベンチマークはついに賞金である含み益の一部を取り崩して分配した。イーベイの株式時価総額は210億ドルに達し、ベンチマークの保有株の価値は51億ドルと驚異的な水準に増えていた。この大当たりはセコイアとクライナー・パーキンスの記録を小さく見せただけでなく、孫の過去最大の勝利を上回った。わずか670万ドルの資金をリスクを取って出資したことで達成した。ベンチマークの家内工業的なベンチャーキャピタルの行き方は突如、根本的な問いを提起しているように感じられ始めた。特大な金額の小切手を切って成長のための資本を投じてもらう必要はあるのだろうか、アジア戦略に煩わされる必要もあるのだろうか——。

注目すべきは、イーベイが孤立型の特異な勝利ではなかったことだ。ベンチマークでは、ほかにもソフトウエアの流通事業のレッドハットが5億ドル余りのリターンをもたらした。オンラインのオフィス用品会社のアリバからは10億ドル超の貢献があった。1999年半ばの時点で、ベンチマークは3本のファンドを組成、運用し、計2億6700万ドルを実際に投資していた。この年の夏の相次ぐIPOで、3本のファンドの時価評価は計60億ドルを超えた。リターンの倍率は約25倍だった。[67] 孫正義がかかわった事例が発信していたメッセージがどのようなものであったにせよ、ベンチャーキャピタルの基本に立ち返れという訴えは、明らかに奔流となって続いていた。

＊

これら二つの投資モデルのせめぎ合いは今後も続くだろう。ベンチマークのパートナーたちは伝統尊重派が好むやりかたでベンチャーキャピタリストとして投資を実践した。スタートアップの可能性を理性的に見定め、創業者に対する共感を働かせ、自身は見識のある相談相手として関与するというものだ。

その点、孫のアプローチにはエレガントさこそ足りないが、格別の威力があった。彼は早撃ちのガンマンのように即座に判断を下し、リスクにはお構いなしに見え、投資先の監視という細かな作業はほかの出資者に委ねた。[68]ベンチマークは孫よりも慎重に投資を展開したものの、生み出した富は孫より小さかった。また、孫のベンチャー投資のポートフォリオはテック・バブルが破裂した２０００年に華々しく崩壊したが、この後退は一時的なものに終わった。[69]さらに、孫の手法にはときに、ほかの投資家を追随せざるをえなくする迫力があった。モーリッツが理解したように、孫のやり方に食らいついていくか、それともコルレオーネとなって立ちはだかる孫と対峙するか、ということだった。

ベンチマークのパートナーたちでさえ、孫のやり方に魅力を感じることがあった。意図的に３本の小さめのファンドを組成したあと――そのうち最大のファンドは1億７５００万ドルの規模だった――従来の慣行とは抜本的に異なる対応を検討した。

１９９９年の夏、デイブ・バーンはパートナー会議で議論を提起した。「我々は10億ドルを調達すべきだと思う。真剣に」

ラクレフも同感だった。「ソフトバンクはもっと多くの資金を集めている」と述べた上で、「闘う準備をしないと、徹底的にやり込められてしまう」と強調した。

バーンも「スティックを持たずにラクロス場に向かうわけにはゆかない」と続けた。「殺されてしまう」

ケーグルは遠回しに反対した。多額のファンドはトラブルを引き起こすからだ。創業者にあまりに多くの資金を提供すると、事業に集中する姿勢が失われ、余計なことに手を広げ、資源を浪費する。「我々は過大な資金を投じてしまうかもしれない」と指摘した。「ほかの皆に続いて多額の小切手を切りたいとは思わない」

これに対してラクレフは「競争するには資金が要る」と反論した。ソフトバンクのせいで、より一般的には強気の株式相場の影響で、スタートアップが期待する資金調達額が押し上げられていた。「私が担当する通信案件では、最少で1000万ドルが手元にないと、話が始まらない」[70]

ダンレビーは個々の案件に投入される資金規模が大きくなってゆけば、小さなファンドは一握りの企業にしか出資できなくなるだろうと主張した。多様性の喪失は危険なことだったが、彼の意見は10億ドルのファンドに傾いていた。「我々は規模は問題ではないと分かっている」ものの、「それをリーダーシップと受け止める人々がいる」のも現実だった。[71]

最終的にベンチマークは1999年のファンドで10億ドルの資金集めを推進した。4年前の最初のファンドの10倍余りに上った。ベンチマークではロンドンとイスラエルにオフィスを開設したが、これらの実験は失敗した。孫のようにIPOを控えたスタートアップへの出資も試みたが、1-800-フラワーズ・ドット・コムというオンライン小売業への1900万ドルの賭けはすぐに損失を計上した。[72]ベンチマークは海外の拠点を閉鎖し、ＩＰＯ目前の出資を断念することになったが、ファンドの規模をめぐるジレンマは続いた。

その後もベンチマークは、レイト・ステージに登場する無謀な投資家が何千万ドルもの資金を無理やり積み上げ、自分たちの投資先の企業を実質的に支配する姿を繰り返し目の当たりにした。ベンチマークには同等額をかき集めることができず、投資先のスタートアップを多額の資金を持つ傲慢な勢力から守る力が不足していた。配車サービスのウーバーとレンタル・オフィス大手のウィーワークという悪名高い二つの事例では、ベンチマークは自分たちが後見役となっている企業が暴走・脱線していく痛ましい光景を目撃することになる。[73] 家内工業モデルの限界を示していた。

第8章 グーグルへの出資、これといった条件もなしに

Money for Google, Kind of for Nothing

1998年8月のある日、スタンフォード大学の博士課程に在籍中の2人の大学院生がパロアルトのとある家のポーチに座っていた。2人はインターネット上で情報を見て回る新しい事業のために、資金を集めようとしていた。3年前のヤフーの再現のようであった。しかし、ヤフーの創業者たちはセコイアから100万ドルを調達することと引き換えに会社の持ち分の3分の1を手放したのに対して、この2人にその後に起きたことは、これ以上ないほどヤフーとは異なっていた。

この2人、セルゲイ・ブリンとラリー・ペイジは自分たちが立ち上げたばかりの会社をグーグ

ルと名づけた。インターネットの検索サービスは既に17社が提供しており、表面的には、前途有望とは言えそうになかった。しかし、謙遜という言葉から遠くにいたブリンとペイジは自分たちのテクノロジーが他を圧倒すると確信していた。２人はポーチで、シリコンバレーの名高いエンジニアであるアンディー・ベクトルシャイムを待っていた。

やがてベクトルシャイムがシルバーのポルシェで到着した。ハンサムで髪を少し垂らした貫禄のある人物で、言葉には軽いドイツなまりがあった。ブリンとペイジの実演を見て、ベクトルシャイムはひどく興味をそそられた。グーグルで検索すると、ライバルたちに比べてはるかに関連性の高い結果が出てきた。他のサイトからのリンク件数に基づいてランクづけしている仕組みが特徴だった。ベクトルシャイムは直ちにアカデミアとの類似性に気づいた。著作がどれほど引用されているかがその研究者の評判を左右する世界だからだ。[1]

ベクトルシャイムはベンチャーキャピタリストではなかった。しかし、二つの会社を興した経験があり、お金にも余裕があった。１９８２年にサン・マイクロシステムズを共同で創業し、大成功を収めた。次の起業はベクトルシャイム自身が主要株主でもあったグラナイト・システムズというネットワーク・スイッチの会社で、後にシスコが2億２０００万ドルで買収した。ベクトルシャイムは仲間のエンジニアたちを支援することが好きだった。あちこちで10万ドル単位で資金を提供したくらいでは、銀行の残高に大きな変化が起きないほど個人資産があった。

１９８０年代後半のあるとき、ジョン・リトルという名前の初期のインターネット関連の起業家がベクトルシャイムのオフィスに立ち寄った。リトルは元同僚のコンピューター科学者だった。2人はサン・マイクロシステムズで開かれたビールを片手に集まる社内懇親会で知り合った。

ベクトルシャイムは事業の進捗状況について尋ねた。

リトルはあまり芳しくないと答えた。スタートアップを一緒に立ち上げた相棒が退社するため、その持ち分を買い取ることになったが、資金が不足しているという。

ベクトルシャイムはいくら必要なのか質問した。

リトルは「(正確な金額はまだ)わからないが、9万ドルくらい」と返答した。

ベクトルシャイムは小切手帳を取り出すと、9万ドルと書き込んでサインした。あまりに素早い反応だったため、リトルは何が起きているのか、ほとんど理解できなかった。「彼が小切手帳を手にしたとき、何をしようとしていたのか分からなかった。他人があのように、これといった条件もなしに、自分にお金を出してくれる。そんな状況に置かれたことなど、これまでなかった」とリトルは後に語っている。ベクトルシャイムはその資金でリトルの会社の何%を所有したいのか、意思表示をまったくしなかった。「アンディはほとんど気にかけていなかった」とリトルは振り返った。「後に、おそらく1年に1度くらい、バーベキューか何かの機会に再会し、どちらか一方がもう一方に対して、この投資の件で事務処理を行うべきだと話したものだった。しかし、2人ともいつも忙しかった」[2]

ようやく1996年になって、リトルが約600万ドルをプロフェッショナルのベンチャーキャピタリストであるアクセルのアーサー・パターソンから調達し、誰がどれだけ所有しているかを正式決定した。ベクトルシャイムはあの衝動的で寛大な行為によって、リトルの会社ポータル・ソフトウエアの1％を手に入れた。インターネットのブーム期に同社の業績は絶好調となり、おそらくベクトルシャイムは9万ドルの小切手を切ったことによって、サン・マイクロシステムズを共同で創業したことよりも多くの利益を得た。[3]

今、パロアルトのポーチに座ってグーグルの2人の創業者と歓談しているベクトルシャイムは、同じ戦術を繰り出した。彼はグーグルには事業計画がまだないことが分かった。2人はウェブサイトで収益を上げるための標準的なやり方であるバナー広告も、ポップアップ型の広告も排除していた。しかし、ブリンとペイジによる検索エンジンのデモを見て、ベクトルシャイムは2人のソフトウエアには競争力があると理解した。加えて2人のことを、どちらかと言えば好感した。好奇心旺盛だが、頑固で、冷静沈着――。スタンフォード大学で若きコンピューター科学者だったころのベクトルシャイム自身と大差なかった。

ベクトルシャイムはポルシェに駆け寄り、何かを持って戻ってくると、勢いよく話した。「多くの点について議論できた。君たちに小切手を切ってもいいかね[4]」。10万ドルの小切手を「グーグル株式会社」宛に書いてブリンとペイジに渡した。[5]

ブリンとペイジはまだ法人登記していないと説明した。入金用の銀行口座もなかった。[6]

「分かった。そのときまで、どこかに、しまっておいてくれないか」。ベクトルシャイムは陽気に語った。[7] そしてポルシェに乗って姿を消した。グーグルの株式をどれだけ購入したつもりなのか言わずじまいだった。「とても興奮していて（事業化に）参加したいだけだった」と後に振り返った。[8]

*

ベクトルシャイムの即興的な投資は、テクノロジー系のスタートアップ向けに新しい資金提供の手法が登場したことを告げていた。2年前の孫正義による1億ドルの小切手と同じくらいの意義があった。1990年代の半ばよりも前には、半分引退したテクノロジー企業の経営幹部がベンチャー投資に手を染めることがあった。マイク・マークラは創業間もないアップルを支援し、指導した。ミッチ・ケイパーはGOとUUNETに資金を投じ、相談相手の役回りもこなした。[9]

しかし、この「エンジェル投資」が強い影響力を持つようになるのは、90年代の半ばから後半にかけて株式市場でテクノロジー銘柄のブームが広がってからだった。新規株式公開（IPO）で大当たりした億万長者がシリコンバレーの至る所に現れ、エンジェル投資がこの新しいエリート層の気晴らしになった。ハリウッドの億万長者にとっての美容整形のようなものだった。

ベクトルシャイムがグーグルを支援した98年、ロン・コンウェイというエンジェル役を何度も務めていた人物が、3000万ドルのファンドを組成して投資を強力に推進していた。「機関投資家による「エンジェル投資」や「スーパー・エンジェル」まで出現し、シリコンバレーのスタートアップのエンジンに新しいシリンダーが加わった。[10] 起業家たちにとっては、従来型のVCを代替する資金調達先が突如、手に入ったわけで、孫の成長投資向けの小切手が上場を部分的に代替したのに似ていた。[11] 大望を抱く起業家には、わずか数人の定評あるエンジェルたちへの紹介があれば、第一弾の資金集めが済むようになった。ベクトルシャイムの規格外の投資スタイルが、ほとんど当たり前のようになりつつあった。

この新しいシステムの操作に特に長けていたのがブリンとペイジだった。２人は最初にインド生まれのラム・シュリラムというテクノロジー分野の経営者を誘った。自分が興した会社を間もなくアマゾンに売却して、大成功を収める人物である。シュリラムは手始めにグーグルの検索技術を買い取る可能性がある複数の既存企業を２人に紹介した。相応の提案が出されなかったため、シュリラムは２人が自分のほかにもエンジェルを見つけることができたなら、支援するとの考えを伝えた。

この局面で大学院生のブリンとペイジがすぐに招き入れたのが、ベクトルシャイムであり、彼と一緒にグラナイト・システムズを創業したスタンフォード大学教授のデイビッド・チェリトンだった。数カ月後、アマゾンの創業者のジェフ・ベゾスがキャンプ旅行でベイエリアを訪れ、シュリラムの自宅でブリンとペイジに会った。ベゾスも加わりたくなった。彼は後に「ラリー・ペイジのことが大好きになった」と語っている。[12]

1998年末までにブリンとペイジはこれら4人のエンジェルたちから100万ドル強を調達した。ヤフーがセコイアから得た資金を上回った。[13] しかもブリンとペイジは、一度もベンチャーキャピタリストに相談することなく、自社株の1割以上を引き渡すこともなく、さらにはベンチャーキャピタリストがこだわる業績目標や監督権限などに同意することもなく、資金調達を実現した。[14] ベゾスやベクトルシャイムといったエンジェル投資家は、自分たちの会社にあまりに集中していて、ブリンとペイジが上手に運営できているかどうかに気を配る余裕がなかった。ジョン・リトルの言い回しをもう一度借りれば、グーグルの2人には「お金があのように、これといった条件もなしに」集まったのである。解放の資本という古い発想は、新たなレベルに引き上げられた。人々の努力の歴史の中で、若き発明家たちにこれほど特権が与えられたことはなかった。

＊

グーグルの2人はVCを避けていたが、ベンチャー投資そのものは活況を呈していた。ベンチャーキャピタリストたちが調達した資金は1998年に総額300億ドルと史上最高を記録し、孫がヤフーを訪れた95年の3倍に達した。[15] ブームは99年にさらに沸き立った。VCの軍資金は560億ドルに増加した。アメリカ国内にあるベンチャー投資のパートナーシップは750法人となり、10年前より400法人増加した。[16] シリコンバレーは、ベンチャーキャピタリストたちによって生み出された財産がもたらすアドレナリンの働きでハミングしているように見えていた。

従来型の投資家たちはこのブームに当惑した。ある古参の人物は「我々がバブルの中にいるのは明白だった」と振り返った。あたかも「基本的な価値を生み出すと考えられてきた行為すべてが罰せられ、反対に悪しきことだと考えられてきた振る舞いすべてに報酬が与えられていた」ようだった。勢いを駆る先行者たちに資金を提供するこのモメンタム投資のトレンドは、ヤフーに始まり、明らかに行き過ぎていた。また多くの場合、資金の提供そのものが勢いを作り出してしまい、多数のドット・コム企業は利益を一度も計上していないにもかかわらず、高く評価されていた。相場がどれほどスパイラル的に上昇し、危うさを秘めていても、古株たちには抵抗することはかなわなかった。

ヘッジファンドはデリバティブ（金融派生商品）やその他の手法を使ってバブルとは逆方向にも賭けることができる。ところが、ベンチャーキャピタリストたちは、彼らの唯一、かつシンプルなビジネスがスタートアップの株式を取得することであるため、投資した株式の価値が上昇することに期待を寄せるしかない。しかも、ヘッジファンドとのこの違いには、心理的な要素まで加わっていた。ヘッジファンドの関係者たちには本質的に自己完結的な傾向があった。金融商品のトレーダーのルイス・ベーコンが１９９０年代に一つの島を丸ごと個人で購入・所有したとき、周囲からはオフィスにいるときと何の変化も起きていないとジョークを言われた。普段のベーコンはコンピューターの画面が何台も並ぶ島状の空間にできる限り孤立して、オズの魔法使いの登場人物のように隠れて働いていたからだ。

一方、ベンチャーキャピタリストたちの習性は、それとは極端にかけ離れている。彼らのオフィスは近所どうし。彼らは投資先のスタートアップの取締役会に一緒に名を連ね、追加の資金提供で交渉し合う間柄でもある。つまり、地理的にも精神的にも集団を形成している。ベンチャーキャピタリストたちは何よりもまず、ネットワークを利用して仕事をする人々であり、彼らにとってバブルについて話すことは、むしろ損失を招く。熱狂した状態に公然と疑問を投げかける行為は、ほかの投資家たちのパーティを台なしにする。

平時であれば、ベンチャー投資家たちにバブル的な偏りがあっても、株式市場がそれを調整する。スタートアップが上場を目指すとなると、その先には厳しい視線が待ち受けている。市場参加者は起業家の夢に喜んでお金を出すわけではなく、容赦なく会社を非難し、株価の下落に賭ける動きさえ予想される。この展望がベンチャーキャピタリストの行動にも規律を与える。スタートアップの上場前の企業価値を過度に競り上げてしまえば、株式公開というエグジットで儲けが出なくなってしまうからだ。

しかし、1990年代後半に株式市場はこのタガをはめる機能を停止してしまった。新しいタイプのアマチュアのトレーダーたちが大量にインターネット銘柄を買い集めたからだ。彼らを駆り立てたのは、CNBCをはじめとするテレビ局の過大な金融関連の報道であり、同局の場合、90年代後半に視聴者が3倍に増えた。この熱狂に逆らう賭けに出た洗練されたヘッジファンドもあったが、損失拡大に耐え切れなくなり、ポジションを反転させて、結局、相場の上昇に加担した。[17]

テクノロジー株に対する大衆の意欲は底なしで、ウォール街ではべき乗則の思考の広がりが理由として指摘された。モルガン・スタンレーの投資銀行部門の責任者の1人、ジョセフ・ペレラにとっては「アメリカの資本主義に根本的な変化が起きている」と感じるほどの驚く事態だった。「基本的に大衆は『これらの銘柄のすべてを手に入れたい。もし間違って19番目の銘柄を購入し、ヤフーが20番目だったとしても構わない』と主張しているかのようだった」[18]

株式市場がべき乗則の論理を受け入れてしまったことで、前のめりのベンチャーキャピタリストたちを牽制する存在がいなくなった。上場前の資金調達では、企業価値をこれまでにないほど高く評価する事例が相次ぎ、スタートアップ各社は前代未聞の多額の資金を獲得した。

1997年にはオンライン食品スーパーのウェブバンにベンチマークとセコイアが計700万ドルを出資した。ウェブバンは当時、実態のある会社というよりも、コンセプトに近かった。翌98年、今度はソフトバンクがウェブバンに追加で3500万ドルを出資した。これは同社初の配送センターの建設資金となった。さらに99年、配送センターがかろうじて稼働にこぎつけると、投資家たちは3億4800万ドルという驚異的な金額の資金提供に応じた。赤字経営だったウェブバンの企業価値を、このとき投資家側は40億ドル余りと見積もった。要するに、ウェブバンはステロイド剤で実力以上に押し上げられたGOのような存在で、ベンチャーキャピタルは自己中心的な空想にふけっていた。

それでも、株式市場の高揚感は続き、この物語の犯人はベンチャーキャピタルだけとは言えない状況だった。99年秋に実現したウェブバンのIPOは成功を収め、企業価値は110億ドルに跳ね上がった。「出口」にいる公開市場の投資家たちに、このような評価を下す準備ができていたという意味では、ベンチャーキャピタル側の熱狂には少なくとも部分的には合理性があった。

＊

ベンチャー投資ブームの最中に登場したからには、グーグルはいずれにせよ、お金を求めることになる運命にあった。エンジェル投資家たちからの100万ドルは数カ月しか持たなかった。ブリンとペイジは収入を確保することよりも、利用者を増やすことに関心があったからだ。エンジェルたちの中で最もグーグルに関与していたラム・シュリラムは1999年初め、創業者2人に思い切って伝えた。最終的にどのように利益を上げるのか、明確なストーリーが必要だと指摘した。事業計画をまとめるときが到来した。
ところが、「事業計画とは何ですか」がブリンの反応だった。[19]
シュリラムはこれに屈せず、グーグルのオフィスに頻繁に立ち寄るスタンフォード大学の1人の学生に草案作成の仕事を割り当てた。続いて自分のネットワークに依頼したほか、この会社のために率先して働いてくれる実業に詳しい人物を起用した。[20] シュリラムはちょうどミッチ・ケイパーがUUNETを投資家に売り込むための準備を進めたのと同じ役目を果たしていた。

1999年5月、グーグルの2人が正式にベンチャーキャピタリストたちと会うことになった。エンジェル投資家たちから非常に有利な条件で資金を得ていただけに、ブリンとペイジは今回も優位に立とうと決意していた。ベンチャー投資の資金が潤沢にあるということは、彼らにとって、ファンド側の限界を試す好機だった。論理的には、お金が安く、つまり好条件で手に入るはずだった。ことのほか自信に満ちていた2人の創業者は、ベンチャーキャピタリストたちに可能な限り譲歩を迫るつもりでいた。

最初の課題は最も望ましい投資家を選ぶことだった。セコイアは当然、候補に考えられたが、残念ながらヤフーの側についていた。ペイジとブリンはクライナー・パーキンスの中心人物で精力的に活動するジョン・ドーアに会うことを強く望んだ。GOに対する支援の失敗はすっかり過去の出来事となっていた。

ドーアはインターネット関連企業の最も熱烈なプロモーターであり、投資先企業に優秀な人材を巧みに引き込む手腕で彼の右に出る者はいなかった。ネットスケープへの出資後、ドーアはどのような手段を使ってか、大手通信会社の現役の幹部で、生真面目な南部出身者のジム・バークスデールをこの扱いにくいできたての会社に参加させた。あるインサイダーは後に「ジョン・ドーアのオーラにバークは夢中になってしまった」と語った。[21]

ドーアはネットスケープを跳躍台に、ベンチャー企業集団の形成を目指した。ケーブルで高速大容量のインターネット接続サービスを提供するという大胆な計画を担うアットホームや、医薬品をオンラインで販売するドラッグストア・ドット・コムを支援したほか、家庭生活全般のコーディネーションの第一人者であるマーサ・スチュアートをインターネット・ビジネスに導いた。シリコンバレーじゅうの起業家たちがジョン・ドーアと手を組もうと競った。「ジョンとクライナー・パーキンスを投資家に迎えたなら、フェラーリを買えることになったも同然、と考えられている」。このように、あるドーアの支持者はニューヨーカー誌に語った。[22]

ドーアの向かうところ敵なしというイメージを最も強く見せつけたのが、アマゾンへの出資だった。1996年、ドーアはこのベゾスのスタートアップに800万ドルを投じて、13%の株式を取得した。99年春にアマゾンは株式を公開し、時価総額は200億ドルを超えた。しかし、最大の注目点は莫大なリターンではなく、そこに至る経緯と、それがドーアの名声とどのように関係したかである。

94年に設立されたアマゾンでは、ベンチャーキャピタルからの資金調達を始める前に、既に快進撃が始まっていた。出資を希望する投資家からあまりに頻繁に電話がかかってくるため、留守番電話の応答音声を次のように変えようというジョークが社内で飛び交ったほどだった。「お客様は『1』を、VCの方は『2』を押してください」[23]。ニューヨークに拠点を構え、テクノロジー分野で評判の高い投資会社のゼネラル・アトランティックはアマゾンにとりわけ粘り強く迫り、ベゾスに正式なタームシートを提示したほどだった。

ところが、ドーアの場合、アマゾンを追いかけるどころか、彼自身がアマゾンに追いかけられた。彼の評判がそうさせたのである。当初、ドーアはあまりに多忙で、ベルトにつけたポケットベルと携帯電話が絶え間なく鳴っても気づかなかった。クライナー・パーキンスのある投資先のCEOの説得で、アマゾンのマーケティングの責任者と夕食を一緒にして、ようやく用件を理解したという。ドーアはアマゾンの本社があるシアトルに飛び、すぐにジェフ・ベゾスと親密な関係になった。そして、ゼネラル・アトランティックの目と鼻の先にあった案件を奪い取った。しかも、企業価値の評価を引き下げていた。なぜ、低額のほうを受け入れたのかと問われたベゾスは次のように答えている。「インターネットの世界の巨大な部分の重心にクライナーとジョンが位置している。彼らと一緒にいることは、一等地の不動産にいるようなものだ[24]」

ドーアがアマゾンに出資し、ベゾスがグーグルに出資していることを考えれば、ブリンとペイジがクライナー・パーキンスの有名なやり手のパートナーとの会合に漕ぎつけるのは、時間の問題だった。2人もこの展開を当然視していた。ほかの起業家なら、フェラーリの姿を思い浮かべながら、徹夜で説明資料を準備するところだろうが、グーグルの2人は自分たちをギリギリまで追い込むことはしなかった。2人はパワーポイントのスライドを17枚だけ用意してドーアに会いに行った。このうち3枚は漫画で、事業にかかわる実際の数字を記したのはわずか2枚だった。[25]プレゼンテーションで形式的に欠けているものがあっても、それを補って余りある堂々とした態度で臨んだ。シュリラムに促されて、2人はミッション・ステートメントを8語に短くまとめていた。「我々はワン・クリックで世界の情報を提供する」

ドーアは2人の物おじしない姿勢、簡潔で訴求力のある説明を気に入った。ドーアもエンジニア出身で、生来の夢想家だった。グーグルはエンジェル投資家たちの資金によって生まれた時間を活用して、ユーザーの関心をさらに引きつけ、今では1日当たり50万件の検索を処理していた。ドーアはグーグルが検索会社のトップ・グループに食い込むことができたなら、株式時価総額で10億ドルに到達できると個人的に計算していた。

創業者たちの野心の大きさを測ろうとしてドーアは尋ねた。「これがどのくらいの規模になると考えているのですか」

「100億ドルです」とペイジが答えた。

「株式時価総額のことですね」

「いいえ。株式時価総額ではありません。売上高です」ペイジは自信を込めて言い切った。彼はラップトップ・コンピューターを取り出し、グーグルの検索結果がライバルたちに比べて、どれほど迅速に表示され、関連性の高いものなのかを実演して見せた。

ドーアは仰天しつつも喜んだ。100億ドルの売上高があれば、株式時価総額は最低でも1000億ドルに上ることを意味していた。これはドーアがざっと推計したグーグルの潜在価値の100倍にあたり、マイクロソフトと同等規模で、アマゾンよりもかなり大きくなることを示唆していた。このゴールが到達可能なものに聞こえるかどうかはともかく、グーグルの2人の創業者の大胆さはその数字に確かににじんでいた。ドーアが自分よりも大きな夢を抱く起業家に出会うことは、めったになかった。

ドーアを口説いたグーグルの2人は次の攻略相手に向かうことにした。セコイアをあきらめていなかった。2人は最近、「スーパー・エンジェル」のロン・コンウェイに会い、ある提案を持ちかけていた。セコイアと連絡をつけてくれたなら、コンウェイからの出資を受け入れるというものだった。コンウェイは喜んで引き受けた。シリコンバレーの高い基準に照らし合わせても、彼は人脈づくりの達人と言えた。

コンウェイはとりわけダグ・レオンと親しかった。マイケル・モーリッツと共にセコイアを運営するしわがれ声のパートナーである。モーリッツは激しく競争し、友人だけでなく敵も作ったが、レオンは根っから人づき合いの良いイタリア人だった。[26]

ある金曜日の昼食が終わったころにレオンはコンウェイからの電話に出た。グーグルのことを聞いたことはなかったが、すぐにブリンとペイジにダイヤルした。レオンは午後4時には2人の創業者の前に座っていた。検索エンジンのデモンストレーションを見て彼は目を丸くした。グーグルの検索結果は、ヤフーのそれよりもはるかに役立った。[27]

レオンは面会を終えるやいなや、モーリッツに電話して、彼も来るようにと伝えた。モーリッツは午後6時に現れ、グーグルの2人はセコイア向けに2度目のプレゼンテーションを行った。

2人は気づいていなかったが、既に開いている扉を押し続けていた。モーリッツはヤフーの創業者の1人、ジェリー・ヤンから既にグーグルの技術面の長所について聞かされていた。ヤフーはウェブサイトの検索ボックスをグーグルの力を借りて強化しようと検討していた。[28]

このようにしてモーリッツ、ドーアともグーグルへの投資に完全に傾いた。しかし、それぞれの理由は微妙に異なっていた。ベンチャー・ビジネスのような非科学的な世界では、2人の投資家が同じ案件にそろって夢中になったとしても、そのわけは同じとは限らない。

エンジニアを支援するエンジニアであるドーアにとって、グーグルの技術的な優位性が大きな魅力だった。しかし、懐疑的な人々も多く、彼らはグーグルを含めて18社で競う中、検索事業は利益が薄く、差別化の難しいビジネスだと主張した。それでもドーアは、技術の進歩を十分に信じていて、より優れたアルゴリズムを持つ後発企業が抜きん出ることは可能だと考えていた。彼の同僚のビノッド・コースラはこの点を次のように説明した。既にある検索技術が、可能な範囲の中で最良なバージョンの90%の性能を達成しているとするなら、それを95%に引き上げても、顧客を多く勝ち取ることはできない。しかし、限界がもっと先にあり、例えば既存の検索技術は潜在能力の20%しか実現していないとするなら、グーグルがライバルたちより3倍、あるいは4倍も優れていれば、顧客が殺到するほどの差がライバルたちとの間でつくことになる。[29] コースラ自身、1990年代には、前の世代よりも大幅に優位性があるインターネットのルーターを次から次へと見つけて投資し、富を築いた。ここでの教訓は、エンジニアリングの力を生かした製品は、エンジニアではない人々が想像する以上に改善できるということだった。
これに対し、元ジャーナリストのモーリッツにとって、グーグルの位置づけは異なっていた。もちろん、彼もグーグルの検索エンジンが優れていることを分かっていた。しかし、その優位性が社会を変革するほどのものだとは想像していなかった。これは彼が抱くインターネットの将来展望のせいだった。ヤフーでのこれまでの経験、そしてこの１９９９年におけるインターネットの進展状況を踏まえて、モーリッツは今後、有力なブランドこそがインターネットを牛耳ると見ていた。[30]
検索エンジンをはじめとする新しい技術的な特徴は、人気のウェブサイトに、一つひとつ付加していく平凡な要素であり、消費者の心をつかむのは、ウェブサイトそのものだった。既にワシントン・ポスト紙がホームページの検索ボックスにグーグルを利用し、対価を払っていたほか、ペイジとブリンは同じような契約をネットスケープとも間もなく交わすことになっていた。ヤフーとの連携もこのパターンに当てはまった。グーグルには人気ポータル・サイトのヤフーに検索エンジンを提供する、控えめな納入業者としてなら、確固たる未来があるかもしれない、という見立てだった。[31] モーリッツの認識不足は、技術進歩がまったく予測不可能であることの証明でもあった。99年当時、グーグルがヤフーの輝きを失わせる、あるいはアマゾンが電子商取引分野ですべての競争相手を凌駕するという展望は、決して明確には見えていなかった。
クライナー・パーキンスとセコイアを個別に味方につけたペイジとブリンは、今度は自分たちのほうからの対応を検討した。ベンチマーク、アクセルなどの他のＶＣは評価額が低かった。ニューヨークのある銀行はより高く企業価値を見積もっていたが、シュリラムは２人の創業者に、会社を作り上げる方法に習熟している西海岸のＶＣに固執するよう勧めた。[32] この結果、クライナー・パーキンスとセコイアのいずれかを取るかの選択となったが、２人はこれまでと同様に自己流を貫くと決め、両ＶＣと一緒に進むことにした。

ベクトルシャイムはこれに異を唱え、誇り高き両ＶＣが同格での共同出資に同意する「可能性はない」と指摘した。どちらかが主導するのであり、均等に分けることはないという。しかし、ブリンとペイジの考えは揺るがなかった。１９９９年の「ゴー、ゴー」の強気一辺倒の雰囲気の中では、不可能なことが可能になりそうだった。

複数のエンジェル投資家を仲介役にして、２人はクライナー・パーキンスに12・５％の株式を、同じ持ち分をセコイアに渡すと伝えた。そして、拒否した場合、グーグルは一切、出資を受け付けないとした。クライナー・パーキンスもセコイアも、このような扱いをアマゾンやヤフーから受けたことがなかっただけに、強い不満を表明した。しかし、熱に浮かされたような高揚感がベンチャー・ビジネスを取り巻くなか、両ＶＣがこの条件を断っても、ほかの資金提供者がグーグルの求めに応じるだけのことだった。

交渉上の立場の強さを感じたグーグルの２人は、コンウェイを通じてセコイアにこれまでと同じ条件で最後通告し、シュリラムにはクライナー・パーキンスに同様の対応をするよう依頼した。[33]

数日後、コンウェイがスターバックスの駐車場に座っていると、シュリラムから電話がかかってきた。

「闘いは終わった」とシュリラムが話した。「どちらも出資する。対等の条件でだ」

1999年6月7日、3者で契約調印した。ドーアにとって1社に1200万ドルを投じるのは、自分のキャリアで過去最大の賭けだった。「これほど少ないスタートアップの持ち分のために、これほど多くのお金を投じたことはなかった」と顔をしかめた。[34] エンジェル投資家の出現と、このビジネスへの大量の資金流入によって、起業家とVCの間の力関係が変化した。

＊

シュリラムが何を言おうと、グーグルと投資家たちの間の闘いは実際には終わっていなかった。VC側はグーグルが提示した条件のほとんどをのんだが、外部からCEOを招聘すべきだという点を譲るつもりはなかった。現状はほとんど滑稽だった。ペイジは自らをグーグルのCEOで最高財務責任者（CFO）と称していた。ブリンは社長兼会長の肩書を主張していた。役職名の多さは、経営経験の乏しさの表れだった。マイクロソフトに匹敵する会社を作り上げるには、経験豊富なCEOの就任が不可欠だった。

資金調達の際にブリンとペイジは、将来のまだ確定していない時期に新たなCEOを外部から起用することに同意した。[35] しかし数カ月後、2人はドーアに「考えを変えました。我々2人で会社を運営できると本当に考えています」と告げた。[36] 1973年にサッターヒルがキュームを舞台にこの方式を発明して以降、スタートアップのヤフーやイーベイなどが両手を広げて外部のCEOを迎え入れた90年代半ばまで、VCが新しいリーダーを連れてくることは、ほぼ当然だった。

これに対し、グーグルの2人は経営権を保持したまま成功した一握りの創業者たち、例えばマイケル・デル、ビル・ゲイツ、そして自分たちのエンジェル投資家であるジェフ・ベゾスを引き合いに出した。あるドーアの腹心は辛辣な視線を向けていた。「彼らには失敗した事例が見えていなかった。それらが彼らのデータ・セットに入っていなかった」[37]

反旗を翻されたモーリッツとドーアはいい顔をしなかった。グーグルの2人はあまりにかたくなで、「たとえ神の指示があっても、ラリー（ペイジ）とセルゲイ（ブリン）は疑問を持ち続けそうだった」とモーリッツは後に語っている。[38] あるとき議論はとりわけ激しくなった。両VCはグーグルの2人が会社の将来展望に害を及ぼしていると断じ、外部からのCEOを寄せつけないのであれば、両VCはそろって出資を引き揚げると主張した。「私はサーベルを強く鳴らすように威嚇した」とモーリッツは振り返った。[39]

ベンチャーキャピタリストたちのこのような対応は金融環境の変化を反映していたわけではなかったが、折しもこれまで長く続いていたハイテク株ブームが突如、終わりを告げた。2000

年春には「ゴー、ゴー」の熱気は消え、翌年にかけてウェブバンなどバブルに踊っていた企業は経営破綻に陥った。それまでベンチャーキャピタリストたちの仕事は、株式公開の準備や上場で得た収益の計算だった。IPOへの道がほぼ閉ざされた今、代わって投資先企業をたたむことが業務になった。

当然ながら運用成績は急降下した。1996年、または97年に開始したベンチャー投資ファンドの運用成績の中央値は、年間のリターンが40%を超え、上場株式の上昇率を上回った。ところが、99年、または2000年に運用を開始したファンドの成績は上場株式を下回っただけでなく、実際には損失を計上した。[40] 普段は泰然としているダグ・レオンも当時は事態の急展開に追い回されたという。「2000年のある日、目を覚ますと、すべてが変わってしまっていた。私は12社で取締役を務めていた。次から次に問題が噴出し、どこから手をつけたものか、本当に苦労した」。[41]

アクセルのジム・スワーツも同じく強烈な崩壊を記憶していた。「私のキャリアで初めてのことだった。ある取締役会に出席して『皆さん、銀行に数億ドルありますが、この（ビジネス）モデルは新しい世界では通用しません。会社を清算しましょう』と呼びかけた」。[42] 別のVCの幹部も「とても意気消沈していて、新しい案件を売り込むときでも、気分はなかなか晴れなかった」と振り返った。[43]

ドーアはほかの誰よりも激しく打ちのめされた。マーサ・スチュアートとの事業は2000年の最初の1カ月で株式時価総額が60%も減少した。高速大容量のインターネット接続サービス会社であるアットホームは1999年の初めには350億ドルの株式時価総額を誇っていたが、2001年に破産を申請した。アマゾンの株価も暴落し、ウォール街の証券会社リーマン・ブラザーズの著名アナリストは社債保有者に対して、返済が滞る可能性があると警告した。これを懸念したドーアはリーマンのトップ、ディック・ファルドに電話をかけて、アナリストの挙げた数字は間違っていると抗議し、次のアマゾンへの攻撃的なリポートを何とか遅らせ、内容を弱めさせた。「ディックは電話に感謝していた」とドーアは後に語った。[44]

このような形勢のなか、ドーアはグーグルのブリンとペイジへのいら立ちを斬新なやり方で表現した。2000年夏、ドーアは2人の虚栄心をくすぐる提案をした。ドーアとモーリッツは、2人が尊敬する誉れの高い創業者たちと引き合わせる。その上で、2人に外部から経験豊富な経営者を招くことの是非を判断してもらうというものだった。ブリンとペイジは、外部人材起用の必要性をVCが主張しても、聞き入れないが、同じ起業家たちの意見には耳を傾けるかもしれないと、ドーアは期待した。力関係が創業者たちの優位に傾いていることを認識した彼は、軽く押すエンジェル投資家のやり方をまねていた。

「あなたたちが（新しい経営者を）探すべきだと考えてくれたら、我々はそうする」。ドーアはブリンとペイジに、ほかの創業者たちとの対話が終わってからの展開について告げた。

「それを望まない場合には、私なりの決断を下す」とつけ加えた。[45]

次の数週間、ブリンとペイジはシリコンバレーの賢人たちに続けざまに助言を求めた。アップルのスティーブ・ジョブズ、インテルのアンディ・グローブ、サン・マイクロシステムズのCEOのスコット・マクネリ、そしてもちろんアマゾンのジェフ・ベゾスだった。[46] ドーアはそれぞれの面会のあとで目立たないように、先輩の有力創業者たちにグーグルの2人に対する印象と、彼らが助けを借りず自分たちで経営しようと決意していることへの感想を尋ねた。ドーアによれば、ベゾスは「世の中には、ゴムボートを漕いで大西洋を渡ろうとする人々がいるものだ」と答えた。「本人たちはそれで構わない。問題は見ている側がそれを我慢したいと思っているかどうかだ」[47]

この夏の終わりにブリンとペイジはドーアのもとに戻ってきた。「驚くでしょうが」と2人は告げた。「あなたに同意します」[48]。グーグルの2人は外部からのCEOを招きたいと考え、既に候補を特定していた。彼らの要求基準を満たしたのは1人だけだった。

「我々はスティーブ・ジョブズが好きです」とブリンとペイジは報告した。[49]

ジョブズが招きに応じることはない。このため、ドーアは大急ぎで次の候補選びを進めた。彼は自分のことを「美化された採用担当者」と呼ぶことがあった。「我々は事業計画に投資するが、見ているのは（企業価値を測る物差しの一つである）ディスカウント・キャッシュフローではない。人だ」と強調した。これはベンチャーキャピタルに求められる技量の本質がアーサー・ロックとトミー・デービスの時代から変わっていないことを示していた。[50] ドーアは人脈をたどって、コンピューター科学に造詣のある1人の経営人材を見つけたものの、この第一候補はあまたの企業が存在する検索エンジンの業界に将来性を認めなかった。そこでドーアは2000年10月、コンピューター科学者から経営者に転身した別の人物に絞り込んだ。ソフトウエア会社のノベルを経営するエリック・シュミットだった。[51]

ドーアはシスコのCEOの自宅で開催された政治資金集めのイベントでシュミットの姿を見つけ、話し合うことにした。ドーアとシュミットの関係は、どちらにもサン・マイクロシステムズとのかかわりがあった1980年代から友好的だった。シュミットはサンで昇進し、騒がしいエンジニアたちと調子を合わせるのが上手だった。ある年、彼のチームは1台のフォルクスワーゲンのビートルを分解し、彼の執務室の中で、完全に機能する車として組み立て直した。若きシュミットがこのいたずらに驚きつつ、誰よりも楽しんでいる様子がビデオに収められていた。[52]

ドーアはシュミットがノベルの身売りを関係者に打診中で、間もなく新しい仕事に就く準備ができることを知っていた。[53] ドーアは最も切迫した口調で、シュミットに次はグーグルに向かうべきだと説いた。

「グーグルにそれほどの価値があるようには思えない」とシュミットは興味なさそうに答えた。「誰も検索のことを気にとめていない」とも指摘した。

「ラリーとペイジに会ってみるべきだと思う」とドーアは主張した。グーグルという会社は「客観的な評価が難しい小さな宝石」だとした。[54]

ドーアを強く信頼するシュミットには、彼の懇願を拒むことはできなかった。「ジョンは私のことをよく知っていた。私が何を気にしているかを分かっていた。私が信頼する人物に何かをするよう頼まれたら、それに応じることまでも」と後に語っている。[55]

シュミットはグーグルを訪問した。偶然にもかつてサンが入居していた建物だった。中に入ると、いくつかのラバランプ（照明）がシュミットの目に留まった。1980年代からそこにあったように思えた。壁には彼の履歴書が張ってあった。「本当に奇妙だ」と自分に言い聞かせた。

ブリンとペイジはシュミットに対し、ノベルでの実績について手厳しい質問を浴びせかけた。グーグルの2人によれば、ノベルがプロクシ・キャッシュと呼ばれる手法を利用してインターネットの応答スピードを速めようとしている取り組みは間違いだった。シュミットはその後の1時間半は、最後まで刺激的な議論が続いたと振り返った。彼は根っからの知識人であり、エンジニアの中のエンジニアであり、商業的な成功ばかり考える単なるビジネスマンではなかった。[56] しかし、シュミットがどれほどこのスパーリングを楽しんでいたとしても、警告のサインも明確に出ていた。次期CEOはこの若い連中を管理することに向いていなければならなかった。この会社では収入の確保が後回しになっており、なおさらそのような資質が求められた。[57] また、ブリンとペイジは会社の持ち分の4分の1しかベンチャーキャピタリストたちに売却しておらず、究極の経営権を握ったままだった。2人が新しいCEOを雇い、後悔したときには、その人物を解雇するだけの力を持っているということだった。

一方、シュミットはグーグルへの参加の可能性に興奮すると同時に、気まぐれな20歳代の2人に自分の未来を託すことには不安を感じた。最終的には、信頼に足るシリコンバレーのネットワークの守護者たちがシュミットの背中を押す番だった。「もしラリーとセルゲイが私を追い出したなら、ベンチャーキャピタリストたちが面倒を見てくれるだろうと確信していた」とシュミットは語っている。[58] それは、シュミットがグーグルとうまくいかなかった場合、ドーアとモーリッツが彼を同じくらい良い仕事に就かせるだろうということだった。シュミットは、ベンチャーキャピタリストたちが自分の下にセーフティネットを広げてくれているのを感じて、跳躍した。ようやくグーグルはグローバル企業になるために不可欠だった経験豊富な案内役を得た。

＊

2001年にシュミットを迎え入れたグーグルの2人は、これによりベンチャーキャピタル業界に対して3カ条の教訓のうち2番目を示した。最初の教訓とは、いくらの出資でどれだけの株式を取得できるかという相場観が変わってしまったことである。ドーアが述べたように、グーグルの事例はクライナー・パーキンスがこれまでにスタートアップに投じた最高額だったが、反対にそれで得た会社の持ち分（出資比率）は最もささやかな水準にとどまった。

そして、今回の2番目の教訓はキューム方式への反逆が起きたことだった。グーグルは、ことさら長い時間をかけて、ようやくシュミットの起用を決定し、その後も彼を同社の三頭政治の構成員の1人という位置づけにとどめた。

3番目の教訓は2004年にグーグルが上場の準備を進めた際に浮上した。ブリンとペイジはシリコンバレーの伝統に逆らい、ドーアとモーリッツの抗議も無視して、上場時に一部の株式を手放したあとも、権力を維持することにこだわった。同族経営のメディア企業による先例を参考に、2人はグーグルが2種類の株式を発行すると決めた。一つ目は、創業者2人と初期の投資家たちだけが保有する株式で、経営上の主要な意思決定事項に対して1株当たり10個の議決権が付与された。二つ目は株式市場を通じて取得できる普通の株式で1株当たり1個の議決権があった。全体では、外部株主が持つ後者の株式の議決権比率は全体の5分の1（20％）にとどまり、インサイダーたちで、とりわけブリンとペイジだけで会社の意思決定を支配できる仕組みだった。[59]

グーグルの2人がこの株式構造を提案したとき、ドーアとモーリッツは二つの理由で反対した。第一に、外部投資家が二級市民扱いに嫌気を示す可能性があった。株式の購入を敬遠する動きが出てくれば、株価は下がり、VCのエグジットでの儲けも少なくなる。第二に、創業者たちが会社を支配する権利を大事にして、それを恒久化することは浅慮に見えた。ブリンとペイジは若く、これから考えが変わることもあれば、会社が変化することも予想される。グーグルの成長に伴って、管理が難しくなるかもしれない。創業者の2人がカリブ海の島々で自分たちの富を享受すると決めたなら、どうなるだろうか。[60]

これに対し、グーグルの2人もそれぞれに対する反論の根拠を示した。第一に、グーグルが公にしている会社のミッションを強調する意味があった。ワシントン・ポスト紙やニューヨーク・

タイムズ紙などの新聞社では、記者は利益に飢えた一般の株主から防御されている場合にのみ、出来事を正直に報道できると考えられていた。そして、見識のある新聞社のオーナー一族が市民としての義務を果たす確かな心構えを持ち、記者たちと一緒になって、誰かを恐れることも、ひいきにすることもなく、公平な姿勢で真実を追い求めることが望まれた。これに対し、一般の株主にとって、投資先の新聞社の質の高い報道と自分自身の評判は直接関係がない。このため、強力な政府や広告主を遠ざけてしまうような報道には、むしろひるむ可能性があった。

ブリンとペイジはグーグルを同じような視点で見ていた。IPOの目論見書ではこの会社の「世界に対する責任」を訴えていた。無料で、豊富な、偏りのない情報を提供するという責任である。その後、10年余りが経過すると、テクノロジー系の巨大企業は非難される側に回ることになる。利用者の情報をため込み、本物のニュースと偽のニュースの区別を曖昧にしている点を糾弾され、創業者に権限を与えることと、共通善（社会全体にとっての価値）の実現の間には、どのような関連性があるのかと疑われる事態を迎える。しかし、この2004年時点では、グーグルの2人は、若き自分たちが一般の株主よりも公共の利益をより良く守ることができると主張していた。

第二の反論は、この株式構造が長期的な利益に資するというものだった。株主重視の資本主義を批判するおなじみの言説に共鳴するように、グーグルの2人は株式市場の投資家はあまりに短期志向であり、今日の利益を犠牲にして、明日の事業拡張のために投資する経営者を支援できていないと主張した。ここでは暗黙のうちに、株式市場の投資家は自分自身のために、むしろ権利を剝奪されるべきであり、影響力が最小限に抑えられることが、最も投資家自身の利益にかなうと強調しているようなものだった。

もちろん、この論理を政治的な民主主義にあてはめたなら、大衆は己のために投票権を否定されるべきだとなって、嘲笑されることだろう。株式市場の投資家が自らの長期的な利益を理解できないというのは、自明ではない。それどころか、アマゾン、ネットフリックス、テスラなど多額の先行投資を必要とする企業の株価が頻繁に上昇しているのは、株式市場の投資家がまさに未来を重視しているからにほかならない。[61] それでもグーグルの2人は株式市場の短期主義という偏向した議論を嬉々として取り上げた。2人はIPOの目論見書でこれから株主になろうとする人々に向けて挑発的なメッセージを発した。「短期的な収益を求める圧力のせいで、我々がハイリスク・ハイリターン型のプロジェクトの遂行をためらうことはない」[62]

2004年8月19日、グーグルは正式に上場した。多くの関心を集めたのは、どのような方式で株式を購入希望者に割り当てるかだった。既存の金融機関に対するもう一つの反逆として、グーグルの2人は投資銀行に従来型の手数料を支払って株式を分与することを拒み、入札を通じて株式を売却した。もっとも、この実験的な入札のメカニズムはシリコンバレーの後のIPOのモデルとはならず、議決権に10対1の差をつけた2種類の株式の発行のほうはフェイスブックなどが追随した。[63] グーグルは上場後に並外れた成長を遂げ、株価が3年間で5倍に跳ね上がったことで、種類株発行へのＶＣの抵抗は結果的に見当違いと言えた。いわゆる二流の株式（セカンド・クラス・ストック）を喜んで買う投資家も明らかにいたのである。そして、創業者たちがあまりに権力を享受しすぎているとの見方も、彼らが会社を成功に導いたことで、誤りとされた。

その時代で最も有名なシリコンバレーのスターとなったグーグルは、スタートアップの資金調達方法に実に大きな影響を及ぼした。起業家は初期の資本の調達先として、続々とエンジェル投資家に目を向けた。彼らはあとから来るシリーズＡの投資家に法外なお金を支払うよう強要した。キュームのモデルを排除し、自分たちのやり方で会社を運営することを好んだ。さらに、株主による民主主義を骨抜きにした。要するに、起業家はあらゆる方策を駆使して、より多くの富と、そして重要なことに、より多くの権力を手中にすることを確実にしたのである。ベンチャーキャピタルは新たな課題に直面した。

＊

21世紀の最初の数年間、グーグルがどれほど大きな存在になるのかまだ明確には認識されていなかった。当時、ベンチャー投資に携わる人々の間では、壊滅的な運用成績ばかりに目が向いていた。２００３年時点でセコイアのファンドはおよそ50％もの価値を棄損し、テコ入れに苦闘していた。パートナーたちは手数料をファンドに戻し入れてでも、面目にかけてリターンを確保しなければならないと感じていた。かろうじて1・3倍を確保した。[64] クライナー・パーキンスのファンドの成績はもっと悪く、収益がプラスに浮上することはなかった。短期間ながら世界一の富豪となった孫正義は、財産の90％以上を失った。多くのベンチャー投資のパートナーシップでは、それまでのブーム期に積み上がった資金の運用先が見つからなくなった。中には手つかずの資金を外部のパートナーに返還したり、新規の資金の受け入れを中止したりする事例もあった。少数のパートナーシップは資金調達を試みたが、もともとの支援者たちに拒絶された。[65] ＶＣへの新規の資金流入額（ファンドへの拠出予定額としての集計）は、ピークの２０００年には１０４０億ドルに達したが、02年にはおよそ90億ドルに急減した。[66]

起業家精神を刺激してきた豊富なベンチャー投資資金の流れが細り、心理的な萎縮が広がっているように見えた。これといった条件もなしに提供されていた類いの資金は消え、リスクの大きな新規プロジェクトの凍結が目立った。スタートアップよりも、シャットダウンが一般的になった。一攫千金が期待できないなか、若い会社で寝る間を惜しんで働くような気概のある人々はほとんどいなくなった。シリコンバレーでは２００１年から04年初めまでの間に20万人が職を失った。ハイウェーから見える広告用の看板には、何も掲示されなくなり、物理学の博士号取得者たちはレストランで給仕役として働いた。ある起業家は、シリコンバレーにとどまるということは、「ゴキブリだけが生き残れるのであり、自分はその１匹だ」と理解することだと自虐的に表現した。[67]

２００４年のグーグルの株式公開は、この暗黒期の終わりを告げた。ドット・コムのバブルの破裂という環境下でも、ソフトウエア会社が繁栄できることを証明した。また、01年の同時テロ攻撃による衝撃と、それに伴う不況でこの国全体が動揺するなかでも、デジタルの進歩はまばゆいばかりの速度で続くことが可能だと示した。グーグルの株式市場への登場と同じ時期に、セールスフォースという別のソフトウエア会社が株式を公開した。05年にはインターネット電話のスタートアップであるスカイプがイーベイに31億ドルで買収され、スカイプを支援していたベンチャー投資家たちが潤った。やがてアニマル・スピリットが息を吹き返し、ブリンとペイジが突きつける挑戦があちこちに反響し、広がりを見せるなかで、ベンチャー投資の業界は覚醒させられた。若き起業家たちはもはや経験豊富なベンチャーキャピタリストたちの意見に従わなかった。実際には、しばしば彼らを鼻であしらった。

　雰囲気の変化をはっきりと形にして見せたのは、ポール・グレアムだった。ハッカーを自称し、スタートアップの若き創業者たちに影響を及ぼした中心的な人物である。1995年にハーバード大学の大学院生仲間と一緒にヴィアウェブという名前のソフトウエア会社を興し、98年にはヤフーに4500万ドル相当の株式交換方式で売却した。

　ハッカーの素晴らしい成功物語を体現したグレアムはその後、執筆活動にも精を出した。プログラミング言語のLisp《リスプ》の長所から、中高校での人気者と嫌われ者の違いや、新しい事業に取り組むにあたっての課題まであらゆることについて詳しく書いた。プログラマーを称賛し、ビジネスマンを軽んじる彼のエッセイは、最初はブログに掲載され、2004年には書籍になった。

グレアムがマサチューセッツ州ケンブリッジから人々に呼びかけたという事実も彼の教えの重要性を際立たせた。グーグルの創業者たちが見せた反骨精神は全米規模の現象の一部でもあった。

グレアムの若きハッカーたちへの助言の第一は、ベンチャーキャピタリストたちへの用心を怠るなということだった。「出費はできるだけ切り詰めなさい。投資家から集めたお金はいとも簡単に消えてなくなるから」と読者に訴えた。グレアム自身が興した会社では、エンジェル投資家の1人のいかつい金属トレーダーは、「朝食に岩を食べるような男」でグレアムの振る舞いを厳しく監督した。別の投資家は、グレアムのスタートアップがある問題にぶつかると、彼の持ち分を差し押さえようとした。

これらの経験を踏まえ、グレアムはお金持ちといかに対峙すべきかを考え出した。そもそも「彼らの出資を認めることで、彼らに便宜を図っている」と理解すべきだと彼は告げた。ブリンとペイジという先例のおかげで、お金持ちはいつも「この連中（自分が投資しようとしている対象企業）は次のグーグルになるだろうか」と発想するようになった。[68] 起業家は低姿勢でいる必要はなかった。

グレアムはベテランの経営者を招聘することの是非についても、グーグルの2人の意見に共鳴した。「成熟し、経験豊富で、ビジネスの経歴もある人々は、おそらく過大評価されている」とにべもなかった。「我々はこのような人々を『ニュースキャスター』と呼んでいた」と続けた。「彼らはきちんと髪を整え、深く自信に満ちた声で語り、一般的にはテレプロンプターの文章を読んでいる以上のことをほとんど知らなかった」。グレアムはスタートアップを経営していた時期に、岩を食べる投資家から経験豊富なCEOを招聘するよう圧力を受けたが、抵抗した。代わりに起用したのは、ハッカーたちが会社を支配することを喜んで受け入れる謙虚な経営人材だった。「私はビジネスが大きな謎ではないことを発見した」とグレアムは記した。「利用者が大好きになるものを作る。そして支出を収入より抑える。これらを実行することは本当に困難だろうか」

おそらくグレアムが指摘した最も重要な点は、ソフトウエア・ビジネスがベンチャー投資を変えつつあることだった。ヤフー、イーベイ、そしてグレアム自身のヴィアウェブと同様に、グーグルもその変化を示唆する存在だった。インターネット時代に、最も人気のある企業がしていることと言えば、プログラム（コード）の作成くらいだ。商品生産の仕組みを構築するための巨額の資本を必要としなくなった。また、オープンソース化の動きに伴って、多数のソフトウエアが無償で手に入るようになり、さらにインターネット自体がソフトウエアの新製品のマーケティングや配送のコストを削減した。[69]

これらすべての理由から、新世代のスタートアップは比較的少ない資金でまかなえるようになったが、ベンチャーキャピタリストたちはこのような事態の進展に歩調を合わせていなかった。[70] 1990年代後半のバブルのせいで、彼らは大規模なファンドの運用と、その分、多くの手数料を得ることに慣れきっていた。その結果、スタートアップ各社に充分な額以上の資金を無理やり注入していた。さながら、フォアグラを作るために、ガチョウに餌を詰め込むような行動だった。

グレアムの見立てでは、VCによる強制給餌は少なくとも三つの問題を引き起こした。第一に巨額の投資は、スタートアップの評価額が膨らむことを意味し、その分、エグジットの際に大きな儲けが出る可能性を狭めてしまった。仮に、多くの創業者が自社を1500万ドルで売却することに喜んで応じるとしよう。ところが、VCは既に評価額を7000万ドルないし8000万ドルに引き上げてしまっており、2倍程度のリターンでは満足できないだろう。第二に巨額の投資は、VCがそれを「決心するまでに苦痛なほど長い時間」をかけたことを意味し、その間の彼らの躊躇は、創業者たちの注意をプログラムを書き、製品を作り出すという最重要な使命からそらした可能性があった。第三に巨額の投資は、神経質なVCがスタートアップの持つ、素晴らしかったり、奇妙だったりする特徴を拙速に切り捨てかねないことを意味した。VCはユーモアのないMBAを個性的なプログラマーたちの監督役に就けた。ボルシェビキが赤軍を統制するために政治将校（コミッサール）を各部隊に押し込んだのに似ていたという。

これらの批判をひとまとめにして、グレアムは「VCが最悪なわけを説明する統一理論」なるものを提唱した。「VCがどのように行動しているのか、その痕跡をすべて足し合わせ、結果的に見えてきた性格は、魅力的とは言えない」と彼は結論づけた。「実際、（VCは）典型的な悪党であり、臆病で、貪欲で、卑劣で、しかも横柄だ」[71]という。それでも、グレアムは悪党がいやおうなく謙虚になりつつあったと指摘した。「スタートアップに資金がより必要でなくなれば、投資家の力もより小さくなる。（中略）VCが足をばたつかせ、金切り声を上げても、退場させなければならない。駄々をこねても、つまみ出してしまうことが多くの場合、彼らにとって現実には良いことだろう[72]」

グレアムの予測には彼が想像していた以上に先見の明があった。ソフトウエア会社の創業者たちの間から沸き上がった若者たちの反乱という新たな試練――グーグルの2人が先鞭をつけ、グレアムよってその姿が明確になった――をベンチャー投資家たちは突きつけられることになる。その過程でグレアム自身が中心的な役割を果たすことになる。

（下巻へ続く）

ング・パートナーだったジム・ブライヤーの証言。Jim Breyer, interview by the author, Feb. 9, 2019.

67. この起業家は第9章で取り上げるショーン・パーカー。以下を参照。Adam Fisher, *Valley of Genius: The Uncensored History of Silicon Valley* (New York: Hachette, 2018), 318.

68. これらの引用は以下から。Paul Graham, "How to Start a Startup," paulgraham.com (blog), March 2005, paulgraham.com/start.html.

69. Paul Graham, "The Venture Capital Squeeze," paulgraham.com (blog), Nov. 2005, paulgraham.com/vcsqueeze.html.

70. グレアムは次のように詳しく説明している。「フェアチャイルドは事業を始めるにあたり、巨額の資金を必要とした。実際に工場を建てなければならなかった。では、ウェブを基盤とするスタートアップは、最初に集めた資金を今日、何に使うだろうか。資金が増えたところで、ソフトウエアが早く書けるようになるわけではない。設備のための資金は不要だ。今ではかなり安く手に入るからだ。お金で本当に買えるのは、セールスとマーケティングだけだ。営業部隊の価値は認める。しかし、マーケティングはますます重要ではなくなっている。インターネットでは、本当に良いものは口コミで広がっていく」。Paul Graham, "Hiring Is Obsolete," paulgraham.com (blog), May 2005, paulgraham.com/hiring.html.

71. Paul Graham, "A Unified Theory of VC Suckage," paulgraham.com (blog), March 2005, paulgraham.com/venturecapital.html.

72. Paul Graham, "Hiring Is Obsolete."

＊記載のURLは原則として原著刊行時点のもの

watch?v=cs9FjfSv6Ss.

53. Auletta, *Googled*, 67; Heilemann, "Journey to the (Revolutionary, Evil-Hating, Cash-Crazy, and Possibly Self-Destructive) Center of Google."

54. Auletta, *Googled*, 67. この部分の再現はシュミットへのインタビューにも基づいている。Schmidt, interview by the author, May 8, 2019.

55. Schmidt, author interview.

56. モーリッツは、シュミットの経営者としての経験と、高度な技術領域での経験を併せ持つ点が決定的な要因だったと振り返り、シュミットの起用はドーアの功績だと指摘した。Moritz, email to the author, Oct. 29, 2020. モーリッツは別の機会には、「エリックはプロフェッショナルらしい振る舞いを見せた。それが本当に役立った」と回顧した。Moritz, author interviews.

57. 2001年ごろ、エンジェル投資家のデイビッド・チェリトンは、自分がグーグルへの投資で受け取ったものは、「世界で最も高額なTシャツ」がすべてだと冗談交じりに語っていた。Levy, *In the Plex*, 79.

58. Schmidt, author interview.

59. ほかの情報源はさておき、グーグルの開示資料（S-1）では、経営の上層部およびIPO前からの投資家が上場後の同社の議決権の82.1%を握り、ブリンとペイジの持ち分は共に15.8%ずつとされていた。以下を参照。Google's Form S-1 Registration Statement, Aug. 18, 2004, 103.

60. モーリッツは、この株式構造はグーグルが体現する理想と矛盾すると感じていた。その理想とは、情報は広く拡散されるべきであり、その結果、様々な決定が固定化されたボスからではなく、開かれた議論から生まれるという考え方である。Moritz, author interviews.

61. 株式市場の投資家は会社の将来の利益を過小評価していると主張する人々は、株式の過大評価は起きないと言い張っているに等しい。株式市場バブルの歴史を考えると、この主張には説得力がない。

62. Google IPO Prospectus, Aug. 18, 2004, www.sec.gov/Archives/edgar/data/1288776/000119312504143377/d424b4.htm. 繰り返しになるが、ネットフリックス、アマゾン、セールスフォース、テスラなどの上場しているテック企業が同様の考えを表明し、株価が高騰した。しかし、逆に株式を公開していない企業には、先見の明がある経営が可能になると信じるに足る証拠もほとんどない。非上場の優位性は別のところにある。例えば、規制がらみのコストがより小さいこと、（取締役会がきちんと目を光らせている場合には）経営陣がより明確に監督されていること、そしてレーダーに探知されないままイノベーションを実現して、競合相手を驚かせるという点でより強力な能力を持つことである。

63. 1999年から2019年までの間に、入札で進められたIPOは年平均で2件にとどまった。データは以下を参照。Jay Ritter of the University of Florida, table 13, site.warrington.ufl.edu/ritter/files/IPOs2019Statistics.pdf. グーグルはダッチ・オークション（「競り下げ」方式の入札）を実施したものの、テクノロジー系のスタートアップには伝統的なIPOを選ぶ傾向が強かった。フェイスブック、リンクトイン、ツイッターなどがその実例である。後にほかの種類のIPOが試みられた。スポティファイとスラックは入札ではなく、ダイレクト・リスティング（既存株主が上場日に市場で直接株式を売却する形での株式公開）を選択した。ベンチマークのパートナーであるビル・ガーリーは、2019年10月に開かれたIPO改革をテーマにした会議を後援し、改革の提唱者として頭角を現した。ガーリーの主張・活動については以下を参照。Shawn Tully, "Why Famed VC Bill Gurley Thinks IPOs Are Such a Rip-Off," *Fortune*, June 16, 2020, fortune.com/2020/06/16/vc-bill-gurley-ipo-rip-off-venture-capital.

64. このファンドはグーグルで大当たりした後にセコイアが組成したもの。

65. リミテッド・パートナーに返金したVCにはアクセル、クライナー・パーキンス、そしてベンチマークのヨーロッパでの事業が含まれていた。2002年上半期には、総計でおよそ40億ドルがリミテッド・パートナーの手に戻った。Lisa Bransten, "A Slowing Environment, High Fees Prompt Return of Uninvested Capital," *Wall Street Journal*, July 1, 2002, wsj.com/articles/SB1025209176769923200.

66. データは全米ベンチャーキャピタル協会から。2004年になっても、アクセルのような有力VCでさえ、問題を抱えていた。プリンストン大学とハーバード大学の基金はファンドへの資金拠出を打ち切った。イェール大学とMITの基金は両大学の代わりに出資することを断った。当時、アクセルのマネージ

日本経済新聞出版、2018年]。以下も参照。Auletta, *Googled*, 57–58.

26. セコイアのパートナーの1人が次のようにコメントした。「ダグは我々が（ベンチャー投資の）生態系に存在できるように関係を築いてくれた」

27. この面会にレオンと一緒に参加したサミア・ガンディーは、終了後に車中でグーグルについて話し合ったという。「我々はどちらも『そこに何があるのか判然としないが、何か重要なものがある。内側に進んで手に入れなければならない』と感じた」。ガンディーはモーリッツとの議論も思い出してくれた。モーリッツはグーグルの「金色に輝く、優れた」検索エンジンと形容したという。Gandhi, interview by the author, May 17, 2019.

28. Moritz, author interviews.

29. Khosla, interview by the author, July 31, 2018.

30. 有力なブランドがインターネットを牛耳るという認識は、コンテンツとサービスをそろえたインターネットへの入り口的な存在だったアメリカ・オンラインの株価が当時、高騰していたことに象徴的に表れていた。Moritz, author interviews.

31. 後にモーリッツは、自分がグーグルに投資した理由の少なくとも一部は、「ヤフーの面倒を確実に見てもらう」ことにあったと述べている。Vise and Malseed, *Google Story*, 65.

32. Shriram, author interview.

33. Vise and Malseed, *Google Story*, 67.

34. Om Malik, "How Google Is That?," *Forbes*, Oct. 4, 1999, forbes.com/1999/10/04/feat.html.

35. モーリッツの回顧によれば、「我々が投資した際の理解では、特にCEOはいずれ採用されることになっていた」。Moritz, author interviews.

36. Steven Levy, *In the Plex: How Google Thinks, Works, and Shapes Our Lives* (New York: Simon & Schuster, 2011), 79–80. [邦訳：スティーブン・レヴィ『グーグル：ネット覇者の真実 追われる立場から追う立場へ』仲達志、池村千秋訳、CCCメディアハウス、2011年]

37. この側近はデイブ・ウォートン。以下を参照。John Heilemann, "Journey to the (Revolutionary, Evil-Hating, Cash-Crazy, and Possibly Self-Destructive) Center of Google," *GQ*, Feb. 14, 2005.

38. Vise and Malseed, *Google Story*, 106.

39. Heilemann, "Journey to the (Revolutionary, Evil-Hating, Cash-Crazy, and Possibly Self-Destructive) Center of Google."

40. このベンチャー投資の運用成績についてのまとめは、情報サービス会社のバージスが提供してくれたデータに基づいている。また、シカゴ大学のスティーブン・N・カプランに追加の計算をしてもらった。

41. Leone, author interview.

42. Jim Swartz, "Oral History of Jim Swartz," interview by John Hollar, Computer History Museum, Oct. 11, 2013, archive.computerhistory.org/resources/access/text/2015/05/102746860-05-01-acc.pdf.

43. Alex Rosen, interview by the author, May 29, 2018.

44. Doerr, interview by the author, March 12, 2021.

45. Levy, *In the Plex*, 80.

46. Heilemann, "Journey to the (Revolutionary, Evil-Hating, Cash-Crazy, and Possibly Self-Destructive) Center of Google."

47. Heilemann, "Journey to the (Revolutionary, Evil-Hating, Cash-Crazy, and Possibly Self-Destructive) Center of Google."

48. Levy, *In the Plex*, 80.

49. Auletta, *Googled*, 64.

50. Doerr, interview with the author, March 5, 2021.

51. Auletta, *Googled*, 67.

52. "Schmidt April Fool Cars 1986 & 2008," May 16, 2008, YouTube, https://www.youtube.com/

ed. (New York: Portfolio/Penguin, 2011), 48.［原著の2009年版の邦訳：リチャード・L・ブラント『グーグルが描く未来：二人の天才経営者は何を目指しているのか？』土方奈美訳、武田ランダムハウスジャパン、2010年］

5. David Vise and Mark Malseed, *The Google Story: Inside the Hottest Business, Media, and Technology Success of Our Time*, 2nd ed. (New York: Bantam Dell, 2008), 48.［原著の2005年版の邦訳：デビッド・ヴァイス、マーク・マルシード『Google誕生：ガレージで生まれたサーチ・モンスター』田村理香訳、イースト・プレス、2006年］

6. Vise and Malseed, *Google Story*, 48.

7. Jacob Jolis, "Frugal After Google," *Stanford Daily*, April 16, 2010.

8. Bechtolsheim, author interview. エンジェル投資家が対象企業の株式をどれほど購入するつもりなのかを言わずに投資する習慣は2013年になって革新的な定式化を果たした。SAFEノート（将来の株式に向けた簡略版の同意書という意味の英語表現を短くしたもの）がそれである。エンジェル投資家は当該のスタートアップへの出資金を持ち分比率にして何%として扱うかといった細かな取り決めを先送りし、より公式的な資金調達の段階で確定させるために用いる。

9. ほかの初期のエンジェル投資家には、ロス・ペローなどが含まれる。以下を参照。Udayan Gupta, "Venture Capital Dims for Start-Ups, but Not to Worry," *Wall Street Journal*, Jan. 4, 1990, B2.

10. コンウェイは1999年に2本目の、より大きなエンジェル・ファンドを組成した。総額は1億5000万ドルだった。

11. エンジェル投資家がベンチャーキャピタリストよりも多くの資金をスタートアップに提供したとの推計もある。以下を参照。Andrew Wong, "Angel Finance: The Other Venture Capital," Graduate School of Business at the University of Chicago, Aug. 2001, ssrn.com/abstract=941228.

12. Ken Auletta, *Googled: The End of the World as We Know It*, 2nd ed. (New York: Penguin Books, 2010), 44.［原著の2009年版の邦訳：ケン・オーレッタ『グーグル秘録』土方奈美訳、文藝春秋、2010年］

13. Shriram, interview with the author, Dec. 2, 2020.

14. ラム・シュリラムは、グーグルの企業価値が1000万ドルと評価され、タームシートには「管理メカニズム」への言及がなかったと振り返る。Shriram, author interview. アーリー・ステージでの投資資金には流動性が低いというリスクがあるため、ベンチャーキャピタリストはリスク軽減策を講じる。これに対して、エンジェル投資家は通常、安全装置を手に入れようとはせず、管理メカニズムを設けないのが典型例だった。以下を参照。Wong, "Angel Finance," 2–3.

15. National Venture Capital Association Yearbook 2010, 20, fig. 2.02.

16. National Venture Capital Association Yearbook 2010, 9, fig. 1.0.

17. ハイテク株の値下がりに賭けたのは、スタンレー・ドラッケンミラーとジュリアン・ロバートソンという異彩を放つ2人のヘッジファンドのトレーダーだった。ドラッケンミラーは1999年に立場を変え、ハイテク投資の時流に乗った。

18. John Cassidy, *Dot.Con: The Greatest Story Ever Sold* (New York: HarperCollins, 2002), 213.

19. Auletta, *Googled*, 48.

20. グーグルの事業計画を書いた学生はサラー・カマンガー。事業開発に協力した実業家はオミッド・コーデスタニ。Shriram, author interview.

21. このインサイダーとはネットスケープの共同創業者のジム・クラーク。John Heilemann, "The Networker," *New Yorker*, Aug. 11, 1997.

22. Heilemann, "Networker."

23. Heilemann, "Networker."

24. Heilemann, "Networker."

25. ドーアとグーグルの2人の面会でのやり取りは主に以下のドーアの著書から再現した。*Measure What Matters* (New York: Portfolio/Penguin, 2017), 4–5.［邦訳：ジョン・ドーア『Measure What Matters（メジャー・ホワット・マターズ）伝説のベンチャー投資家がGoogleに教えた成功手法OKR』土方奈美訳、

53. Stross, *eBoys*, 24.
54. Stross, *eBoys*, 27.
55. Alex Rosen, interview by the author, May 29, 2018.
56. Rachleff, author interview.
57. Stross, *eBoys*, 28.
58. Rachleff, author interview.
59. Laura Holson, "Defining the On-Line; Ebay's Meg Whitman Explores Management, Web Style," *New York Times*, May 10, 1999.
60. Stross, *eBoys*, 59.
61. Stross, *eBoys*, 60.
62. Stross, *eBoys*, 209–10.
63. このコラムニストは、ニュース専門局MSNBCのクリストファー・バイロン。以下を参照。Stross, *eBoys*, 211.
64. セコイアのヤフーに対する賭けは最終的にこれを上回った。株式の一部を1999年まで保有していたためだ。一方、クライナー・パーキンスでは、もう一つの賭けの対象であるジュニパー・ネットワークスの株価が1999年4月の株式公開後に急騰し、ベンチマークにイーベイがもたらしたリターンを上回った。
65. Stross, *eBoys*, 213.
66. その後、イーベイでは株式分割が行われ、表面的には株価が下落した。
67. この倍数は、より多くの投資先企業が成熟化するにつれて上昇した。2000年1月の時点で、ベンチマークの最も運用期間が長いファンドは驚異的な92倍に到達した。
68. 企業経営に関する細部をほかに任せる習慣があったことは、ジョン・ボイヤーを含め孫と一緒に仕事をした人々が強調している。ボイヤーは1999年から2002年までソフトバンクの投資担当を務めた。Boyer, interview by the author, March 7, 2020.
69. 2014年のアリババのIPOから2019年のウィーワークの上場失敗までの間、孫は間違いなく世界で最も影響力のあるテクノロジー分野への投資家だった。
70. VCの1件当たりの投資額は平均で、1996年の530万ドルから1999年の1500万ドルに増加した。Stross, *eBoys*, 294–97.
71. Stross, *eBoys*, 296.
72. Stross, *eBoys*, 294–95.
73. それにもかかわらず、どちらの賭けも、特にウーバーに対する投資は多額の利益をもたらした。2020年初めの時点では、ベンチマークの25年の歴史の中で、2番目に利益の大きな投資案件になりつつあった。Dunlevie, email to the author, Feb. 4, 2020. ベンチマークはウィーワークをめぐって約15倍のリターンを得ていたと報じられ、同社の企業価値の評価額が崩壊する前に株式の一部を売却できたという。

第8章　グーグルへの出資、これといった条件もなしに

1. Bechtolsheim, interview by the author, Nov. 30, 2018.
2. Little, interview by the author, May 22, 2018.
3. リトルの会社ポータル・ソフトウエアは、初期のインターネット上のサービス事業者向けに課金システムを販売していた。アクセルの最初の5本のファンドの中で最大の大当たりとなり、293倍のリターンを得て、利益は17億ドルに上った（アクセルのデータによる）。リトルの大まかな計算では、ベクトルシャイムがポータルへの投資で手にした利益は、おそらくサンを共同創業したことで得た利益よりも多かった。Little, author interview.
4. Richard Brandt, *The Google Guys: Inside the Brilliant Minds of Google Founders Larry Page and Sergey Brin*, 2nd

ャーキャピタルの支援を得て飛躍を遂げつつある企業に後から出資するタイプの成長ファンドは孫が初めて立ち上げた。

34. いくつかのケースでは、孫による日本でのコピー事業のほうが、アメリカの親会社の事業よりも巧みに運営され、成功を収めた。アメリカのテック・ビジネスを日本で立ち上げる彼の手腕は、カリフォルニアでの取引を切り開くことに一役買った。

35. 2000年初めにフォーブス誌は孫の個人資産を194億ドルと推計した。1996年春にヤフーに巨額の賭けを行った時点の46億ドルから激増した。このおよそ150億ドルの増加分の大半は、孫がアメリカでテクノロジー分野への投資に参入したことに起因している可能性がある。

36. Moritz, author interviews.

37. Moritz, author interviews.

38. Moritz, author interviews.

39. Moritz, author interviews.

40. 本章で後に取り上げるが、ベンチマークはロンドンとイスラエルにオフィスを試験的に構えたものの、間もなく活動を打ち切った。

41. ベンチマークとイーベイに関する記述は、ランダル・ストロスの見事な著作に多くを負っている。彼は同VCの初期に特別なアクセスを認められた。以下を参照。Randall E. Stross, *eBoys: The First Inside Account of Venture Capitalists at Work* (New York: Ballantine Books, 2001). また、ベンチマークの4人の創業者のうち3人、ダンレビー、ケーグル、そしてラクレフが筆者の初期の原稿の記述に目を通し、フィードバックを提供してくれた。謝意を表したい。

42. 最初のファンドでは、他の投資家たちがお金を回収するまで、ベンチマークのパートナーたちの利益の取り分を20%にとどめた。それが終わると、30%にした。後続のファンドでは取り分を一貫して30%にした。Rachleff, email to the author, Jan. 19, 2020.

43. ラクレフはスタートアップの経営の先行きが確かに見通せるものではないことについて次のように語っている。「たとえ、後に成功するテクノロジー系企業についてであっても、私がその創業時に今後、この会社はこのようになるなどと説明したなら、聞いたことがない馬鹿げたアイデアだと言い返されるのが関の山だろう」。Rachleff, interview by the author, Nov. 9, 2017.

44. Dunlevie, interview by the author, Feb. 10, 2017.

45. ラクレフは後に意見を変えるが、当時はこのような見方をしていた。彼はその後、取締役会に優秀なメンバーがいれば、3倍のリターンでとどまりそうなところを、6倍に引き上げることができると考えるようになった。ただし、この倍率はアーリー・ステージのベンチャー投資ファンドにとって十分な大きさとは言えない。倍率が20倍ならファンドに著しい変化を及ぼす。しかし、そのときの成功の立役者は取締役会のメンバーとは限らない。それでも、取締役会の偉大なメンバーと認識されれば、20倍のリターンを叩き出すようなほかの企業に投資する機会がもたらされる可能性が高まるだろう。Rachleff, email to the author, Jan. 19, 2020.

46. ダンレビーは次のように振り返っている。「助言は思いやりのある言葉で行う必要がある。私はよく『いいですか。私はあなたが何をすべきなのかを伝えているのではありません。あなたが進める計画に対するより良いアプローチだろうと私が考えるものについて話しているのです』と説明する。これらの助言はしばしば無視される。半分の確率で正しく無視されている。それが（ベンチャーキャピタルを）興味深いビジネスにしているのだと思う」。Dunlevie, author interview.

47. Dunlevie, author interview.

48. Stross, *eBoys*, 28.

49. Stross, *eBoys*, 21–22.

50. AnnaLee Saxenian, *Silicon Valley's New Immigrant Entrepreneurs* (San Francisco: Public Policy Institute of California, 1999).

51. Stross, *eBoys*, 26.

52. Dunlevie, author interview.

Stone, Nov. 30, 1995.

18. Mayumi Negishi, "Ties to Saudi Prince Weigh on SoftBank Fund's Future," *Wall Street Journal*, Oct. 17, 2019.

19. Reid, *Architects of the Web*, 259.

20. ヤフーの開示資料SB-2によれば、同社はシリーズBの資金調達で500万ドルを集めた。このうち100万ドルをセコイアが、200万ドルをソフトバンクが、さらに非公開の金額を孫の別の会社であるジフデービスが拠出した。企業価値の評価額は資金調達前（プレマネー）が3500万ドル、その後（ポストマネー）が4000万ドルだった。ヤンの反応については、以下を参照。Reid, *Architects of the Web*, 259.

21. 比較対象となる事例を挙げれば、アクセルが同じ時期に1億1000万ドルの資金調達を実行し、注目されたと、アクセルの共同創業者であるアーサー・パターソンは回顧する。この件は驚異的な規模と見なされたが、アクセル単独ではなく、複数のVCのファンドが資金拠出に応じていた。

22. 下位のVCを加えた業界平均のファンドの規模はもっと小さい。全米ベンチャーキャピタル協会は1995年に5700万ドルだったとしている。以下を参照。National Venture Capital Association Yearbook 2010, 17, fig. 1.04.

23. 1990年代半ばにボストンを拠点とする1500万ドルから2000万ドルの規模の3本の「成長ファンド」が会社の経営権を握らないマイノリティー投資を専門に展開した。設立が68年のTAアソシエイツ、84年のサミット・パートナーズ、94年のスペクトラム・エクイティのファンドである。小切手の金額が比較的、少ないことに加えて、投資対象企業のタイプが孫のそれとは基本的に異なっていた。成長ファンドは、実績のない企業や損失を出している企業と距離を置き、ベンチャーキャピタルが支援している企業も避け、リターンは3倍や5倍を目指した。要するに、べき乗則の投資家ではなかった。

24. これ以降のやり取りはモーリッツ、そして孫の側近として出席していたロン・フィッシャーとゲイリー・リーシェル（第10章に登場する）へのインタビューから再構成している。Moritz, author interviews; Fisher, interview by the author, March 21, 2019; Rieschel, interview by the author, March 18, 2019.

25. Rieschel, author interview. 以下も参照。Daisuke Wakabayashi and Anton Troianovsky, "Japan's Masayoshi Son Picks a Fight with U.S. Phone Giants," *Wall Street Journal*, Nov. 23, 2012. ほかの点では優れているこの記事は、孫のシリーズBとシリーズCの投資を混同している。

26. モーリッツは次のように振り返っている。「あの会合から私が学んだことは、船に満載するほどのお金を持つ投資家によるいじめには、二度と決して遭わないようにすることだった。私はそのミスを一度犯してしまった」。Moritz, email to the author, Oct. 29, 2020. 孫に押し込まれないようにするというセコイアの決意は、後に一連の大型の成長ファンドを組成する決定にもつながった。Moritz, author interviews. モーリッツの同僚のダグ・レオンも同じ点を説明する。「セコイアが成長ファンドを持つことで、誰かが『私の資本を受け入れなさい。さもなければ、私はあなたの最大の競争相手に出資します』と言うのを止めさせている」。Leone, author interview. 以下も参照。Alfred Lee, "SoftBank Exerts More Control over Startups," *Information*, Oct. 1, 2018.

27. このやり取りの骨子は以下から再構成した。Yang, interview by the author, Feb. 13, 2019, and Moritz, author interviews.

28. この資金は2層からなる。約6400万ドルが1996年3月に、追加の4200万ドルが4月の初めにそれぞれ支払われた。"Amendment No. 4 to Form SB-2 IPO Registration Statement: Yahoo! Inc.," Securities and Exchange Commission, April 11, 1996.

29. ヤフーはIPOにあたってゴールドマンの推奨する1株25ドルを拒み、はるかに慎重な1株13ドルを選んだ。取引初日の株価の急騰は、ゴールドマンの助言の正しさを立証したが、上場によってメディアから最大限の注目を集めるというヤフーの目的にも役立った。

30. Moritz, author interviews.

31. この投資家はブラッド・フェルド。Feld, interview by the author, March 14, 2019.

32. Rieschel, author interview. 当時の雰囲気をジェリー・コロナも思い出してくれた。Colonna, interview by the author, April 4, 2019.

33. 前述したように、ボストンを拠点とする成長ファンドは異なるタイプの案件を追求していた。ベンチ

73. このパートナーはフランク・コーフィールド。以下を参照。Kaplan, *Silicon Boys*, 243.

74. "Amendment No. 6 to Form S-1 Registration Statement: Netscape Communications Corporation," Securities and Exchange Commission, Aug. 8, 1995, 1.

第7章　ベンチマーク、ソフトバンク、そして「誰もが1億ドルを必要としている」

1. Gooding, interview by the author, June 12, 2018.

2. William H. Draper III, *The Startup Game: Inside the Partnership Between Venture Capitalists and Entrepreneurs* (New York: Palgrave Macmillan, 2011), 4–9.

3. Robert H. Reid, *Architects of the Web: 1,000 Days That Built the Future of Business* (New York: Wiley, 1997), 254. ［邦訳：ロバート・リード『インターネット激動の1000日 上・下』山岡洋一訳、日経BP、1997年］

4. Karen Angel, *Inside Yahoo! Reinvention and the Road Ahead* (New York: John Wiley & Sons, 2002), 18. ［邦訳：カレン・エンジェル『なぜYAHOO！は最強のブランドなのか』長野弘子訳、英治出版、2003年］

5. Brian McCullough, "On the 20th Anniversary—the History of Yahoo's Founding," *Internet History Podcast* (blog), March 1, 2015, www.internethistorypodcast.com/2015/03/on-the-20th-anniversary-the-history-of-yahoos-founding.

6. "David Filo & Jerry Yang," *Entrepreneur*, Oct. 9, 2008, www.entrepreneur.com/article/197564.

7. Valentine, interview by the author, April 7, 2018. セコイアのダグ・レオンは次のように述べている。「本当に滑稽なのは、この『出版業界にいた経歴はテクノロジーへの投資で特に役に立つわけではない』という指摘だ。何とも素晴らしいことに、インターネットが当たると、（この経歴は）最も重要になった。本当に突然、マイクが中心的な専門家になった。予想していない展開だった」。Leone, interview by the author, May 14, 2019. モーリッツはバレンタインへの賛辞の中で、経験豊富なパートナーをベンチャーキャピタルに採用する際の落とし穴の存在について強調している。Michael Moritz, *DTV* (self-published, 2020), 40.

8. Moritz, interviews by the author, May 14 and Oct. 5, 2019, and May 21 and Nov. 23, 2020. 以下も参照。Reid, *Architects of the Web*, 254–55.

9. Yang, interview by the author, Feb. 13, 2019.

10. Michael Krantz, "Click till You Drop," *Time*, June 24, 2001, content.time.com/time/magazine/article/0,9171,139582,00.html?iid=sr-link1.

11. セコイアを代表する投資先はアタリ（Atari）、アップル（Apple）、シスコ（Cisco）と5文字の社名ばかりであることを、モーリッツとヤンがそれぞれ冗談交じりに思い出してくれた。Moritz, author interviews; Yang, email to the author, Dec. 18, 2019.

12. 「ジャーナリストだった私には、2人の創業者たちが若くて面白い人物だとなれば、色鮮やかな雑誌の記事になるだろうと分かっていた」。Moritz, author interviews. モーリッツはヤンに対して、自分の立ち位置を一般向けにどのように示すべきかについて助言したが、そのほかにもアップルから学んだことを伝授している。製品は確実に使いやすいものにする、世間一般の通念に逆らうことを恐れない、だった。Yang, email to the author, Dec. 18, 2019.

13. Angel, *Inside Yahoo!*, 32.

14. ヤフーの営業およびマーケティングへの出費は1995年に81万5000ドル、96年に1500万ドル、97年には4400万ドルだった。これらの出費は製品開発の費用を大幅に上回った。例えば、97年はほぼ4対1と大きな開きがあった。以下を参照。*Yahoo Annual Report*, 1997, 24.

15. *National Venture Capital Association 2010 Yearbook*, 20, fig. 2.02.

16. 孫は自らの生い立ちをソフトバンクの設立30周年の株主総会で語った。以下を参照。Masayoshi Son, "SoftBank's Next 30-Year Vision," SoftBank Group, June 25, 2010, group.softbank/en/philosophy/vision/next30.

17. Amy Virshup, "Yahoo! How Two Stanford Students Created the Little Search Engine That Could," *Rolling*

52. Jarve, interview by the author, July 18, 2018.
53. シリーズAの資金調達は1993年10月4日に実施され、UUNETは170万ドルを集めた（前年11月のケイパーからの20万ドルの出資を含めている）。このときの企業価値は830万ドルと評価された。
54. Adams, author interview.
55. Barris, author interviews.
56. Adams, email to Kapor, Dec. 6, 1993. 結局、VC側が29万4000ドルずつ、さらにケイパーもそれより少ない額を出資した。企業価値の評価額と、それに伴う1株当たりの評価額は、従来の資金調達時に比べて低下した。
57. John Markoff, "A Free and Simple Computer Link," *New York Times*, Dec. 8, 1993.
58. Peter Barris, Eulogy to John Sidgmore, 2004.
59. バリスは、ネットワークの利用を日中は法人に、夜間は一般家庭に販売して、商機を広げることもできると強調した。これは、GEがタイムシェア・サービスで編み出した手法だった。Barris, author interviews.
60. NEAは3億ドルを得た。Barris, author interviews.
61. Adams, email to Kapor, May 26, 1995. UUNET株のその後の値上がりにより、アダムズの富はさらに膨らんだ。
62. Jared Sandberg, "The Rumpled Genius Behind Netscape," *Globe and Mail*, Aug. 14, 1995.
63. Jim Clark, *Netscape Time: The Making of the Billion-Dollar Start-Up That Took On Microsoft*, with Owen Edwards (New York: St. Martin's Griffin, 2000), 40–42. ［邦訳：ジム・クラーク、オーウェン・エドワーズ『起業家 ジム・クラーク』水野誠一訳、日経BP、2000年］。以下も参照。George Gilder, "The Coming Software Shift," *Forbes*, Aug. 28, 1995.
64. Clark, *Netscape Time*, 58.
65. 実際、クラークに対する扱いは幾分丁重さを欠いていたが、彼が思っているほどではなかった。第5章の原注76でも触れたように、サイプレス・セミコンダクターの創業者で、スーパースターのT・J・ロジャーズも1986年の同社の上場時に同じく3.1%しか所有していなかった。半導体企業の操業開始までに巨額の資本が要るためだった。
66. Michael Lewis, *The New New Thing: A Silicon Valley Story* (New York: W. W. Norton, 2014), 39–41. ［邦訳：マイケル・ルイス『ニュー・ニュー・シング』東江一紀訳、日本経済新聞出版、2000年］
67. Clark, *Netscape Time*, 75–77.
68. Clark, *Netscape Time*, 7.
69. "Amendment No. 6 to Form S-1 Registration Statement: Netscape Communications Corporation," Securities and Exchange Commission, June 23, 1995, 48.
70. ドーアは次のようにコメントした。「メトカーフが私にメトカーフの法則を教えてくれた。ネットワークの価値は利用者の数の2乗に比例して拡大する。そのことを私は理解した。それゆえ、ネットスケープ（の価値）は巨額になる可能性があった」。さらに次のように続けた。「イノベーションの巨大なうねりは、およそ13年周期でやってくる。いずれもべき乗則が駆動している。PCが1980年から81年ごろ、インターネットが1994年、モビリティとクラウドが2007年、次はAIだ」。Doerr, interview by the author, Sept. 13, 2018.
71. メトカーフの法則とムーアの法則の関係についての明快な分析は、以下を参照。Bob Metcalfe, "Metcalfe's Law Recurses Down the Long Tail of Social Networks," VC Mike's Blog, Aug. 18, 2006, vcmike.wordpress.com/2006/08/18/metcalfe-social-networks.
72. Khosla, interview by the author, July 30, 2018. ドーアとコースラの独自性は、ブラウザーに投資する準備ができていたことではない。アクセルのジム・スワーツは1994年までに「ブラウザーの世界で何が起きているのか、我々全員には、非常に明白だった」とコメントしている（Swartz, email to the author, May 11, 2020）。むしろ、クライナー・パーキンスの際立っていた点は、べき乗則の複合的な効果に夢中になり、企業価値の評価には敏感でなかったことだった。

とができた。

28. インターネットの創設に果たした公共部門の役割を強調した説明については、以下を参照。Mariana Mazzucato, *The Entrepreneurial State: Debunking Public vs. Private Sector Myths* (New York: Anthem Press, 2013), 76.［邦訳：マリアナ・マッツカート『企業家としての国家：イノベーション力で官は民に劣るという神話』大村昭人訳、薬事日報社、2015年］

29. ゴアのビジョンをめぐる興奮の一例として、以下を参照。John Markoff, "Building the Electronic Superhighway," *New York Times*, Jan. 24, 1993.

30. このプロセスの重要人物は、NSFでコンピューターのネットワーキングを担当していたプログラム・ディレクターのスティーブン・ウォルフだった。1991年11月にウォルフはNSFNETを、それまで競合関係にあった商用のネットワークに置き換える計画を公表した。92年から95年にかけてNSFは複数のインターネットのサービス・プロバイダーと協力して、インターネットのインフラを民間に移管した。95年4月30日、NSFNETの基幹部分が機能を停止し、民間のものと完全に入れ替わった。John Cassidy, *Dot.Con: The Greatest Story Ever Sold* (New York: HarperCollins, 2003), 22–23.

31. 1992年時点でUUNETには2400社の法人顧客がいた。"Offering Memorandum UUNET Technologies, Inc.," Aug. 1992, 3.

32. Kapor, author interview.

33. O'Dell, interview by the author, June 2, 2018.

34. Kapor, author interview.

35. Mitch Kapor, "Oral History of Mitch Kapor," interview by Bill Aspray, Computer History Museum, Nov. 19, 2004, 12.

36. Kapor to Ben Rosen, reproduced in full in William A. Sahlman, "Lotus Development Corporation," Harvard Business School case study, 1985, 13–14.

37. Kapor, author interview.

38. ケイパーは非営利団体の電子フロンティア財団を設立して、ウェブに誰もが自由にアクセスできるようにすることを提唱した。個人ユーザーを接続するというUUNETの創業時の目標を補完する役割があった。筆者とのインタビューでは、ケイパー、アダムズの2人ともビジネス上のパートナーシップを築くにあたり、非営利の理想主義が重要だとの認識を示した。

39. ケイパーは、株式を購入する権利が付与された社債（ワラント債）を引き受ける形でUUNETに資金を提供した。その後、彼は1992年11月に事業を拡大中のUUNETに20万ドルを出資した。

40. Doerr, interview by the author, Sept. 13, 2018.

41. Kevin Compton, interview by the author, Feb. 12, 2019; Floyd Kvamme, interview by the author, Feb. 13, 2019.

42. アクセルのパートナーで、ケイパーからの電話を受けたジョー・ショーンドルフがこの発言を思い出してくれた。Schoendorf, interview by the author, July 19, 2018.

43. McLean, interview by the author, July 12, 2018.

44. Kapor, email to Adams, Jan. 29, 1993.

45. McLean, author interview.

46. Kapor, email to Adams, Feb. 23, 1993.

47. Adams, author interview; Adams, email to Kapor, March 26, 1993.

48. Adams, email to Kapor, March 26, 1993.

49. バリスは次のように回顧している。「アーサー・パターソンが私に会うため、はるばるダラスまで来てくれたという事実に、とても衝撃を受けた。その後、VC業界に加わる際に、自分の『人的ネットワーク』の構築が重要であることを示す、私を導く指針となった」。Barris, email to the author, Jan. 3, 2021.

50. Barris, interviews by the author, May 30 and June 2, 2018.

51. Kapor, email to Adams, July 9, 1993.

話は有線のインフラを捨て、コードレスでの接続に移行し、テレビはその反対に、無線からインターネットのケーブル経由の放送に切り替わるとした。Swartz, interview by the author, Nov. 8, 2017.

16. Swartz, author interview.

17. アクセルでは最初の10年で45社に投資した。7社が失敗・倒産し、24社が株式公開を果たし、14社が他社と合併した。Jim Swartz presentation delivered at Carnegie Mellon University, Sept. 27, 1994, Swartz personal files.

18. Patterson, interview with author. パターソンは何度も対話に応じ、仲間の投資家たちに紹介してくれた。謝意を表したい。

19. パターソンはベイン・コンサルティングを称賛していた。あるニッチの専門化を進め、支配的な地位を築くことで、その事業は多くの利益につながる知的財産を蓄積すると同社は提唱した。

20. 具体的にはピクチャーテル、ヴィーヴォ（Vivo）、ポリコム（Polycom）の3社。このうちピクチャーテルとポリコムから14倍のリターンを得た。スワーツとアクセルは最初の5本のファンドの広範な運用成績のデータを提供してくれた。謝意を表したい。

21. アクセルはその独特なアプローチに加えて、もっと典型的な手法でも強みを発揮した。起業家たちはパターソンとスワーツを尊敬し、幹部の採用では2人の助けを借りていた。アクセルの最初の5本のファンドの投資先のうち、最も当たったポータル・ソフトウエアの創業者のジョン・リトルはパターソンについて次のように述べている。「我々は優秀なエンジニアと契約したいときには、その人物にアーサーと話す機会を設けていた。アーサーと電話で語り合った人は、受話器を置くと、これはシリコンバレーで最大の仕事になると納得したものだった。そして契約書に署名した。もちろん、我々が採用しようとしていた人材には、多くの選択肢を持つ場合もあり、競合していた。もし、会話の際に他の選択肢に言及することがあったなら、アーサーはその相手に他の選択肢について少し疑いを持たせる術を知っていた」。Little, interview by the author, May 22, 2018.

22. アクセル・テレコムでは手数料を差し引いた後の内部収益率が18.7%だった。中央値のファンドは1985年の設立で、同8%だった。アクセルの最初の5本のファンドのデータはジム・スワーツから提供を受けた。業界全体の運用成績に対する筆者の理解は、シカゴ大学のスティーブン・N・カプランの研究に多くを負っている。カプランの助言に従い、ライバルVCのデータについては、投資情報サービス会社のバージスの数値を利用した。同社のデータは比較的歪みが少ない。

23. 正確には、アクセル・テレコムのリターンの95%は、投資先の24社のうち上位5社からのものだった。

24. UUNETの創業者であるリック・アダムズは次のように回顧している。「社名を決めるのは大変だった。事業計画を5時に提出しなければいけないというのに、そのものずばりの『新会社（New Co）』としか書いていなかった。モデムが作動するプロトコルはUUCP NXTXと呼ばれ、一時期はこれがUUの部分だった。ほかにもEUnetやEurope Unix Users Networkがあった。我々はU.S. Unix Users Networkについても話し合ったが、これももう一つのUUだった。私はUUNETという社名は略語ではなく、何も意味していないと正式に主張している。ところが、世の中には様々な説が語られていて、一部は私の発言として引用している。私が話しかけたこともない人々が、私の発言を引用しているのだ」。Adams, interview by the author, June 12, 2018.

25. 1983年時点でインターネットに推計で200台が接続していた。1989年時点でもまだ15万9000台だった。以下を参照。Mary Meeker and Chris DePuy, “The Internet Report,” Morgan Stanley Research, Feb. 1996, 18. 以下も参照。Janet Abbate, *Inventing the Internet* (Cambridge, Mass.: MIT Press, 2000), 186.［邦訳：ジャネット・アバテ『インターネットをつくる：柔らかな技術の社会史』大森義行・吉田晴代訳、北海道大学出版会。2002年］

26. この緩やかなコンピューター科学者たちの集まりは、USENIX協会だった。UNIXのコンピューターを利用するプログラマーたちが集まっていた。

27. UUNETは、Usenetと呼ばれるUNIXコンピューターの非公式ネットワークへの接続プロセスを大幅に簡素化した。それ以前は招待された場合にのみUsenetに参加できた。UUNETを利用すると、すべての顧客が電子メールの送受信、ニュース・フィードへのアクセス、バッチ・ファイル転送を行うこ

参照。James Pelkey, "Internetworking: LANs and WANs, 1985–1988," in *Entrepreneurial Capitalism and Innovation: A History of Computer Communications, 1968–1988* (website), 2007, historyofcomputercommunications.info/Book/12/12.27_Wellfleet.html. ウェルフリートの会長、ラス・プラニツァーはセベリーノのある判断に異を唱えなかったことを後悔している。セベリーノが顧客のために特注のエンジニアリング・プロジェクトを引き受けてしまい、その間、会社はコア市場を追求せず、横道にそれてしまった。Planitzer, interview by the author, April 30, 2020.

94. "15 Years, a Lifetime," *Network World*, March 26, 2001, 87. 西海岸と東海岸のもう一つの対比として、シスコがほかのスタートアップをいくつも買収して市場シェアを確保したことが挙げられる。このリスクを孕んだ、費用のかかる戦略をバレンタインは本気で支えた。セベリーノは目を丸くした。「私が（ウェルフリートの）取締役会で、この会社を1億5000万ドルで買いたい、10日間で決めなければならない、などと提案したなら、取締役たちは私のことを気が狂っていると見るだろう」

第6章 「用意周到」派と「臨機応変」派

1. Frank Rose, "Mitch Kapor and the Lotus Factor," *Esquire*, Dec. 1984, 358, frankrose.com/Mitch_Kapor_and_the_Lotus_Factor.pdf.

2. GOをめぐる物語は、ジェリー・カプランの回顧録から再現した。事実関係および発言の引用は特に断りのない限り、カプランの説明に基づく。以下を参照。Jerry Kaplan, *Startup: A Silicon Valley Adventure* (repr., New York: Penguin Books, 1996). ［邦訳：ジェリー・カプラン『シリコンバレー・アドベンチャー：ザ・起業物語』仁平和夫訳、日経BP、2003年］

3. 競走馬の発言はカプランのもの。以下を参照。John Swartz, "Tech's Star Capitalist," *San Francisco Chronicle*, Nov. 13, 1997. ライバルのVCの発言はサッターヒルのレン・ベイカーのもの。Baker, interview by the author, Sept. 20, 2017.

4. David A. Kaplan, *The Silicon Boys and Their Valley of Dreams* (New York: Perennial, 2000), 188.

5. Doerr, interview with the author, March 5, 2021.

6. Doerr, author interview.

7. Kapor, interview by the author, June 21, 2018. ドーアはGOのエピソードについて言及し、スタートアップに対しては、信念に基づいた支援が求められるが、それは傲慢と同じではないと強調した。Doerr, author interview.

8. G. Pascal Zachary, "Computer Glitch: Venture-Capital Star, Kleiner Perkins, Flops as a Maker of Laptops," *Wall Street Journal*, July 26, 1990.

9. ドーアは1990年、全米ベンチャーキャピタル協会で講演し、これらのテクノロジーを推奨した。以下を参照。William Bygrave and Jeffry Timmons, *Venture Capital at the Crossroads* (Boston: Harvard Business School Press, 1992), 149. また、以下で引用されている。Jerry Neumann, "Heat Death: Venture Capital in the 1980s," *Reaction Wheel* (blog), Jan. 8, 2015.

10. Don Gooding, interview by the author, June 12, 2018.

11. 本章で後出するアクセルのアナリストのドン・グッディングは次のように回顧している。「規律正しさで知られることのない業界にあって、ジムは極めて規律を重んじる人物だった。今の私を支えているものの多くは、彼を見習うことに由来している」。Gooding, author interview. 以下も参照。Jim Swartz, "Oral History of Jim Swartz," interview by John Hollar, Computer History Museum, Oct. 11, 2013, 2, archive.computerhistory.org/resources/access/text/2015/05/102746860-05-01-acc.pdf.

12. この会社はピクチャーテル（PictureTel）。Brian Hinman, interview by the author, July 11, 2018.

13. アクセルはプリストンの拠点を1997年に閉鎖した。

14. Accel Telecom Fund offering document, 1985, Jim Swartz personal files. スワーツは所蔵資料の閲覧を認め、何度も対話に応じてくれた。謝意を表したい。

15. ある年のカンファレンスでジョージ・ギルダーが示した予測にアクセルのゲストたちは興奮した。電

the author, July 23, 2018.

72. Lougheed, author interview.

73. Lamond, interview by the author, May 17, 2018.

74. Valentine and Morgridge, Hollar interview, 8.

75. Nocera and Faircloth, "Cooking with Cisco."

76. シスコの開示資料S-1（株式公開の目論見書）によれば、モーグリッジは会社の持ち分の5.9%に相当する普通株74万5812株を購入する権利（ストックオプション）を付与されていた。さらに、同資料はモーグリッジの持ち分が合わせて6.1%になると記載しており、このほかにも株式を購入ないし付与されていたと推定される。一部のシリコンバレーの創業者に比べると、上場時の持ち分としては、多い部類に入る。例えば、サイプレス・セミコンダクターのT・J・ロジャーズは1986年の上場時にわずか3.1%しか所有していなかった。以下を参照。"Amendment No. 2 to Form S-1 Registration Statement: Cypress Semiconductor Corporation," Securities and Exchange Commission, May 30, 1986.

77. Morgridge, interview by Dayna Goldfine, Stanford University Libraries, Department of Special Collections and University Archives, July 17, 2009, purl.stanford.edu/ws284fg2355.

78. Lougheed, author interview. 以下も参照。Robert Slater, *The Eye of the Storm: How John Chambers Steered Cisco Through the Technology Collapse* (New York: HarperBusiness, 2003), 81.

79. カーク・ロウヒードは、バレンタインが出資する以前の生産体制を振り返り、次のように述べている。「私1人だけの製造部門だった。自分で装置を組み合わせた。サンディ（ラーナー）は私を手伝う人々を連れてきたが、スキルを持っていなかった。どこで見つけた人々なのか分からなかった」。Lougheed, author interview.

80. Slater, *Eye of the Storm*, 86.

81. シスコは1989年7月までの1年間に合計で約2800万ドル相当の機器を販売した。その前年と前々年は共に150万ドル規模だった。実質収入（割引や返品などを差し引いた値）で見ると、ほぼゼロから420万ドルに増えた。Cisco S-1A, as filed to the SEC on Feb. 16, 1990, 6.

82. *Something Ventured*, directed by Dayna Goldfine and Daniel Geller (Miralan Productions, 2011).

83. Bolger, author interview.

84. Valentine, author interview.

85. Valentine and Morgridge, Hollar interview, 25.

86. Lerner, interview by Dayna Goldfine, June 21, 2010, purl.stanford.edu/mb678nw9491.

87. Laura Lambert, *The Internet: A Historical Encyclopedia* (Santa Barbara, Calif.: ABC-CLIO, 2005), 37.

88. ベンチャー投資家のマーク・アンドリーセンはシリコンバレーでの25年間を振り返って、次のように述べている。「シリコンバレーでの神話は、VCが創業者に敵対し、彼を蹴り飛ばして、CEOを連れてくるというものだ。実際に我々がよく目にするのは、会社のチームが創業者に襲いかかるというパターンだ」。Andreessen, interview by the author, May 14, 2019.

89. Christianne Corbett and Catherine Hill, "Solving the Equation: The Variables for Women in Engineering and Computing," AAUW (report), 2015, 9, files.eric.ed.gov/fulltext/ED580805.pdf.

90. Jeremy Quittner, "Sandy Lerner: The Investor Is Not Your Friend," *Inc.*, Feb. 27, 2013, www.inc.com/magazine/201303/how-i-got-started/sandy-lerner.html.

91. Leonard, House interview.

92. シスコの開示資料S-1によれば、創業者2人はそれぞれ178万1786株、会社の持ち分にして17.6%ずつを所有していた。このうち3分の2は1987年12月以降、毎月段階的に4年かけて権利を確定するとしていた。2人は32カ月で会社を離れたため、ストックオプションの3分の1、すなわち持ち株全体の9分の2を失うことになった。しかし、シスコは解任をめぐる非公開の和解内容の一部として、この権利が確定していなかったオプションに対価を払った可能性がある。

93. セベリーノを支援していた人々は、彼のそれ以前のスタートアップであるインターランで利益を得ていた上に、彼の友人でもあった。この事実が投資家からセベリーノへの圧力を和らげていた。以下を

越したことを示す豊富なデータを引用している。以下を参照。Saxenian, *Regional Advantage*, 106–8.

50. Joseph Nocera and Anne Faircloth, "Cooking with CISCO," *Fortune*, Dec. 25, 1995. ボサックのロボットのような態度について、当時、交流のあった人物は次のように語っている。「彼に何かを説明すると、彼はそのすべてを理解するために、相手が話した内容を一つひとつ復唱することを望んだ」。以下を参照。Edward Leonard, interview by Charles H. House, Computer History Museum, Sept. 11, 2015, 19. レナードは本章で後述するシリコンバレーの法律家で、ラーナーとボサックをセコイアに引き合わせることになる。

51. Kirk Lougheed, interview by the author, July 20, 2018. ロウヒードは本章で後述するように、シスコの立ち上げに加わった1人。ラーナーの専攻については、以下も参照。"Women in Computing: The Management Option, Panel Discussion," Computer History Museum, YouTube, Aug. 30, 2016, youtube.com/watch?v=QmckAhX4U5w.

52. Dana Wechsler Linden, "Does Pink Make You Puke?," *Forbes*, Aug. 25, 1997.

53. "Nerds 2.0.1: A Brief History of the Internet, Part 3," PBS, 1998, archive.org/details/Nerds_2.0.1_-A_Brief_History_of_the_Internet_-_Part3.

54. Linton Weeks, "Network of One," *Washington Post*, March 25, 1998.

55. "Nerds 2.0.1: A Brief History of the Internet, Part 3."

56. "Nerds 2.0.1: A Brief History of the Internet, Part 3." ボサックはラーナーと同様にルールを曲げることをいとわない性格だったようだ。「レン（ボサック）は、ルールは他人のためにあると考える人物だった」とロウヒードは回顧している。Lougheed, author interview.

57. パートナーシップ型の民間のベンチャー投資ファンドの調達額は1982年に14億ドル、83年に34億ドル、84年に32億ドルだった。*Venture Capital Journal*, Jan. 1986, 8.

58. Pete Carey, "A Start-Up's True Tale," *San Jose Mercury News*, Dec. 1, 2001, pdp10.nocrew.org/docs/cisco.html.

59. "Nerds 2.0.1: A Brief History of the Internet, Part 3."

60. Valentine, author interview.

61. 当時のCEOはビル・グレイブス。そして、軍と関係のあったシスコの顧客は研究機関SRIインターナショナルのエド・コゼル。Kozel, interview by the author, July 19, 2018. コゼルは後にシスコで働くことになる。

62. Kozel, author interview.

63. Leonard, House interview, 19.

64. Bass, author interview.

65. 後述するように、セコイアはシスコに出資する。バスはセコイアの勇敢な行動に驚嘆し、「私なら投資に踏み切れたのか分からない」と認める。「ドン（バレンタイン）のアプローチは創業者たちを大人たちで囲んでしまうことだった。私にはあれだけの資源を投入し、深く関与して将来像を描く発想がなかった」。Bass, author interview.

66. John Morgridge and Don Valentine, "Cisco Oral History Panel Part One," interview by John Hollar, Computer History Museum, Nov. 19, 2014, 11.

67. David Bunnell and Adam Brate, *Making the Cisco Connection: The Story Behind the Real Internet Superpower* (New York: John Wiley & Sons, 2000), 11.

68. この銀行家はモンゴメリー証券のトップ、トム・ワイゼル。Michael Moritz, *DTV* (self-published, 2020), 61.

69. シスコは、合わせて236万5000株のシリーズA優先株を1株1ドルでセコイアが運用する3本のベンチャー投資ファンドと、セコイアが共同運用するスエズ・テクノロジー・ファンド（1本）に売却した。さらにセコイア関連の投資家2者が計13万5000ドルを出資した。以下の開示資料を参照。Cisco S-1 filing.

70. Valentine, author interview.

71. Leonard, author interview; John Bolger, interview by the author, July 23, 2018; John Morgridge, interview by

Krause, author interview. チャーニーは食事に参加したことを認めている。Charney, email to the author, March 19, 2019.

33. クラウスはHPから離れる決断を1月初めに下したと振り返る。資金調達の交渉が決着するほぼ1カ月前のことだった。Krause, email to the author, March 11, 2019.

34. フィデリティ・ベンチャーズ側の担当者はトム・スティーブンソンだった。後に東海岸に見切りをつけて、セコイアに参加した。Metcalfe, email to the author, April 2, 2019.

35. この引用と、その後の説明のほとんどは、以下の資料の優れた記述を利用した。Wilson, *New Venturers*, 178–79.

36. Wilson, *New Venturers*, 178–79. 以下も参照。Metcalfe, Shustek interview.

37. Charney, interview by the author, July 18, 2018.

38. Wilson, *New Venturers*, 178–79.

39. バレンタインはワゴン・ホイールについて「私にとっての大学院だった」と述べている。Valentine, interview by the author, April 7, 2018.

40. Krause, author interview. 秘密の共有についての金言は、シリコン・グラフィックスの元CEO、エド・マクラッケンのものとされる。以下を参照。Chong-Moon Lee et al., eds., *The Silicon Valley Edge: A Habitat for Innovation and Entrepreneurship* (Stanford, Calif.: Stanford Business Books, 2000), 10.

41. Joe Kennedy, interview by the author, June 11, 2018.

42. Charles Bass, interview by James L. Pelkey, Computer History Museum, Aug. 16, 1994, archive.computerhistory.org/resources/access/text/2018/03/102738753-05-01-acc.pdf.

43. Bass, interview by Pelkey. バスは「彼（ドーア）がその場で心拍停止の状態に陥ってしまうかと思った」と加えた。一方、ドーアは自分にはこのエピソードの記憶がなく、どのような面会でも気絶しそうになったことはないと話している。Doerr, interview with the author, March 5, 2021.

44. Bass, interview by Pelkey.

45. Kennedy, author interview.

46. クライナー・パーキンスがアンガマン・バスに補償金を支払ったことは、ベンチャーキャピタリストの「ネットワークの中心性」とリターンの大きさに正の関係があることによって、正当化される。以下を参照。Yael V. Hochberg, Alexander Ljungqvist, and Yang Lu, "Whom You Know Matters: Venture Capital Networks and Investment Performance," *Journal of Finance* 62, no. 1 (Feb. 2007). この論文の共著者たちによれば、シリコンバレーは全米と比べて、人と人とのつながりが2倍強固である。さらに、第6章に登場するアクセルの創業者のアーサー・パターソンは、ほかにも様々な形でベンチャー業界では評判が行動を律していると指摘する。起業家は秘密保持を取り決めていなくても、自らの計画をVCと共有する。そして、VCは守秘義務を守り、それを果たさない場合は業界から罰せられると理解されていた。

47. 1997年にはアメリカ企業が半導体市場で50%のシェアを握り、日本勢は29%にとどまった。Jeffery T. Macher, David C. Mowery, and David A. Hodges, "Reversal of Fortune? The Recovery of the U.S. Semiconductor Industry," *California Management Review* (Fall 1998): 41.

48. ベンチャーキャピタルが支援した数々のディスクドライブのメーカーは、投資家へのリターンを生み出すことよりも、シリコンバレーにこの産業の主導権を握らせた点で明確な成功を収めた。いわば、公的なリターンが、私的なリターンを上回った。ベンチャーキャピタルは、あまりに多くのディスクドライブのメーカーを支援したため、必然的にそのほとんどが失敗した。以下を参照。Jerry Neumann, "Heat Death: Venture Capital in the 1980s," *Reaction Wheel* (blog), Jan. 8, 2015, reactionwheel.net/2015/01/80s-vc.html. 以下も参照。Udayan Gupta, "Recent Venture Funds Perform Poorly as Unrealistic Expectations Wear Off," *Wall Street Journal*, Nov. 8, 1988; Jeff Moax, "When Your Investors Are Entrepreneurs," *Venture*, Oct. 1980; Clayton M. Christensen, "The Rigid Disk Drive Industry," *Business History Review* 67, no. 4 (Winter 1993): 542.

49. サクセニアンは1980年代にシリコンバレーがボストンのルート128（ハイテク企業の集積地）を追い

sanjose/stories/1999/04/19/focus1.html.

13. Richard A. Shaffer, "To Increase Profits, Venture Capital Firms Are Investing Earlier in Fledgling Concerns," *Wall Street Journal*, Oct. 31, 1983.

14. Joel Kotkin, "The Third Wave: U.S. Entrepreneurs Are Filling New Niches in the Semiconductor Industry," *Inc.*, Feb. 1984.

15. Marilyn Chase, "Venture Capitalists Rush in to Back Emerging High-Technology Firms," *Wall Street Journal*, March 18, 1981.

16. Chase, "Venture Capitalists Rush in to Back Emerging High-Technology Firms." この記事は、投資家と起業家の申し分のない組み合わせが次々に登場していく様子を「夢の国」と形容するL・F・ロスチャイルドのA・ロバート・タウビンの発言を引用している。

17. Jessica Livingston, *Founders at Work: Stories of Startups' Early Days* (Berkeley, Calif.: Apress, 2008), 284.

18. Len Baker, interview by the author, Sept. 20, 2017.

19. この人物はDECの技術担当副社長のゴードン・ベル。以下で引用されている。Saxenian, *Regional Advantage*, 65.

20. 同じくアレン・マイケルズ。Saxenian, *Regional Advantage*, 65. ボストンを拠点とするチャールズリバー・ベンチャーズのリック・バーンズも当時を振り返って次のように語っている。「アップルの創業にあたっては、希望と夢、そして大学を卒業していないジーンズ姿の男に訴求力があった。ここニューイングランドでは、そのようなやり方は通用しない。我々は経験を積んだ人物を望んだ。自分が何を語っているのか、分かっている人物が必要だった」。Burnes, interview by the author, Oct. 11, 2017.

21. Cox, interview by the author, Oct. 12, 2017. グレイロックの創業者であるビル・エルファースは「発展の資本」や買収（バイアウト）、無名企業の公開株のほうが、「投機的な新会社」よりも賭けの対象として安全だと早期に結論づけていた。Tom Nicholas, *VC: An American History* (Cambridge, Mass.: Harvard University Press, 2019), 163.

22. これ以降で説明するスリーコムの物語は、複数の情報源に対する取材を基に構成し、メトカーフとの電子メールのやり取りで確認した。Metcalfe, email to the author, April 2, 2019.

23. Robert Metcalfe, "Oral History of Robert Metcalfe," interview by Len Shustek, Computer History Museum, Nov. 29, 2006, archive.computerhistory.org/resources/text/Oral_History/Metcalfe_Robert_1/Metcalfe_Robert_1_2.oral_history.2006.7.102657995.pdf.

24. John W. Wilson, *The New Venturers: Inside the High-Stakes World of Venture Capital* (Reading, Mass.: Addison-Wesley, 1985), 177.

25. 東海岸の人々が発明から利益を得ることに失敗したもう一つの例として、黎明期のネットワーク機器メーカーであるアンガマン・バスから分離独立したザイログを挙げることができる。ゼロックス（シリコンバレーにPARCを構えるが、本社はコネチカット州にある）と同様にザイログも東海岸のDNAを持ち、資本金の過半を拠出していたのは、石油会社エクソンの事業開発チーム（ニューヨークが拠点）だった。ザイログはゼロックスと同じく製品の市場への投入が巧みではなかった。Charlie Bass, interview by the author, June 12, 2018.

26. Metcalfe, Shustek interview.

27. Metcalfe, Shustek interview.

28. Metcalfe, Shustek interview.

29. Howard Charney, email to the author, March 19, 2019. 以下も参照。Tom Richman, "Who's in Charge Here? Travel Tips Article," *Inc.*, June 1, 1989, www.inc.com/magazine/19890601/5674.html.

30. Bill Krause, interview by the author, May 15, 2018.

31. クラウスはトレイビッグについて次のように語っている。「彼とトム・パーキンスは、我々（HPの従業員）の多くにとってお手本とすべき人物たちだった。彼に触発されて、私はボブ（メトカーフ）の試みに加わるリスクを進んで取ることにした」。

32. それから38年が経過した今でも、クラウスは妻から条件を突きつけられていると冗談交じりに語る。

7. Niall Ferguson, *The Square and the Tower: Networks, Hierarchies, and the Struggle for Global Power* (New York: Penguin Press, 2017), 15.［邦訳：ニーアル・ファーガソン『スクエア・アンド・タワー 上・下』柴田裕之訳、東洋経済新報社、2019年］

8. 以下を参照。Jonathan M. Barnett and Ted Sichelman, "The Case for Noncompetes," *University of Chicago Law Review* 86 (Jan. 2020). この論文は競業避止の規定を設けて執行することが、カリフォルニア州でも一定の条件下では可能であり、逆にマサチューセッツ州では一定の条件下では不可能だと指摘する。したがって、両州の対比は一般に主張されているほど明確ではない。さらに、カリフォルニア州の雇用主は、従業員の他社への移動を制限するため、ほかのメカニズムを利用している。秘密保持契約、特許権侵害訴訟、繰延報酬制度などである。これとは反対の議論については、以下を参照。Matt Marx, and Jasjit Singh, and Lee, Fleming, Regional Disadvantage? Non-Compete Agreements and Brain Drain (July 21, 2010). Available at SSRN: ssrn.com/abstract=1654719 or dx.doi.org/10.2139/ssrn.1654719; Evan Starr, "The Use, Abuse, and Enforceability of Non-compete and No-Poach Agreements," Feb. 2019 Issue Brief, Economic Innovation Group. スターの論文は、このトピックについての研究状況を横断的にまとめたもので、その中で、ハワイ州の重要な事例を取り上げている。同州は2015年、雇用主がテクノロジー企業の従業員に競業避止を求めることを禁じた。その結果、州内での労働者の移動が増加し、平均勤続期間は11%短縮した。アイデアの「異花受粉」が広がったほか、テクノロジー企業の従業員がそのスキルを新しい分野で生かせるような大胆なマッチングが増えた可能性がある。では、これらの両面を踏まえて、競業避止の規定が執行されないことの効果について公正な判定を下した場合、どのようなものになるだろうか。それは、ベンチャーキャピタルの資金が主導する形で、スタートアップが試行錯誤を繰り広げるエコシステム（生態圏）にとっては、競業避止がない状態は健全ではあるが、成功を約束する決定的な要因ではない、ということだろう。その効果は、ベンチャーキャピタルによる企業の組成の動きを増幅することに基本的にあるのだろう。

9. 本書では多くの起業家を紹介しているが、実はスタンフォード大学の現職の教授が会社を興した事例は、パトリック・ブラウンのたった1人である。デイビッド・チェリトンも登場するが、ほかの起業家との関連で出てくるだけである。また、本書はスタンフォードに所属しているものの、終身在職権を持たない人物が起業した事例をいくつも取り上げている。シスコ、ヤフー、グーグルの創業者たちである。以上を踏まえれば、ここで触れているMITとの比較は有効ではない。スタンフォードの産業界との連携のしやすさと、終身在職権の有無には、特段の関係はない。もっとも、スタンフォードにはスタートアップに優しい雰囲気があるという漠然とした主張もよく聞かれる。しかし、これは鶏が先か卵が先かの議論である。パトリック・ブラウンのストーリーに表れているように（序章を参照）、少なくともアカデミア（大学）が起業家精神を促進したのと同じくらい、サンドヒル・ロードがスタンフォードのキャンパスと隣接していることが、おそらくアカデミアの文化に影響を及ぼしている。

10. Younger, interview by the author, May 16, 2018.

11. グラノヴェッターとサクセニアンの研究を基に、ベンチャーキャピタルがテクノロジー系のクラスター内に持つつながりについて分析が進められた。その際に描かれたネットワーク図から判明した重要な点は、クラスターは、その内部のエージェントが互いに積極的に結びついている限り、生産的になるということである。このような関係を育むベンチャーキャピタリストの役割は、スタンフォード大学のウッディ（ウォルター）・パウエルと共著者たちによる生命科学のクラスターを対象にした研究で明らかになった。以下を参照。Walter W. Powell, Kelly A. Packalan, and Kjersten Bunker Whittington, "Organizational and Institutional Genesis: The Emergence of High-Tech Clusters in the Life Sciences," Queen's School of Business Research Paper no. 03-10. ベンチャーキャピタルの役割に関するこのほかの研究については、以下を参照。Michel Ferrary, "Silicon Valley: A Cluster of Venture Capitalists?," *Paris Innovation Review* (blog), Oct. 26, 2017, parisinnovationreview.cn/en/2017/10/26/silicon-valley-a-cluster-of-venture-capitalists/. 以下も参照。Mark Granovetter and Michel Ferrary, "The Role of Venture Capital Firms in Silicon Valley's Complex Innovation Network," *Economy and Society* 18, no. 2 (2009): 326–59.

12. Dennis Taylor, "Cradle of Venture Capital," *Silicon Valley Business Journal*, April 18, 1999, bizjournals.com/

47. Wilson, *New Venturers*, 60.

48. Thomas K. Perkins, "Kleiner Perkins, Venture Capital, and the Chairmanship of Genentech, 1976–1995," interview by Glenn E. Bugos, 2001, Regional Oral History Office, Bancroft Library, University of California, Berkeley, 2002.

49. ニュー・エンタープライズ・アソシエイツは1984年には1億2500万ドル規模のファンドを組成した。Udayan Gupta, ed., *Done Deals: Venture Capitalists Tell Their Stories* (Boston: Harvard Business School Press, 2000), 195.

50. 1980年代初頭の時点で、少なくとも150校の大学院が、ベンチャー企業の立ち上げという新しい科学を学ぶ課程を提供したり、研究拠点を設立したりしている。Wilson, *New Venturers*, 211.

第5章　シスコ、スリーコム、そして勢いづくシリコンバレー

1. メリルリンチのリポートが発行された1978年は、ちょうどVCのファンドに資金が大量に流入し始めた時期にあたる。以下を参照。Margaret O'Mara, *The Code: Silicon Valley and the Remaking of America* (New York: Penguin Press, 2019), 177. 主要上場企業のR&Dへの支出額はベンチャーキャピタルによる投資額のおよそ10倍も多かった。これを踏まえれば、メリルリンチの見解は妥当なものだったと言える。Charles Newhall, "Financing Technical Change" (presentation to the OECD Committee for Scientific and Technological Policy, circa 1984), 6. ディック・クラムリッチがコピーを筆者に提供してくれた。

2. 生産される製品のうち良品の割合を示す歩留まり率は、1987年の時点では、日本の半導体業界がアメリカのライバル勢を19パーセントポイント上回っていた。1991年時点でも日本側が9パーセントポイントの差をつけていた。(Jeffery T. Macher, David C. Mowery, and David A. Hodges, "Reversal of Fortune? The Recovery of the U.S. Semiconductor Industry," *California Management Review* [Fall 1998]: 116, table 2.) セマテックの貢献としては、アメリカの半導体製造装置メーカーが世界での販売シェアを1993年に53%まで高めたことも挙げられる。(U.S. Congress, Office of Technology Assessment, *Contributions of DOE Weapons Labs and NIST to Semiconductor Technology, OTA-ITE-585* [Washington, D.C.: U.S. Government Printing Office, 1993], 67.) しかし、アメリカの半導体産業の復権の主因はメモリーから利益率の高いマイクロプロセッサーに移行したことだった。これはセマテックとは何の関係もない。実際、インテルは方向転換をセマテックの設立前に決めていた。また斬新な半導体の設計に注力する動きは、セマテックより前に立ち上げられたスタートアップ、とりわけサイプレス・セミコンダクター、アルテラ、そしてマイクロンによって促進された。セマテックの費用対効果を測定することの難しさについては、以下を参照。Douglas A. Irwin and Peter J. Klenow, "High-Tech R& D Subsidies: Estimating the Effects of Sematech," in "Symposium on Growth and International Trade: Empirical Studies," special issue, *Journal of International Economics* 40, no. 3 (May 1996): 323–44, doi.org/10.1016/0022-1996(95)01408-X.

3. AnnaLee Saxenian, *Regional Advantage: Culture and Competition in Silicon Valley and Route 128* (Cambridge, Mass.: Harvard University Press, 1994).

4. 同じ理屈で、クラスターには補完的な機能を持つ企業が多く集積している。例えば、複雑な特殊半導体の調達を計画しているルーター（ネットワークの構築に用いる機器）のメーカーがあるとして、同社はこの種類の半導体の設計に適した企業を、半径50マイル（約80キロメートル）の範囲内に見つけ出すことができるという。以下を参照。Enrico Moretti, *The New Geography of Jobs* (New York: Mariner Books, 2013), 126–27, 134. ［邦訳：エンリコ・モレッティ『年収は「住むところ」で決まる：雇用とイノベーションの都市経済学』池村千秋訳、プレジデント社、2014年］

5. グラノヴェッターの1973年の当該論文 "The Strength of Weak Ties," *The American Journal of Sociology* は、ある分析（Google Scholar by Elliott Green of LSE）によると、社会科学の分野では引用回数の多さで7位にあたる。

6. Larissa MacFarquhar, "The Deflationist: How Paul Krugman Found Politics," *New Yorker*, March 1, 2010.

書類の一つ）には記載がない。以下の資料は15万ドルとしている。Moritz, *Return to the Little Kingdom*, 227. ジョン・ウィルソンは20万ドルと記している。以下を参照。Wilson, *New Venturers*, 64.

30. 相場の時流に乗って売り買いするモメンタム投資は、公開株を扱う市場でも有効とされることがある。企業に関するニュースが徐々に投資家に広がり、その情報が吸収されるにつれて、同じ方向に動くためだ。しかし、シリコンバレーでは、モメンタム投資を正当化するはるかに強力な根拠がある。事業計画などの企業に関する話題が大いに注目されて、拡散した場合、あたかも予言されていたかのように、それを実現するための力が会社の内外から働く。つまり、自己実現的な予言となることがある。

31. この電話でのやり取りは、アップルの資金調達をめぐる従来の記述には取り上げられていないが、クラムリッチが思い出し、クリスプが追認した。Crisp, author interview; Kramlich, interview by the author, Nov. 17, 2017.

32. Crisp, author interview.

33. Kramlich, author interview.

34. モンタギューがかかわるこのストーリーは、クラムリッチへのインタビューと、アビングワースでモンタギューのパートナーだったピーター・ディックスからの電子メールを基にしている。Kramlich, author interview; Dicks, emails to the author, Jan. 25, 2019.

35. モンタギューの一族は、ロンドンのマーチャント・バンク（投資銀行）であるサミュエル・モンタギューを創設している。兄のデイビッドは会長となり、弟のアンソニーは独自の会社を興した。

36. 当時、フォード財団の幹部だったアンソニー・ホーバマンは、バレンタインからIPOよりも前にアップル株を売却することの是非について、意見を求められたことを思い出してくれた。財団はリミテッド・パートナーとしてセコイアに資金を拠出していた。ホーバマンはバレンタインが適切にリスクを回避しようとしていると歓迎した。Hoberman, interview by the author, Dec. 4, 2019; Hoberman, email to the author, Dec. 4, 2019. ただし、これはバレンタインの証言とは矛盾する。彼が出張中で、オフィスと連絡が取れないうちにアップルの株式は売却されたという。Valentine, interview by the author, April 7, 2018. リターンの倍率はセコイアが提供してくれた。

37. ベンロックにとって、アップルへの、べき乗則の投資は、その1970年代の運用成績を安定から傑出へと水準を転換させた。Tom Nicholas, *VC: An American History* (Cambridge, Mass.: Harvard University Press, 2019), 171–72.

38. Crisp, author interview.

39. Moritz, *Return to the Little Kingdom*, 230.

40. Moritz, *Return to the Little Kingdom*, 286.

41. Moritz, *Return to the Little Kingdom*, 276.

42. Hambrecht, interview by the author, Feb. 7, 2018.

43. Paul Gompers and Josh Lerner, "Money Chasing Deals? The Impact of Fund Inflows on Private Equity Valuations" (Jan. 1998), 6–7, ssrn.com/abstract=57964. 1978年の時点では、ベンチャー投資に費やされた資金全体のうち15%が年金基金からのマネーだった。1988年には全体で30億ドルのうち、46%を占め、年金基金が最大の資金の出し手となった。Paul Gompers, "The Rise and Fall of Venture Capital," *Business and Economic History* 23, no. 2 (Winter 1994): 13.

44. キャピタルゲイン課税の税率引き下げは、税を負担する投資家（富裕層）のベンチャー投資のパートナーシップへの資金拠出や、「エンジェル」投資家としての活動を促進させた可能性がある（ただし、その効果の大きさの測定は、プルーデント・マン・ルールの緩和と年金基金の流入拡大という投資を刺激した別の要因もあって難しい）。同時に、キャピタルゲイン課税の軽減は、起業に時間を割くリスクをいとわない発明家を増やした可能性がある。この点について、ニコラスの著書はジェームズ・ポターバによる研究を引用している。Nicholas, *VC*, 181.

45. ベンチャー・エコノミクス社の集計。

46. William D. Bygrave and Jeffry A. Timmons, *Venture Capital at the Crossroads* (Boston: Harvard Business School Press, 1992), 149.

10. Brent Schlender and Rick Tetzeli, *Becoming Steve Jobs: The Evolution of a Reckless Upstart into a Visionary Leader* (New York: Crown Business, 2016), 46. ［邦訳：ブレント・シュレンダー、リック・テッツェリ『スティーブ・ジョブズ：無謀な男が真のリーダーになるまで 上・下』井口耕二訳、日本経済新聞出版、2016年］

11. Isaacson, *Steve Jobs*, 76.

12. Mike Markkula, "Oral History of Armas Clifford (Mike) Markkula, Jr.," interview by John Hollar, Computer History Museum, May 1, 2012, 24, archive.computerhistory.org/resources/access/text/2012/08/102746385-05-01-acc.pdf. 以下も参照 "Interview with Mike Markkula," *Silicon Genesis: Oral Histories of Semiconductor Industry Pioneers*, June 3, 2014, silicongenesis.stanford.edu/transcripts/markkula.htm.

13. "Apple Computer, Inc.: IPO Prospectus," Dec. 12, 1980, 25, www.swtpc.com/mholley/Apple/Apple_IPO.pdf.

14. Markkula, interview by the author, May 16, 2018.

15. Berlin, *Troublemakers*, 239.

16. Michael Phillips, interview by the author, Dec. 6, 2017. 以下も参照。Michael Phillips, "Rock," *Pro Commerce* (blog), Aug. 3, 2005, phillips.blogs.com/goc/2005/08/rock.html. 当時、ロックに会った未来の投資家マイケル・モーリッツは、彼のスタイルを次のように表現している。「かなり古めかしい考えの持ち主だった。テレビは現代社会の呪い、大麻は心を乱す、文学や芸術にここ20年ほど目立った進展がない、などと信じていた」。Michael Moritz, *Return to the Little Kingdom: Steve Jobs, the Creation of Apple, and How It Changed the World* (New York: Overlook Press, 2009), 227. ［邦訳：マイケル・モーリッツ『スティーブ・ジョブズの王国：アップルはいかにして世界を変えたか？』林信行監修、青木榮一訳、プレジデント社、2010年］

17. Rock, interview by the author, Jan. 30, 2018.

18. Arthur Rock, "Arthur Rock: Early Bay Area Venture Capitalists: Shaping the Economic and Business Landscape," interview by Sally Smith Hughes, 2008, Regional Oral History Office, Bancroft Library, University of California, Berkeley, 2009, 56.

19. Peter Crisp, interview by the author, April 26, 2018; Smith, interview by the author, April 26, 2018.

20. Peter Crisp, "Oral History of Peter Crisp," interview by Marguerite Gong Hancock, Computer History Museum, Aug. 30, 2018, archive.computerhistory.org/resources/access/text/2019/04/102717367-05-01-acc.pdf.

21. Smith, author interview.

22. Crisp, author interview.

23. 「あの投資は、我々にとって極めて珍しいものだった。当時、我々は設立したてのスタートアップに投資することはなかった」。Smith, author interview. 東海岸のVCのやや保守的な文化について、ボストンを地盤とするVCであるマトリックスの創業者のポール・フェリは次のように要約している。「我々には西海岸の一部の人々のように先見の明があるわけではない。我々はあえて危険を冒したりしない」。Karen Southwick, *The Kingmakers: Venture Capital and the Money Behind the Net* (New York: Wiley, 2001), 84. 同じくボストンを拠点とするグレイロックは、前述したように（第3章の原注43）、スタートアップの支援よりも、もっと後の段階の企業に対する「発展の資本」の提供に重点を置いていた。

24. Crisp, interview by Carole Kolker, National Venture Capital Association Oral History Project, Oct. 2008, 47, digitalassets.lib.berkeley.edu/roho/ucb/text/vcg-crisp.pdf.

25. Crisp, author interview.

26. 多くのベンチャー企業の資金調達がそうであるように、正確な数字を突き止めることは難しい。アップルに30万ドルを投じて、株式の10%を得るという初期の計画はピーター・クリスプの回顧による。以下を参照。Crisp, Kolker interview.

27. この比喩は以下を参考にした。Moritz, *Return to the Little Kingdom*, 223.

28. Moritz, *Return to the Little Kingdom*, 227.

29. Markkula, author interview. バレンタインの出資額はS-1（米証券取引委員会＝SEC＝に提出する開示

and Genentech: When Venture Capital Met Science" (Harvard Business School, Oct. 27, 2012), 6. 以下も参照。Judith Michaelson, "Genentech Soars: $300 in Stock Turns Buyer into Millionaire," *Los Angeles Times*, Oct. 16, 1980.

96. ジェネンテックで財務部長を務めたフレッド・ミドルトンはスワンソンに関連して次のように語っている。「ボブも私もトム・パーキンスのことを抜きん出たプロモーター、マーケッター、戦略家、そして資金提供者として、非常に尊敬していた。（中略）山に攻め上ったり、どこか新しい場所に上陸作戦の拠点を築いたりする必要がある場合には、トムがその任務の先頭に立つべきだとボブは考えていた」。Middleton, interview by Glenn E. Bugos, Regional Oral History Office, University of California, Berkeley, 2001, content.cdlib.org/view?docId=kt8k40159r&brand=calisphere&doc.view=entire_text.

97. Goeddel, author interview. 以下も参照。Stephen Hall, *Invisible Frontiers: The Race to Synthesize a Human Gene* (Oxford: Oxford University Press, 1987), 244–45.

98. 「私はその指示を受けてうれしかった。大立者のパーキンスからの指示だったからうれしかった」。Goeddel, author interview.

99. Perkins, Bancroft Library oral history. 以下からの引用。Berlin, *Troublemakers*, 263.

100. John March, "The Fascination of the New," *HBS Bulletin*, Oct. 1982, 55–62.

101. 1984年時点のリミテッド・パートナーシップの内部会計によれば、1976年および77年の投資は合わせて236倍のリターンを獲得した。以下を参照。Wilson, *New Venturers*, 70. ジョン・ウィルソンの著書では、1976年に20万ドルの出資が行われたとあるが、実際には76年と77年に進められた2件の投資のことである。

102. 筆者による計算。以下の資料にあるデータを基にした。Wilson, *New Venturers*, 70.

第4章　アップルをめぐるひそひそ話

1. Leslie Berlin, *Troublemakers: Silicon Valley's Coming of Age* (New York: Simon & Schuster, 2017), 213.

2. Robert Finkel and David Greising, *The Masters of Private Equity and Venture Capital: Management Lessons from the Pioneers of Private Investing* (New York: McGraw-Hill Education, 2009), 160.

3. ゴードン・ムーアも、インテルの従業員が家庭用コンピューターの生産を提案した際に、同じような反応を見せた。「家庭用コンピューターなんて、いったい誰が欲しがるんだ」とムーアは強調した。彼が思いついた唯一の用途は、主婦がレシピを保存しておくことだった。Gordon Moore, "The Accidental Entrepreneur," *Engineering and Science* (Summer 1994): 3, calteches.library.caltech.edu/3777/1/Moore.pdf.

4. Berlin, *Troublemakers*, 230.

5. Walter Isaacson, *Steve Jobs* (New York: Simon & Schuster, 2015), 75.

6. Tom Perkins, "Tom Perkins: Early Bay Area Venture Capitalists: Shaping the Economic and Business Landscape," interview by Sally Smith Hughes, 2009, Regional Oral History Office, Bancroft Library, University of California, Berkeley, 2010, 61, digitalassets.lib.berkeley.edu/roho/ucb/text/perkins_tom.pdf.

7. バレンタインがアップルの投資家に適していたことは、彼自身が説明している投資に対する姿勢からも明らかだ。「我々は（起業家などの）人々がどの学校に通い、どれほど賢いか、といった点の検討には、あまり多くの時間をかけない。我々が関心を持っているのは、彼らが追い求めている市場、彼らが解決しようとしている課題の大きさについての彼らの考え方である」。Felda Hardymon, Tom Nicholas, and Liz Kind, "Don Valentine and Sequoia Capital," Harvard Business School Case Study, April 13, 2014, 49.

8. Isaacson, *Steve Jobs*, 57.

9. Jessica Livingston, *Founders at Work: Stories of Startups' Early Days* (Berkeley, Calif.: Apress, 2008), 44.［邦訳：ジェシカ・リビングストン『Founders at Work：33のスタートアップストーリー』長尾高弘訳、アスキー・メディアワークス、2011年］

68. Susan Benner, "Tandem Has a Fail-Safe Plan for Growth," *Inc.*, June 1, 1981.

69. Kaplan, *Silicon Boys*, 176.

70. スワンソンについて「子犬のようだった」と語っていたのはデイビッド・アースコット。Berlin, *Troublemakers*, 193. 以下も参照。Perkins, "Tom Perkins: Early Bay Area Venture Capitalists," 43.

71. Swanson, interview by Sally Smith Hughes, Regional Oral History Office, University of California, Berkeley, 1996–1997, content.cdlib.org/view?docId=kt9c6006s1&&doc.view=entire_text.

72. Berlin, *Troublemakers*, 193.

73. Sally Smith Hughes, *Genentech: The Beginnings of Biotech* (Chicago: University of Chicago Press, 2011), 33–34. ［邦訳：サリー・スミス・ヒューズ『ジェネンテック：遺伝子工学企業の先駆者』千葉啓恵訳、一灯舎、2013年］

74. Perkins, *Valley Boy*, 119.

75. Hughes, *Genentech*, 32.

76. Hughes, *Genentech*, 34.

77. Berlin, *Troublemakers*, 194–95.

78. Berlin, *Troublemakers*, 195.

79. スワンソンとボイヤーがサンフランシスコのバーに初めて一緒に行ったときの様子を描いたブロンズ像が現在、ジェネンテック本社の研究棟の外に置かれている。

80. Swanson, interview by Hughes.

81. Perkins, "Tom Perkins: Early Bay Area Venture Capitalists," 46.

82. Hughes, *Genentech*, 37.

83. 会議室にいた誰も知らなかっただろうが、この日ジョブズとウォズニアックがアップルを設立した。

84. Perkins, *Valley Boy*, 120.

85. Perkins, interview by Glenn E. Bugos, Regional Oral History Office, University of California, Berkeley, 2001, content.cdlib.org/view?docId=kt1p3010dc&brand=calisphere.

86. Edward J. Sylvester and Lynn C. Klotz, *The Gene Age: Genetic Engineering and the Next Industrial Revolution* (New York: Scribner, 1983), 87. ［邦訳：E・J・シルベスター、L・C・クロッツ『遺伝子の時代：バイオテクノロジー――その原理・生態学そして経営』伊藤敏雄訳、実業之日本社、1985年］

87. Perkins, Bancroft Library Oral History Collection. 以下からの引用。Berlin, *Troublemakers*, 200.

88. John F. Padgett and Walter W. Powell, *The Emergence of Organizations and Markets* (Princeton, N.J.: Princeton University Press, 2012), 419.

89. この時期に創業して成功を収めたほかの企業も、パーキンスが示したような厳しい条件の下で出発した。1977年11月、マイケル・マークラは9万1000ドルでアップルの株式の26%を取得した。以下を参照。Walter Isaacson, *Steve Jobs* (New York: Simon & Schuster, 2015), 75.

90. Kleiner to Nathaniel I. Weiner, May 7, 1976, box 342652, folder "Genentech," Chiron Corporation. 以下からの引用。Hughes, *Genentech*, 41.

91. これらの株式に関する情報はジェネンテックの開示資料から算出した。"Form S-1 Registration Statement: Genentech, Inc.," Securities and Exchange Commission, Oct. 14, 1980.

92. ジェネンテックの科学者のデイブ・ゴーデルは次のように振り返っている。「我々はジェネンテックが合成ヒトインスリンの開発競争に勝たなければ、事業を継続できないことを理解しており、それが動機づけになっていた」。Goeddel, interview by the author, June 11, 2018.

93. Perkins, "Tom Perkins: Early Bay Area Venture Capitalists," 53.

94. デイブ・ゴーデルはある研究員とスワンソンのやり取りを思い出してくれた。「ある男性が『ボブ、私はお金を貯めたいだけで、株式を買うつもりはないと言ったら、どうなるかい』と尋ねた。スワンソンは鋭く言い返した。『では貯金して、自分の頭の検査に使ったほうが良い』」。Goeddel, author interview.

95. この科学者はリチャード・シェラー。以下を参照。Felda Hardymon and Tom Nicholas, "Kleiner-Perkins

クはスタートアップへの支援よりも、「発展の資本」（第5章で説明）を既存企業の成長のために提供することを好んだ。グレイロックの設立から最初の12年間は、ほとんどのリターンが、この安全な「発展の資本」の提供によってもたらされた。Nicholas, *VC*, 163, 165–66.

44. Tom Perkins, *Valley Boy: The Education of Tom Perkins* (New York: Gotham Books, 2008), 45.

45. Perkins, *Valley Boy*, 47.

46. "Tom Perkins: Early Bay Area Venture Capitalists: Shaping the Economic and Business Landscape," interview by Sally Smith Hughes, 2009, Regional Oral History Office, Bancroft Library, University of California, Berkeley, 2010, 4, digitalassets.lib.berkeley.edu/roho/ucb/text/perkins_tom.pdf, 28.

47. この朝食会のホストはテクノロジー分野の銀行家で、パーキンス、クライナーのそれぞれと一緒に投資した経験があるサンディ・ロバートソンだった。

48. Sanford R. Robertson, "Sanford R. Robinson: Early Bay Area Venture Capitalists: Shaping the Economic and Business Landscape," interview by Sally Smith Hughes, Regional Oral History Office, Bancroft Library, University of California, Berkeley, 2011. 以下も参照。Matt Marshall, "San Jose, Calif.—Area High-Tech Icon Dies at Age 80," *Knight-Ridder/Tribune Business News*, Nov. 25, 2003.

49. Perkins, *Valley Boy*, 103.

50. Perkins, "Tom Perkins: Early Bay Area Venture Capitalists," 31–32.

51. Perkins, "Tom Perkins: Early Bay Area Venture Capitalists," 33. クライナーは少々控え目な表現で同意した。「ほかのVCは起業家に資金を渡して、その後は特別観覧席で見守っているだけだった。（中略）我々は小切手を切るだけの投資家になるつもりはなかった」。以下を参照。Peter Meyer, "Eugene Kleiner: Engineer, Venture Capitalist, Founding Father of Silicon Valley," Office of University Relations, Polytechnic University, Brooklyn, Feb. 2006, engineering.nyu.edu/news/_doc/article_69/giantsofpoly-kleiner.pdf.

52. Perkins, *Valley Boy*, 101.

53. David A. Kaplan, *The Silicon Boys and Their Valley of Dreams* (New York: Perennial, 2000), 172. ［邦訳：デイビッド・A・カプラン『シリコンバレー・スピリッツ：起業ゲームの勝利者たち』中山宥訳、ソフトバンククリエイティブ、2000年］

54. Perkins, *Valley Boy*, 109–10.

55. Gaye I. Clemson, *Tandem Computers Unplugged: A People's History* (Campbell, Calif.: FastPencil, 2012), 19.

56. Treybig, interview by the author, April 2018.

57. Perkins, *Valley Boy*, 110–11.

58. このコンピューター科学の専門家はビル・ダビドウ。Treybig, interview by the author, April 2018.

59. このハードウエアのエンジニアはジム・カッツマン。ソフトウエアのエンジニアはマイク・グリーン。Clemson, *Tandem Computers Unplugged*, 12.

60. Byers, interview by the author, May 16, 2018.

61. Perkins, *Valley Boy*, 110–11.

62. Treybig, author interview.

63. Perkins, "Tom Perkins: Early Bay Area Venture Capitalists," 39.

64. 1974年から75年にかけての時期にサッターヒルはベンチャー投資を一切行わず、割安な公開株の購入を優先した。これは良い賭けだったことが証明されたが、タンデムなどのスタートアップには厳しい状況だった。Bill Younger, interview by the author, May 16, 2018.

65. Perkins, *Valley Boy*, 112.

66. この資金調達に応じた唯一のベンチャー投資家がピッチ・ジョンソンだった。10年以上も前にビル・ドレイパーと一緒にポンティアックを借りた人物である。しかし、ジョンソンがタンデムに賭けたのは、わずか5万ドルだった。

67. タンデムはクライナー・パーキンス（KP）の最初のファンドの唯一のホームランではなかったが、もう一つのジェネンテックはKPが第二弾のファンドを組成した1977年の時点では、まだ成果を上げていなかった。パーキンスの告白は以下から。Clemson, *Tandem Computers Unplugged*, 13.

27. ベンチャーキャピタルについての引用は以下から。Margaret O'Mara, *The Code: Silicon Valley and the Remaking of America* (New York: Penguin Press, 2019), 158. ヘッジファンドの状況については以下から。Sebastian Mallaby, *More Money Than God: Hedge Funds and the Making of a New Elite* (New York: Penguin Press, 2010), 41.
28. ベンチャー・エコノミックスの集計値。
29. O'Mara, *Code*, 168. サッターヒルのレン・ベイカーは「このビジネスを生業にする方法があるのか、本当に疑問だった」と1975年当時を振り返った。Baker, interview by the author, Sept. 20, 2017.
30. Preliminary IPO prospectus for Atari, Al Alcorn Papers (M1758), Department of Special Collections and University Archives, Stanford University Libraries. 以下も参照。Curt Vendel and Marty Goldberg, *Atari Inc.: Business Is Fun* (Carmel, N.Y.: Syzygy Press, 2012), 152.
31. Vendel and Goldberg, *Atari Inc.*, 155.
32. Valentine, author interview. 広く知られたシアーズの通販カタログは大半の家庭に行き渡り、シアーズのクレジットカードの世帯普及率は57%に達していた。以下を参照。Berlin, *Troublemakers*, 129.
33. Berlin, *Troublemakers*, 129.
34. バレンタインの仲介によって、シアーズのバイヤーのアタリへの訪問が実現した経緯を、一部のアタリのスタッフは知らなかった。このため、スタッフの間ではこれ以降、シアーズとアタリの提携に関連してバレンタインの名前が言及されることはなかった。しかし、バレンタインも、シアーズ株を大量保有するキャピタル・リサーチのゴードン・クロフォードも、シアーズとアタリを結びつけるために協議したことを覚えていた。Crawford, author interview.
35. Vendel and Goldberg, *Atari Inc.*, 158.
36. Preliminary IPO prospectus for Atari, Alcorn Papers (M1758).
37. Scott Cohen, *Zap! The Rise and Fall of Atari* (Philadelphia: Xlibris, 1984), 50. [邦訳：スコット・コーエン『「アタリ社の失敗」を読む：先端"遊び"ビジネスの旗手』熊沢孝・ルディー和子訳、ダイヤモンド社、1985年]
38. 1976年の新規株式公開は34社で、総額2億3400万ドルを調達した。対照的に1969年にはそれぞれ1026社、26億ドルだった。モルガン・スタンレーの集計。
39. Wilson, *New Venturers*, 63.
40. バレンタインは1975年にキャピタル・グループを離れ、セコイアを独立して運営した。ただし、キャピタルの従業員に代わって投資ファンドを切り盛りすることは続けた。Crawford, author interview; Valentine, author interview.
41. Crawford, author interview. レスリー・バーリンによると、イーストウッドは西海岸への復路の機中でブッシュネルにサンドウィッチを作ってくれた。しかし、東海岸への往路で乗り合わせたクロフォードは、このエピソードを確かに目撃したという。以下を参照。Berlin, *Troublemakers*, 173. 一方、バレンタインは次のように振り返る。「あれはノーラン（ブッシュネル）にとって旅のハイライトだった。彼（イーストウッド）がサンドウィッチを作ってくれたのは偶然ではなかった。彼は私にはサンドイッチを用意してくれなかった。彼はノーランにサンドウィッチをあげていた」
42. 以下の資料にある情報も参考にして筆者が計算した。Wilson, *New Venturers*, 60. S&P500種採用銘柄の1974年6月から1980年6月にかけてのリターンは、配当金を再投資したと仮定して、年率9.1%だった。
43. キュームのCEOはボブ・シュローダーだった。Baker, author interview. 西海岸のベンチャーキャピタルの大胆さが、この地域の相対的な強さの源になった。過去にはテクノロジーの拠点として、ほかの地域のほうが、より優れているように見えていた時期があった。1970年代半ばには、ボストン地区がミニコンピューターを席巻し、ニューヨークのIBMがメインフレームを支配し、テキサスはカリフォルニアより多くのマイクロプロセッサーを生産していた。しかし、ほかの地域はベンチャーキャピタルの濃密なネットワークを欠き、人々に株式で報いる習慣もなかった。1970年代後半にボストンに集まっていたVCの資金規模はシリコンバレーの半分だった。以下を参照。O'Mara, *Code*, 101, 111. さらに、ボストンのVCはリスク回避の傾向がより強かった。例えば、1965年に設立されたグレイロッ

っている。「申し訳ない。私はタヒチにいるだろう。今週末に出発して、4月後半まで戻らない。自分の潜水艦を使って、深い海にいる大型のサメをビデオに収めるつもりだ。9月にトンガでザトウクジラを撮影したのが、この試みの始まりだった」。Tom Nicholas, *VC: An American History* (Cambridge, Mass.: Harvard University Press, 2019), 222.

9. Donald T. Valentine, "Donald T. Valentine: Early Bay Area Venture Capitalists: Shaping the Economic and Business Landscape," interview by Sally Smith Hughes, 2009, Regional Oral History Office, Bancroft Library, University of California, Berkeley, 2010, 8, digitalassets.lib.berkeley.edu/roho/ucb/text/valentine_donald.pdf.

10. キャピタル・リサーチ・アンド・マネジメントは現在も存在し、キャピタル・グループとして知られている。Valentine, "Donald T. Valentine: Early Bay Area Venture Capitalists," 22.

11. Berlin, *Troublemakers*, 127.

12. キャピタル・リサーチのベテランのポートフォリオ・マネジャーだったゴードン・クロフォードによれば、バレンタインは自分で集めた外部の顧客の資金を投じる受け皿として、「キャピタル・マネジメント・ファンド」を設立した。しかし、キャピタルの経営陣のうち懐疑的な人々は、バレンタインがグループ内の顧客の資金を投資に回すことに反対し、止めてしまった。バレンタインはその一方で、「セコイア・ファンド」という別の受け皿も持っていた。こちらではキャピタルの従業員の資金を運用した。上級幹部は通常のVCの手数料を支払わずに、セコイアに資金を拠出することができた。バレンタインはその代わりにキャピタルが提供する医療保険・年金制度を利用し、キャピタルのアナリストに意見を求めることを認められた。Crawford, interview by the author, May 15, 2018.

13. バレンタインは娘にアインというミドルネームをつけた。弟子のような存在のマイケル・モーリッツには、連邦政府に対する意見を次のように明かしている。「もし、ワシントンのいくつかの大通りに地震を起こすことができたなら（政府が機能不全に陥って）、いとも簡単に楽観的な気持ちになれるだろう」。Michael Moritz, *DTV* (self-published, 2020), 31.

14. Valentine, interview by the author, April 7, 2018.

15. Valentine, author interview.

16. Moritz, *DTV*, 36.

17. Valentine, author interview.

18. セコイアの最初のファンドの規模は700万ドルとされることもあるが、セコイアの関係者に確認したところ、500万ドルが正しい数字だという。

19. その後の10年間でハーバード大学の基金はベンチャーキャピタルに対して合わせて1億3000万ドル以上の資金を拠出ないし、拠出の約束をした。John W. Wilson, *The New Venturers: Inside the High-Stakes World of Venture Capital* (Reading, Mass.: Addison-Wesley, 1985), 29.

20. 1990年、イェール大学の基金は他校に先駆けて初めてヘッジファンドのファラロン・キャピタルに資金を拠出し、最先端の投資手段を育成するという大学の基金の役割を拡大させた。

21. Valentine, "Donald T. Valentine: Early Bay Area Venture Capitalists," 33.

22. Daniel Geller, Dayna Goldfine, and Po Bronson, *Something Ventured: Risk, Reward, and the Original Venture Capitalists*, video recording (Zeitgeist Films, 2011).

23. Wilson, *New Venturers*, 53.

24. Donald T. Valentine, "Atari," Sequoia, accessed Sept. 29, 2016, sequoiacap.com/company-story/atari-story.

25. アタリのエンジニアリング部門を率いたアル・アルコーンは早くも1973年の時点でブッシュネルに家庭向けの「ポン」の開発を依頼されたと振り返る。しかし、これはブッシュネルから次々に寄せられたアイデアの一つにすぎなかった。以下を参照。Allan Alcorn, "First-Hand: The Development of Pong: Early Days of Atari and the Video Game Industry," *Engineering and Technology History Wiki*, Jan. 12, 2015, ethw.org/First-Hand:The_Development_of_Pong:_Early_Days_of_Atari_and_the_Video_Game_Industry. 一方、バレンタインも「家庭向けの製品に進出するよう説得されて初めて開発に前向きになった」と回顧している。Steve L. Kent, *The Ultimate History of Video Games* (New York: Three Rivers Press, 2001).

26. 新規株式公開の件数はモルガン・スタンレーの1985年のリポートから。

HarperBusiness, 2014), 31.

59. Berlin, *Man Behind the Microchip*, 150.

60. Malone, *Intel Trinity*, 34.

61. Berlin, *Man Behind the Microchip*, 151.

62. Walter Isaacson, *The Innovators: How a Group of Hackers, Geniuses, and Geeks Created the Digital Revolution* (New York: Simon & Schuster, 2014), 185.

63. Arthur Rock, "Early Bay Area Venture Capitalists: Shaping the Economic and Business Landscape," interview by Sally Smith Hughes, Regional Oral History Office, Bancroft Library, University of California, Berkeley, 2009, 47.

64. ロックは別途、1株5ドルの条件で30万ドルを拠出した。1株1ドルの有利な条件で1万ドルの出資が認められたのは、資金調達を取りまとめることへの報酬だった。Rock, interview by the author, Jan. 30, 2018.

65. John Hollar and Douglas Fairbairn, "Gordon Moore and Arthur Rock Oral History Panel," Computer History Museum, July 9, 2014, 23, archive.computerhistory.org/resources/access/text/2015/09/102739934-05-01-acc.pdf.

66. Wolfe, "Tinkerings of Robert Noyce."

67. 「ほとんどの従業員が、既存の会社で得られるよりも、少ない賃金に甘んじていた。それゆえ、私はこの会社（インテル）が成功したなら、彼らは報われるべきだと思った」とロックは振り返る。Rock, email to the author, March 1, 2019. ロックはこれより前の対話では「ノイス、ムーア、そして私で経営委員会を構成していた。我々は（ストック）オプションを付与するべきだと申し合わせた。では、誰に与えるのか。私は全従業員を対象にすることを提案した。問題はどの段階で認めるかだった。我々は入社後1年経ってからと決めた。私はオプションを付与している、ほかのいくつかの会社で取締役会のメンバーになっていたため、これが機能すると分かっていた」と説明している。Rock, interview by the author, Nov. 8, 2017. ただし、留意すべき点がある。ロックはほかのインタビューでは、全従業員へのストックオプションの付与が、ノイスではなく、自分の発案だと、これほど明確には述べていないことだ。もっとも、その反対を示唆したことはない。

68. Berlin, *Man Behind the Microchip*, 165.

第3章　セコイア、クライナー・パーキンス、そしてアクティビストの資本

1. Walter Isaacson, *The Innovators: How a Group of Inventors, Hackers, Geniuses, and Geeks Created the Digital Revolution* (New York: Simon & Schuster, 2014), 212.

2. Leslie Berlin, *Troublemakers: Silicon Valley's Coming of Age* (New York: Simon & Schuster, 2017), 120.［邦訳：レスリー・バーリン『TROUBLE MAKERS トラブルメーカーズ：「異端児」たちはいかにしてシリコンバレーを創ったのか？』牧野洋訳、ディスカヴァー・トゥエンティワン、2021年］

3. Steve Coll, "When the Magic Goes," *Inc.*, Oct. 1, 1984.

4. Berlin, *Troublemakers*, 123.

5. Luke Dormehl, *The Apple Revolution: The Real Story of How Steve Jobs and the Crazy Ones Took Over the World* (London: Virgin Books, 2013), 56.

6. Berlin, *Troublemakers*, 124.

7. 以下を参照。Randall E. Stross, *eBoys: The First Inside Account of Venture Capitalists at Work* (New York: Ballantine Books, 2001)［邦訳：ランダル・E・ストロス『eボーイズ：ベンチャーキャピタル成功物語』春日井晶子訳、日本経済新聞出版、2001年］; "Peaks and Valleys," *Inc.*, May 1, 1985, inc.com/magazine/19850501/7289.html.

8. Nancy Keates, "A Penthouse Fit for a King," *Wall Street Journal*, July 27, 2012, www.wsj.com/news/articles/SB10000872396390444025204577545980352957576. パーキンスはハーバード大学での講演の依頼も断

Computer/Space Age," *Investor's Business Daily*, Aug. 19, 2010. デービスとパレフスキーの長時間の会話の内容は以下を参照。Wilson, *New Venturers*, 36.

39. Wilson, *New Venturers*, 36.

40. Rock, "Strategy vs. Tactics," 66.

41. Rock, "Strategy vs. Tactics," 67.

42. 初期投資の規模はロックの個人資料から引用した。デービス&ロックのSDSに対する投資のリターンについて、ジョン・ウィルソンは6000万ドルだったと記している。以下を参照。Wilson, *New Venturers*, 37. 一方、ロックは筆者との何度かのやり取りの中で、1億ドルだったと述べた。この違いは、ウィルソンの数字がデービス&ロックのパートナーシップを清算した際に保有していたSDSの株式の価値を反映しているのに対し、ロックの数字は1969年にSDSがゼロックスに身売りした際の価値を表していることに由来すると思われる。仮に、デービス&ロックのパートナー全員がゼロックスに身売りするまで株式を持ち続けていたとすると、リターンは389倍となる。

43. Michael Moritz, "Arthur Rock: The Best Long-Ball Hitter Around," *Time*, Jan. 23, 1984, 64.

44. ロックのSDSに対する最大の貢献は、パレフスキーの営業チームを説得して、コスト1万8000ドルで製作した最初のコンピューターを10万ドルという挑戦的な価格で販売させたことだった。フェアチャイルドが半導体を大幅なマージンで売るのを見ていたロックは、SDSの技術力は十分に革新的であり、高値の追求は可能だと理解していた。製品価格にプレミアムがつくことにより、研究への投資を拡大して、価格設定の力をより揺るぎないものにできる。Wilson, *New Venturers*, 39. 1962年にハーバード大学ビジネススクールの出身者向けに行った講演でロックは、「会社が陥る最も大きな間違いの一つが自社製品の価格をあまりに低く設定することだ」と指摘した。

45. Rock, interview by the author, Feb. 8, 2018.

46. Wilson, *New Venturers*, 39. SDSの企業価値の評価額を、ミニコンピューター・メーカーのワング・ラボラトリーズと比較してみよう。同社は1967年に新規株式公開（IPO）を実施し、その当日の終値で計算した時価総額は7000万ドルだった。注目に値する水準とされたが、SDSの身売りの際の10分の1にも満たなかった。Margaret O'Mara, *The Code: Silicon Valley and the Remaking of America* (New York: Penguin Press, 2019), 86.

47. Foster Parker (a limited partner in Houston) to Rock and Davis, Aug. 23, 1968, Rock personal archive.

48. Richard L. Vanderveld, "S.F. Investor Team Bankrolls High-Flying Firms of Future," *Los Angeles Times*, Aug. 28, 1967.

49. "The Money Men," *Forbes*, Nov. 1, 1968, 74.

50. ベンチャー・エコノミクス社の集計。

51. Tom Wolfe, "The Tinkerings of Robert Noyce," *Esquire*, Dec. 1983, web.stanford.edu/class/e145/2007_fall/materials/noyce.html.

52. Berlin, *Man Behind the Microchip*, 120. フェアチャイルド・セミコンダクター以前にも、西海岸のテクノロジー系企業のヴァリアン・アソシエイツなどがエンジニアに株式を付与していた。Nicholas, *VC*, 192.

53. Last, interview by the author, Sept. 20, 2017.

54. Berlin, *Man Behind the Microchip*, 123.

55. Rock, interview by the author, Nov. 8, 2017.

56. George A Roberts, *Distant Force: A Memoir of the Teledyne Corporation and the Man Who Created It* (Teledyne Corporation, 2007), 14. 以下の資料では、やや異なる説明がなされている。Berlin, *Man Behind the Microchip*, 123.

57. "Companies | The Silicon Engine | Computer History Museum," website, accessed Sept. 13, 2017, www.computerhistory.org/siliconengine/companies.

58. このように書いたのは半導体回路の設計者であるボブ・ワイドラー。Michael Malone, *The Intel Trinity: How Robert Noyce, Gordon Moore, and Andy Grove Built the World's Most Important Company* (New York:

トアップの取締役会のメンバーになることを禁じられ、持ち株の上限は10%になる。Paul A. Gompers and Joshua Lerner, *The Money of Invention: How Venture Capital Creates New Wealth* (Boston: Harvard Business School Press, 2001), 89, 97.

21. ロックは借入金の返済に眉をひそめただけでなく、配当の実施にも激しく反対した。あるとき、同業のベッセマーのピート・バンクロフトがスキー場の頂上で、自分には投資先企業に株主への配当を迫ったことがあると告白すると、ロックは、これまで聞いた中で最も馬鹿げたことだと言い放ち、トップスピードで山を降りて姿を消したという。Bancroft, interview by the author, Nov. 18, 2017.

22. 経験則では、起業家とベンチャー・ファンドの持ち分（会社の所有権）は半々だった。そして、双方の持ち分から従業員向けの株式を分与した。Rock, interview with the author, Nov. 16, 2017. 従業員にどこまで分与するかは、まちまちだが10%が典型的だった。以下を参照。Rock to Davis, Dec. 30, 1960, Rock personal archive.

23. Rock, interview by the author, Jan. 30, 2018.

24. フェアチャイルドの創設メンバーである8人の反逆者のうち、ロバート・ノイスとゴードン・ムーアだけはデービス&ロックに出資しなかった。フェアチャイルドの競争相手を支援する可能性があるベンチャー・ファンドに資金を拠出することを禁じられていた。Rock personal archive. 以下も参照。Leslie Berlin, *The Man Behind the Microchip: Robert Noyce and the Invention of Silicon Valley* (New York: Oxford University Press, 2006), 123.

25. ロックはデービスと同じ点を指摘している。「損を帳消しした上に、きちんとしたリターンを得る」ことができるよう、投資先の中には一つ、ないし二つの満塁ホームラン級の大当たりが必要だと述べている。Speech delivered to Harvard Business School Club of San Francisco, Jan. 31, 1962, Rock personal archive.

26. この段落で引用したデービスの発言と、デービス&ロックのリターンの目標数値は以下の資料による。Thomas J. Davis Jr., "How to Pick a Winner in the Electronics Industry" (speech to the Western Electronic Manufacturers' Association, Palo Alto, Sept. 19, 1966), Baker Library Special Collections, Harvard Business School.

27. Rock to Davis, Dec. 30, 1960, Rock personal archive.

28. Davis, "How to Pick a Winner in the Electronics Industry."

29. Arthur Rock, "Strategy vs. Tactics from a Venture Capitalist," *Harvard Business Review*, Nov.-Dec. 1987, 63.

30. Rock, speech to Harvard Business School Club of San Francisco, Jan. 31, 1962.

31. 「私には研究室に行って、そこで行われている作業が収益性の高い売り上げにつながるかどうかを判断する能力はない」とロックは認めている。Rock, speech to Harvard Business School Club of San Francisco, Jan. 31, 1962.

32. Rock, "Strategy vs. Tactics." 以下も参照。Rock, interview by Amy Blitz, March 2001, 9, hbs.edu/entrepreneurs/pdf/arthurrock.pdf.

33. Wilson, *New Venturers*, 36.

34. John Markoff, "An Evening with Legendary Venture Capitalist Arthur Rock in Conversation with John Markoff," Computer History Museum, May 1, 2007, 16, archive.computerhistory.org/resources/access/text/2012/05/102658253-05-01-acc.pdf.

35. Rock, interview with the author, Feb. 7, 2017.

36. Rock, "Strategy vs. Tactics," 64. マックス・パレフスキーはロックには「人の話を聞く能力がある」と同意する。「その人が何を話しているのか、という技術的な部分よりも、その人が自分自身について語っていることを聞き分ける能力で優れている。彼の直感は素晴らしい」。これは以下からの引用。Felda Hardymon, Tom Nicholas, and Liz Kind, "Arthur Rock," Harvard Business School Case Study, 9-813-138, Jan. 18, 2013.

37. このパレフスキーをめぐるやり取りは主に以下から引用した。Wilson, *New Venturers*, 36.

38. James Detar, "A Chip Charger to the Max; Persevere: Max Palevsky Rose from Poverty to Help Spark the

Princeton, N.J.: Princeton University Press, 2012), 38. ジョシュ・ラーナーはSBICプログラムの最も有益な成果は、間接的なものだと記している。具体的には、専門の法律家や、データ・サービスなどスタートアップを支える層の発展を促したことである。同様にSBICプログラムは、後にパートナーシップ型の民間のベンチャーキャピタルで活躍する多数の投資家を養成する一助となった。以下を参照。Nicholas, *VC*, 109, 141. しかし、1960年代と70年代に最も影響力を持ったベンチャー向け投資家のアーサー・ロック、トム・パーキンス、そしてドン・バレンタインはSBICとは無縁だったことも明らかになっている。

12. SBICの1961年から69年にかけてのリターンは平均で年率5%にとどまり、投資家がダウ・ジョーンズの株価指数に連動するように投資した場合に得られた同8%を下回った。Noone and Rubel, *SBICs*, 108.

13. William D. Bygrave and Jeffry A. Timmons, *Venture Capital at the Crossroads* (Boston: Harvard Business School Press, 1992), 22. [邦訳：ウィリアム・D・バイグレイブ、ジェフリー・A・ティモンズ『ベンチャーキャピタルの実態と戦略』日本合同ファイナンス訳、東洋経済新報社、1995年]。以下も参照。Paul Gompers, "The Rise and Fall of Venture Capital," *Business and Economic History* 23, no. 2 (Winter 1994): 7–8.

14. ロックは株式の売買仲介のビジネスに対する不満と、西海岸への移動の理由を以下で述べている。Speech delivered to the Harvard Business School Club of San Francisco, January 31, 1962, Arthur Rock personal archive. 演説内容のコピーはハーバード大学ビジネススクールのベーカー図書館で閲覧することができる。

15. Thomas P. Murphy, "What Makes Tommy Davis Run?," *Forbes*, April 25, 1983.

16. Arthur Rock, "Arthur Rock & Co," in *Done Deals: Venture Capitalists Tell Their Stories*, ed. Udayan Gupta (Boston: Harvard Business School Press, 2000), 142.

17. John W. Wilson, *The New Venturers: Inside the High-Stakes World of Venture Capital* (Reading, Mass.: Addison-Wesley, 1985), 35.

18. 1959年、退役陸軍少将のウィリアム・ドレイパー（第2章に登場するSBICを設立した同姓の投資家の父親）はリミテッド・パートナーシップ型では初のベンチャーキャピタルとなるドレイパー・ガイサー＆アンダーソン（DG&A）の設立に加わった。しかし、2番目に名前が出てくるローワン・ガイサーが間もなく末期がんと診断され、DG&Aは行き詰まった。主要なリミテッド・パートナーが資金を引き揚げ、アンダーソンも健康を害し、ドレイパーは撤退した。デービスとロックに、このDG&Aの組織形態が優れているかどうかを証明する役目が回ってきた。デービス＆ロックが、意識的にDG&Aの仕組みを模倣したのかどうかは不明である。ロックはDG&Aが先行していたことに気づいていなかったと話すが、デービスが知っていた可能性はある。以下を参照。Leslie Berlin, "The First Venture Capital Firm in Silicon Valley: Draper, Gaither & Anderson," in *Making the American Century: Essays on the Political Culture of Twentieth Century America*, ed. Bruce J. Schulman (Oxford: Oxford University Press, 2014). 158. 以下も参照。Nicholas, *VC*, 158–59.

19. ロックはインタビューの中で、パートナーシップはリミテッド・パートナーからの追加拠出の約束を含めると500万ドルの資金枠を確保していたが、既存の投資先企業のことで頭がいっぱいになり、さらなる投資を検討できず、資金枠を使い切ることはなかったと述べた。しかし、パートナーシップの登録証の資本金額は、追加拠出を見込まない、339万ドルとあった。この点を指摘するとロックは、「私の59年間の記憶は事実によって打ち消される」と明るく認めた。Rock, email to the author, March 4, 2019. Rock to the Limited Partners, 1961, and Certificate of Partnership, Oct. 10, 1961, Rock personal archive. リミテッド・パートナーの数は以下から。Rock to Jeffrey O. Henley, Feb. 7, 1967, Rock personal archive.

20. 制度上の保護が要らない、いわゆるプロの投資家である「適格投資家」を100人未満に絞った場合、パートナーシップは1940年投資会社法に基づく、規制の対象外となり、ポートフォリオについての詳細な情報開示は免除される。また、この法律の適用対象になると、ゼネラル・パートナーはスター

100. この税引き後利益の数値は筆者の推定で、あくまでも概算である。1959年当時、フェアチャイルド・セミコンダクターは、平均給与1万2000ドルの科学者を約40人雇用していたため、コストは合計で48万ドル前後。その他の従業員は140人で、平均給与はその半分程度だったため、総合計では約130万ドルとなる。(1959年と1960年の従業員数は以下の資料から。Lecuyer, *Fairchild Semiconductor and Its Influence*, 180)。設備、機械、原材料の費用は、おそらく合わせて100万ドルほど。売り上げからこれらを差し引いた税引き前利益は420万ドル程度となる。法人税は52%だったことから、税引き後利益は200万ドル程度と推定される。この試算についてはアーサー・ロックの助言に謝意を表したい。

101. Berlin, "Robert Noyce and Fairchild Semiconductor, 1957–1968," 81.

102. ほかの有力企業では、例えば、イーストマン・コダックの場合、株価収益率はIBMよりも低く、1959年の株価は1株利益の21倍から35倍で推移した。フェアチャイルドは急成長していたため、IBMの同年の倍率の高い方をベンチマークとするのが妥当だと思われる。以下を参照。"Changing Times," *Kiplinger Magazine*, Nov. 1967, 23.

103. 前述したように、ARDがDECへの投資で得たリターンのほうが大きい。しかし、それは2年ではなく、14年かけて実現したものだった。

第2章　ファイナンス理論に縛られないファイナンス

1. Peter F. Drucker, "The New Tycoons: America's Next Twenty Years, Part III," *Harper's Magazine*, May 1955, harpers.org/archive/1955/05/americas-next-twenty-years-3.

2. Charles M. Noone and Stanley M. Rubel, *SBICs: Pioneers in Organized Venture Capital* (Chicago: Capital, 1970), 30.

3. この責任者は1963年に着任したリチャード・E・ケリー。Leonard Sloane, "U.S. Is Changing S.B.I.C. Approach: Regulatory Stand Shifted on Investment Units," *New York Times*, Aug. 1, 1965.

4. "Franklin P. 'Pitch' Johnson Jr., MBA 1952—Alumni—Harvard Business School," Harvard Business School (website), alumni.hbs.edu/stories/Pages/story-bulletin.aspx?num=11.

5. Pitch Johnson and Frank Caufield, interview by the author, April 26, 2017.

6. William H. Draper III, *The Startup Game: Inside the Partnership Between Venture Capitalists and Entrepreneurs* (New York: Palgrave Macmillan, 2011), 31–32.

7. Draper, *Startup Game*, 33.

8. William H. Draper III, "William H. Draper III: Early Bay Area Venture Capitalists: Shaping the Economic and Business Landscape," interview by Sally Smith Hughes, 2008, Regional Oral History Office, University of California, Berkeley, 2009, 86, digitalassets.lib.berkeley.edu/roho/ucb/text/draper_ william.pdf.

9. 2018年5月15日のインタビューで、ドレイパーとジョンソンは、売却時にそれぞれ20万ドルを得たと回顧した。7万5000ドルの初期投資に対して2.7倍のリターンだった。同じ3年間でS&P500種株価指数はおよそ1.7倍になった。

10. SBICが配当金を必要としていたのに対し、同じくベンチャー投資に特化したアメリカン・リサーチ・アンド・デベロップメント（ARD）は管理費用を徴収していた。投資家からではなく、投資先企業からである。また、ARDは投資先企業に対して、転換社債や優先株の購入を通じて、一部資金を提供していた。これらによってARD側には利息・配当収入が見込める。成長のための資本を必要とする投資先企業からお金が流出するという意味では逆効果だった。Tom Nicholas, *VC: An American History* (Cambridge, Mass.: Harvard University Press, 2019), 125.

11. SBICプログラムが欠点を抱えていることの、さらなる兆候として、SBICの10社に9社が規制に不満を感じ、規制の回避策を講じていたことが挙げられる。以下を参照。Martha Louise Reiner, "The Transformation of Venture Capital: A History of Venture Capital Organizations in the United States" (PhD diss., University of California, Berkeley, 1989), 282. 以下も参照。Josh Lerner, *Boulevard of Broken Dreams: Why Public Efforts to Boost Entrepreneurship and Venture Capital Have Failed—and What to Do About It* (repr.,

ない事業のために鳴り物入りでお金を集めることは、それまでとは相当かけ離れた取り組みだった。しかも、100万ドル超という目標には、ほぼ前例がなかった。1956年にゼネラル・トランジスターが新規株式公開した際の資金調達額は30万ドルにとどまった。ARDがDEC創業時に拠出した金額はわずか10万ドルだった。

81. Berlin, *Man Behind the Microchip*, 78.

82. Berlin, *Man Behind the Microchip*, 81.

83. トム・ウルフは8人の反逆者についての古典的なエッセイの中で、ノイスの「100アンペアのまなざし」について書いている。Wolfe, "Tinkerings of Robert Noyce."

84. Rock, author interviews. 以下も参照。Berlin, *Man Behind the Microchip*, 81.

85. Berlin, *Man Behind the Microchip*, 81.

86. Michael S. Malone, *The Big Score: The Billion-Dollar Story of Silicon Valley* (Garden City, N.Y.: Doubleday, 1985), 70.

87. Wilson, *New Venturers*, 33. 以下も参照。Arthur Rock, "Arthur Rock: Early Bay Area Venture Capitalists: Shaping the Economic and Business Landscape," interview by Sally Smith Hughes, 2008, Regional Oral History Office, Bancroft Library, University of California, Berkeley, 2009, 21, digitalassets.lib.berkeley.edu/roho/ucb/text/rock_arthur.pdf.

88. Felda Hardymon, Tom Nicholas, and Liz Kind, "Arthur Rock Case Study," Harvard Business School, Jan. 18, 2013, 3.

89. シャーマン・フェアチャイルドは60歳代の几帳面な美食家で、頻繁にニューヨークの高級レストラン「21クラブ」を訪れ、「新しいブートニエール（男性がボタンホールに飾る花）のように数日ごとに別の美女を伴っていた」とフォーチュン誌は書いている。以下を参照。"Multifarious Sherman Fairchild," *Fortune*, May 1960, 170. 以下も参照。"Sherman Fairchild—Man of Few Miscalculations," *Electronic News*, Sept. 13, 1965. フェアチャイルドは、IBMの最初の投資家の1人だった父親から財産を受け継いだ。

90. Berlin, *Man Behind the Microchip*, 85.

91. Malone, *Intel Trinity*, 14–15.

92. ショックレー半導体研究所での8人の反逆者の給与は、8100ドルから1万2000ドルの間だった。Berlin, *Man Behind the Microchip*, 86.

93. フェアチャイルド・カメラ・アンド・インスツルメントは150万ドルを拠出したとしばしば言われる。以下を参照。Rock, "Arthur Rock: Early Bay Area Venture Capitalists," 25. しかし、レスリー・バーリンの報告によれば、フェアチャイルドは138万ドルを融資し、ほぼ1年半にわたって毎月3000ドルを支給した。以下を参照。Berlin, "Robert Noyce and Fairchild Semiconductor," 76. フェアチャイルド・セミコンダクターの設立時の資料がバーリンの数値の裏づけとなるようだ。以下を参照。Bo Lojek, *History of Semiconductor Engineering* (New York: Springer, 2007), 105.

94. フェアチャイルド・カメラのオプションはフェアチャイルド・セミコンダクターが3期連続で年間30万ドルを超える純利益を計上した場合、失効することになっていた。それより先の期間では、フェアチャイルド・カメラがフェアチャイルド・セミコンダクターを500万ドルで買収できるとしていた。Berlin, *Man Behind the Microchip*, 89.

95. Malone, *Big Score*, 89.

96. Wolfe, "Tinkerings of Robert Noyce"; Meyer, "Eugene Kleiner," 18; Berlin, "Robert Noyce and Fairchild Semiconductor, 1957–1968."

97. ジェイ・ラストとジャン・ホーニーはロックと一緒によく登山した。

98. Wilson, *New Venturers*, 34. 以下も参照。Christophe Lecuyer, "Fairchild Semiconductor and Its Influence," in Lee et al., *Silicon Valley Edge*, 167.

99. Memorandum from Rock to Coyle, March 27, 1958, Rock personal archive. この営業利益率は当時、ロックが書いた別のメモに由来し、彼の個人的な資料の中に含まれている。

た利益を配当すると、今度はARDの株主がその配当に課税される。対照的に、パートナーシップは課税されないパススルー・エンティティ（法人）として扱われる。つまり課税は一度きりである。以下を参照。Nicholas, *VC*, 120.

62. Ante, *Creative Capital*, 185.

63. Ante, *Creative Capital*, 191–92.

64. Wilson, *New Venturers*, 20.

65. Ante, *Creative Capital*, 167.

66. Ante, *Creative Capital*, 201. ARDの従業員は投資先の企業の株式を取得することも、ストックオプションを付与されることも規制によって禁じられていた。これも報酬を二の次とするドリオの考えを支えていた。Nicholas, *VC*, 131.

67. 例えば、1955年にARDの株式は、同社の1株当たりの純資産の65%相当という割安な水準で取引されていた。Nicholas, *VC*, 126. 以下も参照。Ante, *Creative Capital*, 137.

68. ARDの1株当たり純資産は1946年の2.01ドルから1971年には69.67ドルと35倍に膨らんだ。これに対しARDの株価は同期間に2.08ドルから54.88ドルへと26倍になったにとどまる（この間のARDの配当はつつましい水準であり、配当を考慮して計算し直したとしても影響はほとんどない）。ARDが活動した1947年2月から1971年12月までに、S&P500種株価指数は、配当収入を再投資した前提で計算すると、18倍だった。ARDのデータは以下を参照。Georges Doriot to stockholders, Feb. 4, 1972. 以下も参照。Liles, "Sustaining the Venture Capital Firm," 83.

69. Peter Meyer, "Eugene Kleiner: Engineer, Venture Capitalist, Founding Father of Silicon Valley," Office of University Relations, Polytechnic University, Brooklyn, Feb. 2006, 17, engineering.nyu.edu/news/_doc/article_69/giantsofpoly-kleiner.pdf.

70. アーサー・ロックは2017年と18年に複数回の対話に応じ、個人的な資料に繰り返しアクセスすることを認めてくれた。謝意を表したい。ウェンディ・ダウニングには、これらで助けてもらった。

71. ロックはあるとき、あまりに激しい暴力を受け、両親がそのいじめっ子を裁判に訴えたほどだった。ロックは著者との一連の対話のうち何度かで、幼少期を振り返った。

72. 「ベックマンが全面的に支持し、ショックレーのノーベル賞受賞というこの上ない名声もある会社を去る。その理由は彼が正しい行いをしていないことだという。性格が表れている話だ」Rock, interview by the author, Feb. 7, 2018.

73. Rock to Kleiner, June 21, 1957, Arthur Rock personal archive.

74. Jay Last, interview by the author, Sept. 20, 2017. 以下も参照。Michael Malone, *The Intel Trinity: How Robert Noyce, Gordon Moore, and Andy Grove Built the World's Most Important Company* (New York: HarperBusiness, 2014), 14. [邦訳：マイケル・マローン『インテル：世界で最も重要な会社の産業史』土方奈美訳、文藝春秋、2015年]。このやり取りは資料によってバリエーションがある。例えば、以下を参照。Gordon Moore, "The Accidental Entrepreneur," *Engineering and Science* (Summer 1994): 24, calteches.library.caltech.edu/3777/1/Moore.pdf.

75. カール・マルクスは、企業の従業員は所有者に搾取され、「疎外」と呼ばれる一種の絶望的な状態に置かれるだろうと予言したことで知られる。皮肉なことに、ショックレー・セミコンダクターの士気が低下した8人の従業員を解放するためには、ベンチャーキャピタリストという超資本家（ハイパーキャピタリスト）が必要だった。

76. Last, author interview; "Fairchild 50th Anniversary Panel," silicongenesis.stanford.edu/transcripts/Fairchild%2050th.htm.

77. Arnold Thackray, David Brock, and Rachel Jones, *Moore's Law: The Life of Gordon Moore, Silicon Valley's Quiet Revolutionary* (New York: Basic Books, 2015).

78. Rock, interview by the author, Feb. 7, 2018.

79. Rock, interview by the author, Feb. 7, 2018.

80. ヘイデン・ストーンは通常、既に始まっている事業向けの資金調達案件を扱っていた。存在してもい

46. Dennis, email to the author, March 6, 2018. 以下も参照。Dennis, "Reid Dennis: Early Bay Area Venture Capitalists."

47. Dennis, "Institutional Venture Partners," 183.

48. デニスによれば、ザ・グループが資金を拠出した案件は1年間に5件ないし6件で、通算では22件から24件に上った。Dennis, email to the author, March 6, 2018. ザ・グループは1962年に正式に西部中小企業投資会社協会となり、1969年に西部ベンチャーキャピタリスト協会に衣替えした。ザ・グループはデニスが1974年にベンチャー企業協会を旗揚げする出発点の一つでもあった。

49. Ante, *Creative Capital*, xv–xvi.

50. "Venture Capital, American Research Development Corporation, 1946 | The MIT 150 Exhibition," accessed Oct. 13, 2017, museum.mit.edu/150/78.

51. MITがアメリカン・リサーチ・アンド・デベロップメント（ARD）の設立に貢献したという事実は、スタンフォード大学だけが民間のテクノロジー分野での起業を促す存在だったわけではないことを示している。しかし、ARDの設立に尽力したカール・コンプトン学長が1950年代の半ばになって翻意し、ARDが後退を余儀なくされたことを付け加えるべきだろう。ドリオは1953年11月の年次総会向けの文書で「ベンチャーキャピタルはもはやファッショナブルではない」と書いたが、その嘆きの背景には、あらゆるARDの報告書や出版物からMITの名前を外すよう求める大学側のUターンの判断があったように見える。翌年にコンプトンが死去して、ドリオの味方は本当にいなくなった。MITのARDへの対応は、ドリオとそりが合わない財務部門のトップ、ホーレス・フォードに委ねられることになった。結局、MITは1955年にARDの持ち株をすべて売却し、この別離のプロセスは完了した。スタートアップへの投資は「慎重で思慮深く、知性のある人物の自己管理」のあり方とは一致しないとの結論を大学として下した。それでも、ARDはMITの教授陣によって設立されたDECなどの企業を支援し続けた。以下を参照。Ante, *Creative Capital*, 138. 以下も参照。Saxenian, *Regional Advantage*, 15.

52. ARDは新たに起用するDECの経営者に割り当てる予定だった株式も追加で取得した。Ante, *Creative Capital*, 151.

53. ARDは1968年にDEC株を一部売却して2640万ドルを得た。ARDは1972年に身売りして独立企業としての歴史に幕を閉じるが、その直前の1971年末時点でなお3億5500万ドル相当のDEC株を保有していた。以下を参照。Patrick Liles, "Sustaining the Venture Capital Firm" (PhD diss., Harvard Business School, 1977), 83. つまり、ARDがDECに当初出資した7万ドルを基にすれば、リターンは5440倍余りとなる。しかし、資料によってARDがDECに出資した金額の累計値は異なる。ある資料では出資額を計20万ドルとしており、この場合、リターンは1900倍余りとなる。以下を参照。Tom Nicholas and David Chen, "Georges Doriot and American Venture Capital Case Study," Harvard Business School Case 812-110, Jan. 2012 (revised Aug. 2015). 一方、スペンサー・アンテはリターンが700倍だったと書いている。以下を参照。Ante, *Creative Capital*, xviii. このように困惑させられるほど試算に幅があるのは、相当研究されているベンチャー関連の企業であっても、不透明性が大きいことを示している。

54. ARDはDEC以外の投資先からは、持ち株の売却でわずか2000万ドルを回収したにとどまった。そのほかに、1971年末の時点でまだ売却していない持ち株には7700万ドルの含み益があった。以下を参照。Liles, "Sustaining the Venture Capital Firm," 83.

55. トム・ニコラスはアンテに同意して、「ARDは現代のベンチャーキャピタル産業の発展において重要な存在だったと広く認識されている」と記している。Nicholas, *VC*, 108.

56. Ante, *Creative Capital*, 172–73.

57. Ante, *Creative Capital*, 133.

58. Ante, *Creative Capital*, 172–73.

59. Doriot, *ARD Annual Report*, 1971, George F. Doriot papers, Baker Library, Harvard Business School.

60. Ante, *Creative Capital*, xix.

61. 理屈の上では、株式公開企業という仕組みは、パートナーシップよりも税制面で不利である。ARDは持ち株比率が10%を超える投資先からのキャピタルゲインに対して課税される。そしてARDが得アメリカ投資銀行協会での講演で「ベンチャーキャピタル」という表現を使った。以下を参照。Martha L. Reiner, "Innovation and the Creation of Venture Capital Organizations," *Business and Economic History* 20, no. 2 (1991). しかし、この言葉遣いは定着せず、広く認知されるのは、少なくとも1960年代に入ってからだった。

29. Martha Louise Reiner, "The Transformation of Venture Capital: A History of Venture Capital Organizations in the United States" (PhD diss., University of California, Berkeley, 1989), 141–42.

30. Udayan Gupta, ed., *Done Deals: Venture Capitalists Tell Their Stories* (Boston: Harvard Business School Press, 2000), 96. [邦訳：ウダヤン・グプタ『アメリカを創ったベンチャー・キャピタリスト：夢を支えた35人の軌跡』楡井浩一訳、翔泳社、2002年]

31. ホイットニーのファンドは、1946年2月から1951年8月までの間に価値が2倍になったと報じられている。この間のインフレは累積で43%に達し、S&P500種株価指数の構成銘柄に資金を投じ、配当を再投資していた人には計75%のリターンをもたらした。

32. ホイットニーのファンドは低調な運用成績を自覚し、より安全で、より成熟した分野への投資に移行した。Tom Nicholas, *VC: An American History* (Cambridge, Mass.: Harvard University Press, 2019), 308. [邦訳：トム・ニコラス『ベンチャーキャピタル全史』鈴木立哉訳、新潮社、2022年]

33. 3番目の発言者はベノ・シュミット。以下を参照。Gupta, *Done Deals*, 98. 既に述べたように、「ベンチャーキャピタル」という言葉は、他の人々も使っており、自らをベンチャーキャピタルの父とするホイットニーの主張には無理がある。

34. "Made General Partner in J. H. Whitney & Co.," *New York Times*, Oct. 3, 1947, nytimes.com/1947/10/13/archives/made-general-partner-in-jh-whitney-co.html.

35. 1962年、ピッチ・ジョンソンはベンチャーキャピタルを組成した後、サンタクララ渓谷のいくつかの企業を回った。「我々はベンチャーキャピタリストだと名乗ったが、彼らにはそれが何を意味しているのか見当もつかなかった」という。ジョンソンのパートナーのウィリアム・ドレイパーは「妻は友人たちに私がプライベートバンキングの分野で働いていると伝えることにしていた」と覚えていた。「ベンチャーキャピタルが何なのかを誰も知らなかったからだ」。以下を参照。"Franklin P. 'Pitch' Johnson Jr., MBA 1952—Alumni—Harvard Business School," Harvard University (website), alumni.hbs.edu/stories/Pages/story-bulletin.aspx? num=11. 以下も参照。John Sterlicchi, "Six Pioneers in Venture Capital Mix Sound Advice and a Few Reminiscences," *Upside*, 2001, ivp.com/Articles/dennis_up_2_2001.htm.

36. John W. Wilson, *The New Venturers: Inside the High-Stakes World of Venture Capital* (Reading, Mass.: Addison-Wesley, 1985), 15. 以下も参照。George Tucker, "A Great Many Irons in Rockefeller Fire," *Washington Post*, Jan. 2, 1949.

37. Tucker, "Great Many Irons in Rockefeller Fire." ロックフェラーは「私は単にお金を増やす努力よりも、お金を使って建設的なことをしたい」とも述べている。Nicholas, *VC*, 309.

38. Wilson, *New Venturers*, 17.

39. リターンは対象期間を1946年1月から1961年1月までとし、配当金を再投資した前提で算出した。

40. Reid Dennis, "Reid Dennis: Early Bay Area Venture Capitalists: Shaping the Economic and Business Landscape," interview by Sally Smith Hughes, Regional Oral History Office, Bancroft Library, University of California, Berkeley, 2009, 13, digitalassets.lib.berkeley.edu/roho/ucb/text/dennis_reid.pdf.

41. Reid Dennis, email to the author, March 8, 2018. 以下も参照。Reid Dennis, "Institutional Venture Partners," in Gupta, *Done Deals*, 181.

42. Timothy Hay, "Five Questions with Reid Dennis, a VC Investor Since 1952," *WSJ* (blog), June 24, 2009, blogs.wsj.com/venturecapital/2009/06/24/five-questions-with-reid-dennis-a-vc-investor-since-1952.

43. Dennis, "Institutional Venture Partners," 181.

44. Wilson, *New Venturers*, 49.

45. ザ・グループは通常、金融界における人脈から追加的に20万ドルから30万ドルを調達することができた。Dennis, "Reid Dennis: Early Bay Area Venture Capitalists."

2001年]

10. "We Owe It All to the Hippies," *Time*, March 1, 1995.

11. Walter Isaacson, *Steve Jobs* (New York: Simon & Schuster, 2011), 364. [邦訳：ウォルター・アイザックソン『スティーブ・ジョブズI、II』井口耕二訳、講談社、2011年]

12. David Laws, "Fairchild, Fairchildren, and the Family Tree of Silicon Valley," *CHM Blog*, Computer History Museum, Dec. 20, 2016, computerhistory.org/blog/fairchild-and-the-fairchildren.

13. これはロバート・ノイス、後の8人の反逆者のリーダーとなる人物の発言。以下を参照。T. R. Reid, *The Chip: How Two Americans Invented the Microchip and Launched a Revolution* (New York: Random House Trade Paperbacks, 2001), 87. [邦訳：原著の1985年版の邦訳、T・R・リード『チップに組み込め！：マイクロエレクトロニクス革命をもたらした男たち』鈴木主税・石川渉訳、草思社、1986年]

14. ショックレーは「丸みを帯びた」顔型だったとウルフは形容したが、それは写真写りのせいの間違い。Wolfe, "Tinkerings of Robert Noyce."

15. Leslie Berlin, *The Man Behind the Microchip: Robert Noyce and the Invention of Silicon Valley* (New York: Oxford University Press, 2006), 69–70. 以下も参照。Wolfe, "Tinkerings of Robert Noyce."

16. Joel N. Shurkin, *Broken Genius: The Rise and Fall of William Shockley, Creator of the Electronic Age* (New York: Palgrave Macmillan, 2006), 174–75.

17. Isaacson, *Innovators*, 164.

18. AnnaLee Saxenian, *Regional Advantage: Culture and Competition in Silicon Valley and Route 128* (Cambridge, Mass.: Harvard University Press, 1996), 79. [邦訳：アナリー・サクセニアン『現代の二都物語』山形浩生・柏木亮二訳、日経BP、2009年]

19. Shurkin, *Broken Genius*, 177.

20. William H. Whyte, *The Organization Man* (New York: Simon & Schuster, 1956), 217. [邦訳：W・H・ホワイト『組織のなかの人間：オーガニゼーション・マン 上、下』岡部慶三・藤永保訳、東京創元社、1959年]

21. このエンジニアはビクター・グリニッチ。Berlin, *Man Behind the Microchip*, 74.

22. Jerry Borrell, "They Would Be Gods," *Upside*, Oct. 2001.

23. Shurkin, *Broken Genius*, 177.

24. ベックマンの会社は上場していたが、彼の持ち株比率は40%に及び、事実上の自主経営を実現していた。Robert E. Bedingfield, "Along the Highways and Byways of Finance," *New York Times*, Nov. 27, 1955.

25. Gordon E. Moore, interview by Rob Walker, *Silicon Genesis: Oral Histories of Semiconductor Industry Pioneers*, March 3, 1995, landley.net/history/mirror/interviews/Moore.html.

26. Roger Lowenstein, *Buffett: The Making of an American Capitalist* (New York: Random House, 2008), 53–54. [邦訳：ロジャー・ローウェンスタイン『ビジネスは人なり 投資は価値なり：ウォーレン・バフェット』ビジネスバンク訳、総合法令出版、1998年]

27. Francis Bello, "The Prudent Boston Gamble," *Fortune*, Nov. 1952. また、ハイテク分野の投資銀行家であるビル・ハンブレクトは1950年代の投資環境を次のように振り返っている。「50年代後半にこのビジネスに進んだ人々は、私のように（ベンジャミン・）グレアムと（同じく著名投資家のデイビッド・）ドッドの考え方に影響を強く受けていた。一種のバイブルのような存在で、しょっちゅう出くわしていた。投資家のもとに行き、話すたびに」Bill Hambrecht, interview by the author, Feb. 7, 2018.

28. 「ベンチャーキャピタル」という用語は1938年、イー・アイ・デュ・ポン・ドゥ・ヌムール&カンパニー（デュポン）の社長であるラモット・デュポンが連邦議会上院の失業・救済調査委員会での証言の際にも飛び出した。「私は『ベンチャーキャピタル』に対して、事業に投じる資本だが、すぐに見返りがあることを期待するような性格のものではなく、最高のリターンをつかみ取るチャンスを得るための資本、という意味を込めています」。以下を参照。Hearings Before a Special Committee to Investigate Unemployment and Relief (Washington, D.C.: U.S. Government Printing Office, 1938). 同様に、サンフランシスコの投資銀行ディーン・ウィッター&カンパニーのジーン・ウィッターが1939年の

第1章　アーサー・ロックと才能を解き放つための資本

1. 「離反のための資本」という言い回しはトム・ウルフが古典的なエッセイで初めて記した。Tom Wolfe, "The Tinkerings of Robert Noyce," *Esquire*, Dec. 1983, web.stanford.edu/class/e145/2007_fall/materials/noyce.html.
2. 卓越した研究大学の存在だけでは、その地域の成長を説明する理由としては明らかに不十分である。ピッツバーグは、工学で優れたカーネギー・メロン大学があるにもかかわらず、ハイテクの中心地として浮上することはなかった。同様に、リサーチ・パークの存在にも、ほとんど説明力がない。リサーチ・パークには、ハイテク産業の雇用創出に明確な効果が見られないことが最近の経験で分かっている。以下を参照。Josh Lerner, *Boulevard of Broken Dreams: Why Public Efforts to Boost Entrepreneurship and Venture Capital Have Failed—and What to Do About It* (Princeton, N.J.: Princeton University Press, 2009), 115.
3. Walter Isaacson, *The Innovators: How a Group of Hackers, Geniuses, and Geeks Created the Digital Revolution* (New York: Simon & Schuster, 2014), 155.［邦訳：ウォルター・アイザックソン『イノベーターズ：天才、ハッカー、ギークがおりなすデジタル革命史 I、II』井口耕二訳、講談社、2019年］
4. Margaret O'Mara, *The Code: Silicon Valley and the Remaking of America* (New York: Penguin Press, 2019), 110.
5. コメンテーターたちは、1950年代に北カリフォルニアで防衛関連支出が急増したことを観察しつつも、この増加がほかの地域でも起きていたことを忘れている。ある研究によれば、朝鮮戦争の終了時までにカリフォルニア州の企業が軍事関連の元請け（プライム）案件で契約を勝ち取った比率は26%まで拡大した。しかし、全体の4分の3はほかの州に流れたのであり、カリフォルニア州の中でも大半はロサンゼルスやサンディエゴの航空分野の元請けが受注した。以下を参照。Stuart W. Leslie, "How the West Was Won: The Military and the Making of Silicon Valley," in *Technological Competitiveness: Contemporary and Historical Perspectives on Electrical, Electronics, and Computer Industries*, ed. William Aspray (Piscataway, N.J.: IEEE Press, 1993), 78. 1950年代半ばの時点で、MITはほかのどの大学よりも多くの連邦レベルの資金を集めており、ハーバード大学は2位だった。以下を参照。O'Mara, *Code*, 38. 要するに、軍事費が大学の研究を、そして装備などの調達を通じて民間企業の成長を支えたことは事実だが、それがシリコンバレーがアメリカを代表するイノベーションの拠点として台頭したことの説明になるかどうかは定かではない。実際、シリコンバレーがボストンを追い抜いたのは、1970年代後半から1980年代にかけてであり、まさに連邦レベルの資金拠出や軍事調達の重要性が低下した時期だった。
6. Steven Levy, *Hackers: Heroes of the Computer Revolution* (Sebastopol, Calif.: O'Reilly Media, 2010), 14.［邦訳：原著第3版、スティーブン・レビー『ハッカーズ』松田信子・古橋芳恵訳、工学社、1987年］
7. Spencer E. Ante, *Creative Capital: Georges Doriot and the Birth of Venture Capital* (Boston: Harvard Business Press, 2008), 167.
8. シリコンバレーの優位性について、もう一つの説得力に欠ける説明は、天候を強調することだ。国防総省のアーパネット（ARPANET、インターネットの起源）の最初の4カ所のハブに含まれるサンタバーバラおよびロサンゼルスの大学都市は、天候が悪くないのは事実にしても、それがエンジニアリングに長けた才能を引きつけたかどうかは、あまり明確ではない。スティーブン・レビーは、初期のプログラマーたちの歴史を振り返った古典的な著作の中で、MITからエンジニアをサンフランシスコに誘致することは、「決して容易ではなかった。ハッカーたちは一般的に、カリフォルニアが求める生活、特にドライブや日光を浴びる娯楽に反発していた」と報告している。Levy, *Hackers*, 134.
9. 確かに、マイクロプロセッサー（インテル）、コンピューターマウス（ゼロックス・パロアルト研究所）などシリコンバレー発の発明も多い。しかし、北カリフォルニアはテクノロジーの分野において起業でも、発明でも他地域より優越的な地位にあるとしても、より顕著に表れているのは起業のほうであることが、ここでのポイントだ。Chong-Moon Lee et al., eds., *The Silicon Valley Edge: A Habit for Innovation and Entrepreneurship* (Stanford, Calif.: Stanford University Press, 2000), 3.［邦訳：チョン・ムーン・リーほか編『シリコンバレー：なぜ変わり続けるのか 上、下』中川勝弘監訳、日本経済新聞出版、

23. ベンチマーク・キャピタルの元パートナーであるアンディ・ラクレフは1990年代後半の調査に基づき、次のように推計している。将来、年商が1億ドル、またはそれ以上に達するスタートアップはアメリカでは毎年、15社程度（プラスマイナス3社の幅で）登場しているに過ぎない。しかし、通常、これらの企業は1億ドルの水準をはるかに超える成長を遂げ、40倍以上のリターンをもたらす。Andy Rachleff, "Demystifying Venture Capital Economics, Part 1," *Wealthfront* (blog), June 19, 2014, blog.wealthfront.com/venture-capital-economics.

24. Thiel, *Zero to One*, 102.

25. ホースレイ・ブリッジの集計によれば、対象期間中にリターンがゼロになった投資案件が最も多かったファンドが、それにもかかわらず、全体として最高の収益を上げていた。Evans, "In Praise of Failure."

26. Khosla, author interviews. クライナー・パーキンスの利益がこのような驚異的な水準になったのは、新規株式公開（IPO）後の株価上昇のおかげである。ジュニパーを筆頭とするベンチャーキャピタルの大当たりの一覧は、以下を参照。Rolfe Winkler, "Bet on Snap Shows Luck's Role in Venture Business," *Wall Street Journal*, March 2, 2017.

27. ライバルのレッドバック・ネットワークスがシアラを総額43億ドルで買収した。Khosla, author interviews.

28. Scott Thurm, "A Quiet Man Puts Some Sizzle in Latest Deal Involving Cisco," *Wall Street Journal*, Aug. 27, 1999.

29. 21世紀初頭に、ある有力大学の基金が、どのベンチャーキャピタリストが累積で最も大きな利益を上げたかを計算した。対象は投資開始年を1994年から1998年までとするファンドで通常、基金が行っているように、受け取った株式を短期間で現金化したと仮定した。この指標では、コースラが首位だった。これに次ぐ2位の莫大な利益をたたき出したのは、同じくクライナー・パーキンスのジョン・ドーアだった。

30. Laura M. Holson, "A Capitalist Venturing in the Worlds of Computers and Religion," *New York Times*, Jan. 3, 2000.

31. Vinod Khosla, "Black Swan Thesis of Energy Transformation," Khosla Ventures, Aug. 28, 2011, khoslaventures.com/black-swans-thesis-of-energy-transformation.

32. 「私はいつも（出資先の）CEOたちに話している。計画を立ててはならない。仮定を検証し、その作業を反復せよと」。Khosla, author interviews.

33. Yコンビネーター（YC）の共同創設者であるポール・グレアムは、起業家を支援する際に、いかにして企業が持つ強みを複製するかを意識していた。「我々がYCを立ち上げたとき、（中央集権型ではなく）分散型の企業が明確に念頭にあった。もう一つYCが企業から再生産したものは、同僚という考え方だ。彼らは仕事仲間ではなく、一緒に創業したメンバーだが、その点は除外しての話だ」。Graham, email to the author, May 31, 2021.

34. 2017年に初めて組成されたベンチャー投資ファンド、つまり、この年の新興のファンドのうち、規模で上位の4本はすべて中国を拠点にしていた。

35. 以下を参照。CB Insights, "The Global Unicorn Club." 2020年8月時点でユニコーンは483社に上る。

36. ベンチャーキャピタリストの5人に1人は、投資判断の際にキャッシュフローの予測さえしていないことが、学術調査によって確認されている。以下を参照。Paul A. Gompers et al., "How Do Venture Capitalists Make Decisions?," *Journal of Financial Economics* 135, no. 1 (Jan. 2020): 169–90.

37. Marc Andreessen, "It's Time to Build," Andreessen Horowitz website, April 18, 2020, a16z.com/2020/04/18/its-time-to-build.

38. NVCA-Deloitte Human Capital Survey, 3rd ed., March 2021, figs. 1 and 2.

39. 成長理論の更新作業は、コレージュ・ド・フランスのフィリップ・アギヨンなどの経済学者が中心となって行っている。

原注

序章　合理的ではない人々

1. Patrick Brown, interview by the author, Feb. 15, 2019.
2. Nick Rufford and Jeremy Clarkson, "Can the Impossible Burger Save the World?," *Sunday Times* (London), April 16, 2017.
3. Rufford and Clarkson, "Can the Impossible Burger Save the World?"
4. Vinod Khosla, "The Innovator's Ecosystem," Khosla Ventures, Dec. 1, 2011, khoslaventures.com/wp-content/uploads/The-Innovator%E2%80%99s-Ecosystem.pdf.
5. 本章では、2017年7月31日と2018年7月30日に行ったロングインタビューをはじめとする筆者のコースラとの複数回の対話を利用している。
6. Patrick Brown, "Food Fight to Turn Back Climate Change," interview by Tina Seelig, Stanford eCorner, Dec. 6, 2017, YouTube, youtu.be/cDiNC89Tqbg.
7. Khosla, author interviews.
8. Khosla, "Innovator's Ecosystem."
9. 「傲慢や自信過剰、すべてがまったく異なる未来を想像するために必要なのだ」。Khosla, author interviews.
10. Patrick Brown, "Impossible Foods CEO Pat Brown Speaks to Harvard Students," Green Harvard, Nov. 14, 2017, YouTube, www.youtube.com/watch?v=Fi1GMTwSZns.
11. Brown, "Food Fight to Turn Back Climate Change."
12. 出資額は700万ドルとも、900万ドルとも報じられているが、コースラ・ベンチャーズの記録では、第一弾の出資額は300万ドルだった。
13. Khosla, author interviews.
14. べき乗則をどれほど意識しているかとの質問に、コースラは「いつも考えている」と答えた。彼は、べき乗則がもたらす複雑なシステムを研究するために、サンタフェ研究所でサバティカルを過ごしたと付け加えた。Khosla, author interviews.
15. S&P500種の安定性を示す数字をさらに挙げるなら、1985年から2015年までの7817営業日のうち、この株価指数が6%以上変動したのは、19営業日だけである。
16. キャリー・トレード、ボラティリティ・セリング、モメンタム・フォローイングなどは、極端な出来事が起きる可能性を割り引いて行う、人気のある取引戦略の実例である。めったに起きない出来事が実際に起きた場合には、大きな損失を被るリスクがあるものの、価格変動の分布がべき乗則の分布よりも正規分布に近いため、好まれている。
17. Benedict Evans, "In Praise of Failure," Aug. 10, 2016, ben-evans.com/benedictevans/2016/4/28/winning-and-losing.
18. ブルームバーグのデータをもとに算出した。S&P500種の個々の「サブ・インダストリーグループ（業種）」は、通常5社から10社で構成されている。
19. Tren Griffin, *A Dozen Lessons for Entrepreneurs* (New York: Columbia University Press, 2017), 125.
20. Peter Thiel, *Zero to One: Notes on Startups, or How to Build the Future*, with Blake Masters (London: Virgin Books, 2014), 86. ティールは「べき乗則は（中略）宇宙の法則だ」と、少し誇張気味につけ加えた。Ibid., 83.［邦訳：ピーター・ティール、ブレイク・マスターズ『ゼロ・トゥ・ワン：君はゼロから何を生み出せるか』関美和訳、NHK出版、2014年］
21. Griffin, *Dozen Lessons for Entrepreneurs*, 146.
22. Sebastian Mallaby, *More Money Than God: Hedge Funds and the Making of a New Elite* (New York: Penguin Press, 2010), 119.［邦訳：セバスチャン・マラビー『ヘッジファンド：投資家たちの野望と興亡 I、II』三木俊哉訳、楽工社、2012年］

著者略歴

セバスチャン・マラビー

Sebastian Mallaby

米外交問題評議会で国際経済担当のポール・A・ボルカー・シニア・フェロー。主な著作にフィナンシャル・タイムズ紙とマッキンゼーが共同選考で2016年の最優秀ビジネス書に選んだ The Man Who Knew: The Life and Times of Alan Greenspan（邦訳『グリーンスパン：何でも知っている男』日本経済新聞出版）、More Money Than God: Hedge Funds and the Making of a New Elite（邦訳『ヘッジファンド：投資家たちの野望と興亡 I、II』楽工社）など。オックスフォード大学で近現代史を学び、1986年の卒業後、エコノミスト誌に入り、南アフリカ、日本の駐在を経て1997-99年にワシントン支局長。1999年にワシントン・ポスト紙に移籍し、現在は客員コラムニスト。夫人はエコノミスト誌編集長のザニー・ミントン・ベドーズ氏。

翻訳者略歴

村井浩紀

Koki Murai

1984年に日本経済新聞社入社。ヒューストン、ニューヨーク、ロンドンに駐在。経済解説部長などを経て2018年から日本経済研究センター・エグゼクティブ・フェロー。訳書にジョセフ・S・ナイ『アメリカの世紀は終わらない』、マラビー『グリーンスパン』、ポール・ボルカーほか『ボルカー回顧録』、H・R・マクマスター『戦場としての世界』（いずれも日本経済新聞出版）など。

The Power Law（ザ・パワー・ロー）
ベンチャーキャピタルが変える世界　上

2023年9月22日　1版1刷

著者　セバスチャン・マラビー
訳者　村井浩紀
発行者　國分正哉
発行　株式会社日経BP
日本経済新聞出版
発売　株式会社日経BPマーケティング
〒105-8308　東京都港区虎ノ門4-3-12

ブックデザイン　新井大輔　八木麻祐子（装幀新井）
DTP　マーリンクレイン
印刷・製本　三松堂印刷

ISBN　978-4-296-11508-2